本书由兰州文理学院出版基金资助
本书为兰州文理学院学术文库成果

雁苑文丛

创新城市建设投融资与金融风险防控机制研究
——以兰州金融生态建设为例

Research on Investment and Financing of Innovating Urban Construction
and Prevention and Control Mechanism of Financial Risk:
Taking Lanzhou Financial Ecological Construction as an Example

寇娅雯　石光乾　著

中国财经出版传媒集团
经济科学出版社
Economic Science Press

图书在版编目（CIP）数据

创新城市建设投融资与金融风险防控机制研究：以兰州金融生态建设为例/寇娅雯，石光乾著．--北京：经济科学出版社，2022.7

（雁苑文丛）

ISBN 978-7-5218-3887-9

Ⅰ．①创… Ⅱ．①寇…②石… Ⅲ．①城市建设-投资-关系-金融风险-风险管理-研究-兰州②城市建设-融资-关系-金融风险-风险管理-研究-兰州 Ⅳ．①F299.274.21②F832.742.1

中国版本图书馆 CIP 数据核字（2022）第 135570 号

责任编辑：高　波
责任校对：靳玉环
责任印制：王世伟

创新城市建设投融资与金融风险防控机制研究
——以兰州金融生态建设为例
寇娅雯　石光乾　著
经济科学出版社出版、发行　新华书店经销
社址：北京市海淀区阜成路甲 28 号　邮编：100142
总编部电话：010-88191217　发行部电话：010-88191522
网址：www.esp.com.cn
电子邮箱：esp@esp.com.cn
天猫网店：经济科学出版社旗舰店
网址：http://jjkxcbs.tmall.com
北京季蜂印刷有限公司印装
787×1092　16 开　18.25 印张　274000 字
2022 年 8 月第 1 版　2022 年 8 月第 1 次印刷
ISBN 978-7-5218-3887-9　定价：95.00 元
（图书出现印装问题，本社负责调换。电话：010-88191510）
（版权所有　侵权必究　打击盗版　举报热线：010-88191661
QQ：2242791300　营销中心电话：010-88191537
电子邮箱：dbts@esp.com.cn）

前　言

创新是实现城市可持续发展的核心驱动力，创新决定城市未来，创新引领未来城市。随着国家稳步推进创新驱动发展战略，创新型经济发展新格局业已形成，创新城市建设是涵盖组织创新、管理创新、制度创新、决策创新、建设创新、科技创新、融资创新等城市经济管理的创新决策体系。当前，创新型城市建设、新型城市化建设、新型智慧城市建设、乡村振兴建设已成为构成"一体四翼"的创新城市建设核心战略。创新城市建设离不开投融资体系，金融体系稳定是保证区域经济平稳健康发展的关键，而强化金融监管是防控区域系统性金融风险的重要手段，如何有效深化并建构系统性金融风险监管机制，已是学术界和监管层面临的重要课题。

自 2015 年习总书记提出"防止发生系统性区域性金融风险"至党的十九大提出"守住不发生系统性金融风险的底线"以来，党中央、国务院连续出台涉及金融发展意见、规划与方案，中央已将"保障金融安全，有效防范系统性风险，坚守住不发生系统性风险的底线"纳入金融战略的最顶层防御体系。在中央"坚持推进金融监管体制改革、健全金融监管体系、压实地方金融监管责任"，以及甘肃省十四次党代会明确"坚定不移防范化解风险隐患，完善地方金融监管体系，加强政府债务风险常态化监控，防范化解新技术新应用风险……坚决守住不发生系统性和区域性风险底线"背景下，兰州市出台《关于金融支持"强省会"行动的意见》明确金融业应发挥"强省会"战略核心助推作用、有效防范化解金融风险。

当前，深入推进实施创新城市建设和金融中心建设战略，已成为全省迫切确立服务省域经济社会高质量发展的重大问题。

鉴于此，为深入落实习近平总书记视察甘肃省作出"加快建设经济发展、山川秀美、民族团结、社会和谐的幸福美好新甘肃"重要指示和系列讲话精神，发挥多层次金融市场作用支持"强省会"建设，本书以《创新城市建设投融资与金融风险防控机制》为研究主题，主要立意有四个方面，一是围绕深入研究阐释甘肃省十四次党代会精神，聚焦我省推进"'十一个'坚定不移"重点工作，对"坚定不移防范化解风险隐患，加强金融安全风险预警、防控机制和能力建设、完善地方金融监管体系"这一重大理论和现实问题，开展深度研究和系统阐释，为分析解决我省金融实践创新发展、防范化解系统性和区域性风险提供决策参考。二是革新城市建设发展理念，将"创新型城市＋新型城市化＋新型智慧城市＋乡村振兴"四个维度建设整体纳入"一体四翼"的创新城市建设概念体系，为创新"人文为本、科技服务、智慧赋能、宜居乡村"的城乡建设投融资体系厘定范畴。三是对于构建兰州创新城市建设投融资体系、测度投融资地方政府债务，以及系统性金融风险传染效应具有重要理论和现实意义。四是提出创新城市建设多层次、多元化投融资机制，对于消解兰州创新城市建设投融资总量持续扩大困境、有效满足黄河流域高质量发展在关键领域、重大项目和薄弱环节融资需求，以及金融支持兰州经济社会高质量发展具有重要意义。五是通过阐述创新城市建设地方政府债务对影响系统性金融风险的生成传染效应，从地方政府债务风险防化、重要性金融机构预警体系、金融科技风险防控、金融风险监管等多维度构建金融科技业态下地方金融风险治理体系，对于完善兰州金融中心建设、确保不发生系统性金融风险具有实践指导意义，也可为促推甘肃省地方金融监管立法及政策创新提供参考。

本书共分13章。全书由兰州文理学院寇娅雯副教授、石光乾教授提出总体思路和写作方案。第1章至第6章由寇娅雯副教授撰写，第7章至第13章由石光乾教授撰写。全书最终由石光乾教授、寇娅雯副教授共同审定完成。

　　本书写作过程主要参考国内外研究及学界同仁的相关成果，均已作对应注释并列示参考文献，如未能注释引用或罗列学术文献的，我们充分尊重作者成果贡献并在此致歉。本书最终出版由兰州文理学院学术著作出版基金提供相应资助，本书选题得益于经济科学出版社高波编辑的大力支持，在本书付梓之际，诚挚致谢。因研究数据可获得性、研究方法和专业水平的局限性等原因，本书难免有疏漏之处，敬请各方家批评指正。"没有思想自由，就不可能有学术创新"，创新城市建设任重而道远，未来可期！

寇娅雯　石光乾
2022 年 5 月于雁苑文理

目 录

第 1 章 绪论 ··· 1
  1.1 研究背景和意义 ·· 2
  1.2 研究内容与逻辑框架 ·· 7
  1.3 研究思路和方法 ·· 11
  1.4 研究创新与应用价值 ·· 12

第 2 章 文献综述及学术史考察 ··· 15
  2.1 创新型城市、新型城市化与创新城市建设 ················· 15
  2.2 创新型城市建设和新型城市化建设发展 ···················· 21
  2.3 创新城市建设投融资模式及风险治理 ······················· 23
  2.4 城市建设投融资债务风险影响系统性金融风险 ··········· 25
  2.5 区域系统性金融风险类别、生成和传导 ···················· 27
  2.6 系统性金融风险防范、预警和监管 ·························· 28
  2.7 简要评述 ··· 29

第 3 章 创新城市建设维度界定及评价体系 ·························· 31
  3.1 创新、创新城市与城市建设 ··································· 31
  3.2 创新城市建设及其维度界定 ··································· 33
  3.3 创新型城市建设与监评体系 ··································· 42

3.4 新型城市化建设与评价体系 ………………………………… 50

第 4 章 创新城市建设投融资的作用机理 …………………………… 60
4.1 金融支持和投融资机制界定 ………………………………… 61
4.2 创新城市建设目标及投融资需求 …………………………… 62
4.3 投融资机制支持创新城市建设作用机理 …………………… 68
4.4 创新城市建设投融资体制机制分析 ………………………… 75

第 5 章 兰州创新城市建设投融资发展综述 ………………………… 79
5.1 兰州创新城市建设现状 ……………………………………… 79
5.2 兰州创新城市建设投融资概况分析 ………………………… 101
5.3 兰州创新城市建设投融资模式及其特征 …………………… 107

第 6 章 兰州创新城市建设投融资问题及其致因 …………………… 121
6.1 兰州创新城市建设投融资存在的主要问题 ………………… 121
6.2 兰州创新城市建设投融资的问题致因 ……………………… 129

第 7 章 兰州创新城市建设投融资机制构建理路 …………………… 140
7.1 兰州创新城市建设投融资机遇与维度 ……………………… 140
7.2 兰州创新城市建设投融资机制总体框架 …………………… 143
7.3 兰州创新城市建设投融资机制政策供给体系 ……………… 146

第 8 章 兰州创新城市建设投融资金融风险传染效应 ……………… 159
8.1 创新城市建设投融资地方政府债务 ………………………… 159
8.2 兰州创新城市建设地方政府债务风险成因 ………………… 163
8.3 兰州地方政府债务影响系统性金融风险作用机理 ………… 171

第9章 系统性金融风险生成机理与传导机制 ………… 176

9.1 系统性金融风险及其内涵界定 ………… 176
9.2 系统性金融风险的生成机理 ………… 178
9.3 系统性金融风险的传导机制 ………… 181

第10章 兰州系统性金融风险识别与致因分析 ………… 185

10.1 系统性金融风险识别的理论证成 ………… 185
10.2 兰州系统性金融风险的识别 ………… 187
10.3 兰州系统性金融风险的致因分析 ………… 197

第11章 兰州系统性金融风险监管及考量因素 ………… 204

11.1 兰州系统性金融风险监管正当性省察 ………… 204
11.2 兰州系统性金融风险监管的考量因素 ………… 207

第12章 兰州系统性金融风险防控监管机制 ………… 211

12.1 完善兰州金融创新系统驱动发展目标体系 ………… 211
12.2 明晰优化兰州地方金融监管权责配置体系 ………… 212
12.3 强化推进兰州金融基础设施建设体系 ………… 214
12.4 健全政府投融资债务预警化解机制 ………… 215
12.5 建立兰州系统性金融风险预警防范体系 ………… 217
12.6 强化兰州金融系统数据开发和共享体系 ………… 218
12.7 构建兰州系统重要性金融机构（G-SIFIs）
风险预警体系 ………… 219
12.8 创新建立兰州金融科技监管风险防控体系 ………… 225
12.9 完善兰州金融机构风险内控长效管理机制 ………… 228
12.10 健全兰州系统性金融风险防范处置协作机制 ………… 230

第13章　研究总结及展望 ··· 232
　　13.1　研究认识与总结 ·· 232
　　13.2　研究不足及展望 ·· 235

参考文献 ·· 237
附录1　创新型城市建设监测评价指标（试行） ·························· 249
附录2　国家智慧城市（区、镇）试点指标体系（试行） ·················· 251
附录3　国家新型智慧城市评价指标（2021年版） ······················· 257
附录4　2021年乡村建设评价指标体系 ·································· 272
附录5　金融稳健性指标评价体系（FSI核心指标集） ···················· 279
附录6　金融稳健性指标评价体系（PSI鼓励指标集） ···················· 280
后记 ·· 282

第1章 绪 论

甘肃省是黄河流域重要的水源涵养区和补给区，也是承东启西、联通南北、通达亚欧大陆的枢纽节点和战略通道。党的十八大以来，以习近平同志为核心的党中央提出"创新、协调、绿色、开放、共享"的新发展理念，"理者，物之固然，事之所以然也"。尤其是习近平总书记视察甘肃省时作出"加快建设经济发展、山川秀美、民族团结、社会和谐的幸福美好新甘肃"[①]重要指示，这在甘肃省全面开启现代化建设新发展阶段，赓续贯彻新发展理念、推动实现高质量发展指明了方向和目标。

甘肃省省会兰州市是甘青宁地区最大的区域性中心城市，以兰州市为核心形成的兰西城市群，是国家向西开放的桥头堡和战略基地，也是甘肃省参与区域竞争与合作的核心枢纽，以及辐射大西北的经济中心。在当前大力推进"一带一路"建设和明确"强省会"战略背景下，兰州市作为创新型城市"主体功能区"和城市建设"主平台"，积极倡议并主动融入国家发展大局，深化推进形成统筹经济与生态、城市与乡村、发展与安全的新发展格局，通过提升城市建设管理水平，增强中心城市和城市群综合承载力，为加快实现以促进人的城市化为核心、推进高质量发展为导向的乡村振兴战略提供金融支持和政策供给。

---

① 焦健，林锋. 牢记习总书记重托 全面加快建设幸福美好新甘肃步伐［N/OL］. 央广网—甘肃频道，2017 - 05 - 22 ［2022 - 05 - 10］. http: //gs. cnr. cn/gsxw/tt/20170522/t20170522_523767490. shtml.

1.1 研究背景和意义

1.1.1 研究背景

"天下称富庶者,无如陇右。①"甘肃省是我国西北地区重要的生态屏障和战略通道,在全国经济发展稳定大局中具有重要地位。自国家实施西部大开发战略尤其是党的十八大以来,党中央、国务院高度重视甘肃省经济社会建设,先后批复《甘肃省循环经济总体规划》《关于进一步支持甘肃经济社会发展的若干意见》《兰州新区建设指导意见》《甘肃省加快转型发展建设国家生态安全屏障综合试验区总体方案》等一系列纲领性文件和重要扶持政策,赋能甘肃省经济社会实现转型跨越发展。

"十三五"期间,甘肃省深入贯彻习近平总书记系列重要讲话精神,按照"五位一体"总体布局和"四个全面"战略布局,坚持创新、协调、绿色、开放、共享发展理念,细化创新驱动发展战略目标,先后规划实施工业强省战略、科教兴省战略、开发带动战略等发展战略,为甘肃省持续推进"实施'中心带动、两翼齐飞、组团发展、整体推进'区域发展战略、以加强薄弱环节为重点的基础设施建设战略、以节水和治沙为重点的生态安全战略、以改善民生为重点的社会发展战略、以优势资源开发转化为重点的产业发展战略"②注入了新发展动力,并在城市基础设施建设、城市生态环境治理、城市公共服务建设、现代产业体系建设、创新智慧城市建设等方面,走出了一条内陆欠发达地区转型跨越发展与生态文明建设相融合的路子。

---

① 北宋史学家司马光编著《资治通鉴》第216卷曾赞誉:"是时中国盛强,自安远门西尽唐境凡万二千里,闾阎相望,桑麻翳野,天下称富庶者,无如陇右……""陇"指的是陇山(即六盘山),陇右指的就是陇山(六盘山)以西、黄河以东地方,主要指今天的甘肃省。

② 国务院办公厅.国务院办公厅关于进一步支持甘肃经济社会发展的若干意见[EB/OL].(2010-05-06)[2022-05-10]. http://www.gov.cn/zhengce/coutent/2010-05/06/content_1597.htm.

第1章 绪　论

"十四五"迈入经济社会新发展阶段，为贯彻落实习近平总书记视察甘肃省时"加快建设经济发展、山川秀美、民族团结、社会和谐的幸福美好新甘肃"[①]重要指示精神，省委十三届十五次全会暨省委经济工作会议提出大力实施强工业、强科技、强省会、强县域行动[②]，首次明确作出"强省会"重大行动部署。甘肃省十四次党代会提出构建"一核三带"区域发展新格局，并以落实"四强"行动为突破口，部署推进发展壮大兰州和兰州新区的"强省会"战略。"强省会"不仅可创新兰州振兴发展模式，亦将全面提升兰州资源配置聚焦力，更为促动兰州市国家创新型城市建设，以及兰西城市群、兰白科技创新改革试验区、国家自主创新示范区、榆中生态创新城建设赢得战略主动。

回观溯往，自我国《国家中长期科学和技术发展规划纲要（2006—2020年）》将"城镇化与城市发展"首次列为重点领域、国家批复系列赋能支持甘肃省发展的顶层规划和政策，以及党的十八大、十九大以习近平同志为核心的党中央做出"深入推进城镇化发展进程，形成以城市群为主体构建大中小城市和小城镇协调发展的城镇格局，走绿色、集约、高效、低碳、创新、智能的新型城镇化高质量发展道路"，到甘肃省按照"互促共生"要求统筹推进新型城镇化和乡村振兴战略，并实现创建国家创新型城市建设目标[③]。迄今为止，甘肃省已进行了近20年创新城市建设和发展体系的努力和尝试。

为实现上述发展规划和目标，作为西部重要省会中心城市的兰州市，始终处于引领甘肃省战略高质量发展的"桥头堡"，并为全面支持省域发

[①] 焦健，林锋. 牢记总书记重托 全面加快建设幸福美好新甘肃步伐 [N/OL]. 央广网—甘肃频道，2017-05-22 [2022-05-10]. http://gs.cnr.cn/gsxn/tt/20170522/t20170522_523767490.shtml.

[②] 本次会议于2021年12月17~18日在兰州召开，会议深入落实习近平总书记对甘肃省重要讲话和指示精神，提出大力实施强工业、强科技、强省会、强县域行动，统筹经济与生态，统筹城市与乡村，统筹发展与安全，着力实施强省会行动和强县域行动，大力推进以人为核心的新型城镇化，打造区域经济增长极，推动形成全省发展新优势。

[③] 陈晓红，聂建国，等. 创新型城市管理与决策研究前沿——第234期双清论坛学术综述 [J]. 中国科学基金，2021（4）：612.

展率先出台包括财政、税收、价格、金融、产业、技术等在内的一系列绿色保障制度，尤其为推进新型城市化战略的创新城市建设和政府保障机制发挥了"中心带动"作用。但受气候干旱、土地贫瘠、距中国核心经济区位较远等因素制约，甘肃省经济发展和经济实力排名均靠后，财政收支平衡高度依赖中央财政支持，因而各阶段战略规划项目实施的可支配财力较弱。加之因地方发展建设、政府职能负担、融资发债机制使政府债务余额逐年增加，导致全省城（建）投公司债务余额和带息债务主要集中于省级和兰州市。兰州市政府债务规模和城（建）投公司债务规模均占绝对主导，这些债务资金主要投向公共交通、基础设施、市政建设、保障住房、农林水利、土地储备等城市建设领域[1]。兰州市作为西陇海兰新线经济带的重要支撑点和辐射源，以及"一带一路"倡议和西部大开发战略的重要发展区域，具有承接、引领新型城市化"增强中心城市和城市群综合承载"的城市建设牵引力，面对城市建设投融资需求，提增与金融供给短缺的矛盾，地方政府亟须革新城市建设理念、加快转变投融资体制创新，健全政府金融支持创新要素，以畅通的投融资渠道和资金的高效使用为城市建设可持续发展创造条件[2]。在兰州市经济重构、产业升级的重要发展突破期，随着城市建设的举债融资规模进一步扩大，导致城市管理运行的风险叠生。且因当前新冠肺炎疫情持续反复，地方政府金融监管存在预警、应对和响应机制缺陷等问题，城市建设中的政府隐性债务累积，促发系统性金融风险传染效应骤增。因而创新城市建设必须统筹防控城市建设管理风险，应对随机性强、破坏性大的新型风险及前瞻性布局增强城市韧性，已成为当前刻不容缓的研究议题。正因如此，在兰州市政府出台《关于金融支持"强省会"行动的意见》和打造"金融之城"的战略背景下，如何全面创新兰州城市建设投融资机制、测度识别政府债务累积风险，以及防控区域系统性金融风险，已成为当前服务全省经济社会稳定发展和区域金融中心建设的重大问题。

---

[1] 陈威宇. 甘肃省及下辖各州市经济财政实力与债务研究（2020）[EB/OL].（2021-01-28）[2022-04-28]. https://fxxt2020.com/2021/01/67204.html.

[2] 舒昌俊，刘华丽，等. 城市建设投融资机制创新研究[J]. 建筑经济，2016（1）：21.

1.1.2 研究意义

"十三五"以来,随着全省提出"中心带动、两翼齐飞、组团进展、整体推进"区域发展战略和建设"兰白都市经济圈"重大部署,以及兰州市委、市政府推进实施"1355"发展战略,面对兰州市域呈线状空间分布,人口、资金、基础设施等发展要素处于分散状态,对兰州发挥"中心带动"作用进行了全面谋划布局,明确了以核心带动的点轴发展模式为主、增长极为辅,集中有限资源全力支持兰州市做大做强的创新城市建设总思路。

兰州强,则甘肃兴、西北安。近年来,兰州市以提高自主创新能力和区域综合科技实力为目标,以体制机制创新为动力,以加快经济发展方式转变为主线,大力实施创新驱动战略,狠抓重大平台、重大专项、技术创新、战略性新兴产业和高新技术产业培育发展等重点工作,加速提升全市自主创新能力和创新发展水平,增强科技创新对经济社会发展的支撑作用,稳步推进并实现了国家创新型城市建设的目标。兰州市各区县(部门、园区)为兰州市国家创新型城市建设工作做出积极贡献。在社会管理方面,探索创建"民情流水线"、虚拟养老院、网格化管理、"三维数字社区"等基层服务管理模式;在生活服务方面,加大生态保护和污染防治方面,兰州市空气质量优良率逐年提升,并已退出全国十大重污染城市行列;在污染减排方面,纳入国家总量目标的污染减排项目已完成,全市污水处理率达到94%;在人口健康方面,实施科技支撑公众健康工程,支持医疗器械、临床医疗和转化医学、残障人群康复、智能医疗等技术转化应用;在文化产业方面,承办和协办黄河风情文化周、中国金鸡百花电影节等大型群众文化活动,有力宣传展示了兰州市的文化魅力。经过多年发展,兰州市在经济增长、社会进步、劳动就业、节约能源、保护耕地、环境保护等领域,已建构了新型城市化可持续发展模式。

经济新常态背景下,城市建设和经济增长同步减速,城市人口、空间和政策红利减少等已成为"城市新常态"。未来 20 年是工业化和城市化加快发展的过程,加快农业转移人口市民化的城市群建设已成为新型城市化的主体形态,即意味着未来更需要关注人居型城市建设问题。党的十九大报告明确提出,要着力提高新型城镇化发展质量,形成以城市群为主体构建大中小城市和小城镇协调发展的城镇格局,走绿色、集约、高效、低碳、创新、智能的新型城镇化高质量发展道路。

创新型城市建设要求通过新型经济发展方式加速推进城市建设进程,国务院试点建设国家创新型城市,目的是以创新型城市建设模式开辟城市化建设创新之路。而创新型城市之所以"新",关键在于推进城市建设模式和发展路径的升级换代。但当前我国有关创新型城市建设缺乏成熟的实践经验,除需要新型城市化建设战略引领外,各种创新要素整合及创新体系构建亦十分重要。在诸多要素中,创新金融政策和投融资体系始终发挥着极其重要的作用,创新城市建设离不开投融资体系,良好的投融资体系在创新城市建设过程中对于资金筹措、资源配置、风险管理均起到协调支撑作用。

综合上述,创建创新型城市是实现新型城市化高质量发展的重要途径和基础,强调韧性城市是创新型城市建设的重要抓手[1]。当前条件下,城市建设投融资机制转型和创新具体表现为三方面目标:一是能够增加城市建设过程所需资金的来源;二是建立长效稳定、良性循环的资金供给渠道;三是合理定位政府与市场角色,提高各类建设项目投融资运营效率,这也是判别创新机制及相关措施是否科学高效的根本标准[2]。因此,需要对创新城市建设投融资机理进行深度剖析,在理顺创新城市建设体制基础上,借鉴国内外创新城市建设经验,创新优化投融资政策供给体系以发挥金融支持城市建设的重要保障作用。

在甘肃省"强省会"行动和支持"兰州金融中心"建设的背景下,为发挥多层次金融市场作用支持兰州创新城市建设,当前开展"创新城市建设投融资和系统性金融风险防控机制"研究,主要目的和意义在于:一是革新城市建设发展理念,将"创新型城市+新型城市化+新型智慧城市+

---

[1] 陈晓红,聂建国,等. 创新型城市管理与决策研究前沿——第234期双清论坛学术综述[J]. 中国科学基金,2021(4):611.

[2] 舒昌俊,刘华丽,等. 城市建设投融资机制创新研究[J]. 建设经济,2016(1):21.

乡村振兴"四个维度建设整体纳入"一体四翼"的兰州创新城市建设概念体系,为创新"人文为本、科技服务、智慧赋能、宜居乡村"的城乡建设投融资体系厘定范畴;二是对于构建兰州创新城市建设投融资体系、测度政府投融资债务,以及系统性金融风险传染效应具有重要理论和现实意义;三是提出创新城市建设多层次、多元化投融资机制,对于消解兰州城市建设投融资总量持续扩大的困境,有效满足黄河流域高质量发展在关键领域、重大项目、薄弱环节的融资需求,以及金融支持兰州市经济社会实现高质量发展具有重要意义;四是通过阐述创新城市建设过程中的政府隐性债务对系统性金融风险生成、传导和识别的影响,从重要性金融机构预警体系、金融科技风险防控、金融风险监管等多维度构建金融科技风险治理体系,这对于完善"兰州金融中心"建设、确保不发生系统性金融风险具有实践指导意义,也可为促推甘肃省地方金融监管立法及政策创新提供参考。

1.2 研究内容与逻辑框架

1.2.1 研究内容

在甘肃省推进落实"强工业、强科技、强省会、强县域"行动和"兰州金融中心"建设背景下,笔者以创新城市建设投融资和金融风险防控机制为研究主线,探讨了区域创新城市建设投融资模式及其现实问题,革新特色区域城市群建设理念,系统构建了创新城市建设投融资和金融风险防控监管机制,通过发挥金融支持核心助推作用服务甘肃省经济社会稳定和高质量发展。

本书分为13个章节进行论述,各章节具体研究内容如下:

第1章是绪论。阐述了本书的研究背景和意义,围绕主题和研究需要,介绍具体研究内容及内容结构的逻辑关系,阐述了研究对象、主要思路和采用的研究方法,最后阐明研究的主要创新点及其实践应用价值。

第 2 章是文献综述及学术史考察。本章介绍了创新型城市、新型城市化与创新城市建设基本概念及其内涵特征，总结了创新型城市建设与新型城市化建设的发展历程，探讨了创新城市建设投融资模式及其风险治理问题，分析了城市建设投融资债务风险传染引发系统性金融风险的可能性，通过阐述区域系统性金融风险主要类别、生成和传导路径，总结了系统性金融风险防范、预警和监管机制。

第 3 章是创新城市建设维度界定及评价体系。基于创新、创新城市、城市建设等概念理解，革新城市建设发展理念，提出了创新型城市+新型城市化+新型智慧城市+乡村振兴"一体四翼"的创新城市建设大概念体系，通过厘定创新城市建设概念范畴，奠定投融资前提和基石。同时，阐述了创新型城市、新型城市化（包括新型智慧城市、乡村建设）建设及其评测指标体系。

第 4 章是创新城市建设投融资的作用机理。通过界定金融支持和投融资机制概念，分析了创新城市建设目标及投融资需求，论述了投融资机制支持创新城市建设的作用机理，整体分析了创新城市建设投融资体制机制。

第 5 章是兰州创新城市建设投融资发展综述。简述了兰州创新城市建设发展现状，分析了其创新城市建设投融资整体概况，并对兰州创新城市建设投融资基本模式和特征进行了总结。

第 6 章是兰州创新城市建设投融资问题及其致因。通过客观分析兰州创新城市建设投融资的主要问题，笔者认为城市建设投融资需求增长与供给短缺的矛盾较为突出，同时深挖其中内生性障碍，辩证分析了创新城市建设投融资问题致因，为创新城市建设投融资体系提供了依据。

第 7 章是兰州创新城市建设投融资机制构建理路。通过分析创新城市建设投融资面临机遇以及多维度需求，明确创新城市建设投融资建构理路、基本原则和功能定位，同时健全了兰州创新城市建设投融资机制的政策供给体系。

第 8 章是兰州创新城市建设投融资金融风险传染效应。通过辨析创新城市建设投融资地方政府债务，厘定本书地方政府债务范畴，并基于地方政府债券（地方债）、城投债和隐性债务等维度，阐述了兰州创新城市建设地方政府债务风险成因，明确了兰州市地方政府债务影响系统性金融风险作用机理,为防范政府债务风险引发区域金融风险奠定了理论前提。

第9章是系统性金融风险生成机理与传导机制。通过第8章与本章衔接转承,继而界定了系统性金融风险及内涵特征,分析了系统性金融风险生成机理,并基于金融体系内外部风险源对微小冲击演变为整体危机传导机制展开分析,以此奠定金融体系风险防范和监管的逻辑基础。

第10章是兰州系统性金融风险识别与致因分析。通过综述精准识别系统性金融风险传导的理论基础,提出从多方面准确识别和评估各种金融风险,阐述了引发兰州系统性金融风险致因主要在于金融宏观调控政策波动及失误、金融资源配置的市场化缺陷、金融机构内生的脆弱性、金融工具创新的竞争一体化、政府投融资债务风险转移、抗风险治理机制低效,以及区域金融监管机制不畅等因素。

第11章是兰州系统性金融风险监管及考量因素。系统性金融风险监管已对传统监管模式提出重大挑战,当前消解兰州系统性金融风险监管局限性和弊端,须明确系统性金融风险监管正当性,并基于监管目标、监管理念、监管方式等重点考量因素,有针对性地构建系统性金融风险监管体系。

第12章是兰州系统性金融风险防控监管机制。综合所有前章铺陈,本章基于防控投融资债务风险引发系统性金融风险研究目标,从金融发展目标、政府债务化解、金融监管权责配置、金融风险预警等十一个方面,提出了构建契合兰州金融生态建设的要求,以及支撑"创新城市建设、服务实体经济、防控金融风险"的金融安全监管体系。

第13章是研究总结及展望。结尾之章,总结了对创新型城市、新型城镇化、新型智慧城市、乡村振兴"一体四翼"投融资风险监管研究的现实意义,探讨了本书研究不足之处,并提出了深化金融支持创新城市建设效能体系的潜在研究内容。

1.2.2 研究逻辑框架

根据研究内容及其逻辑关系演进,绘制本书研究框架(见图1-1)。

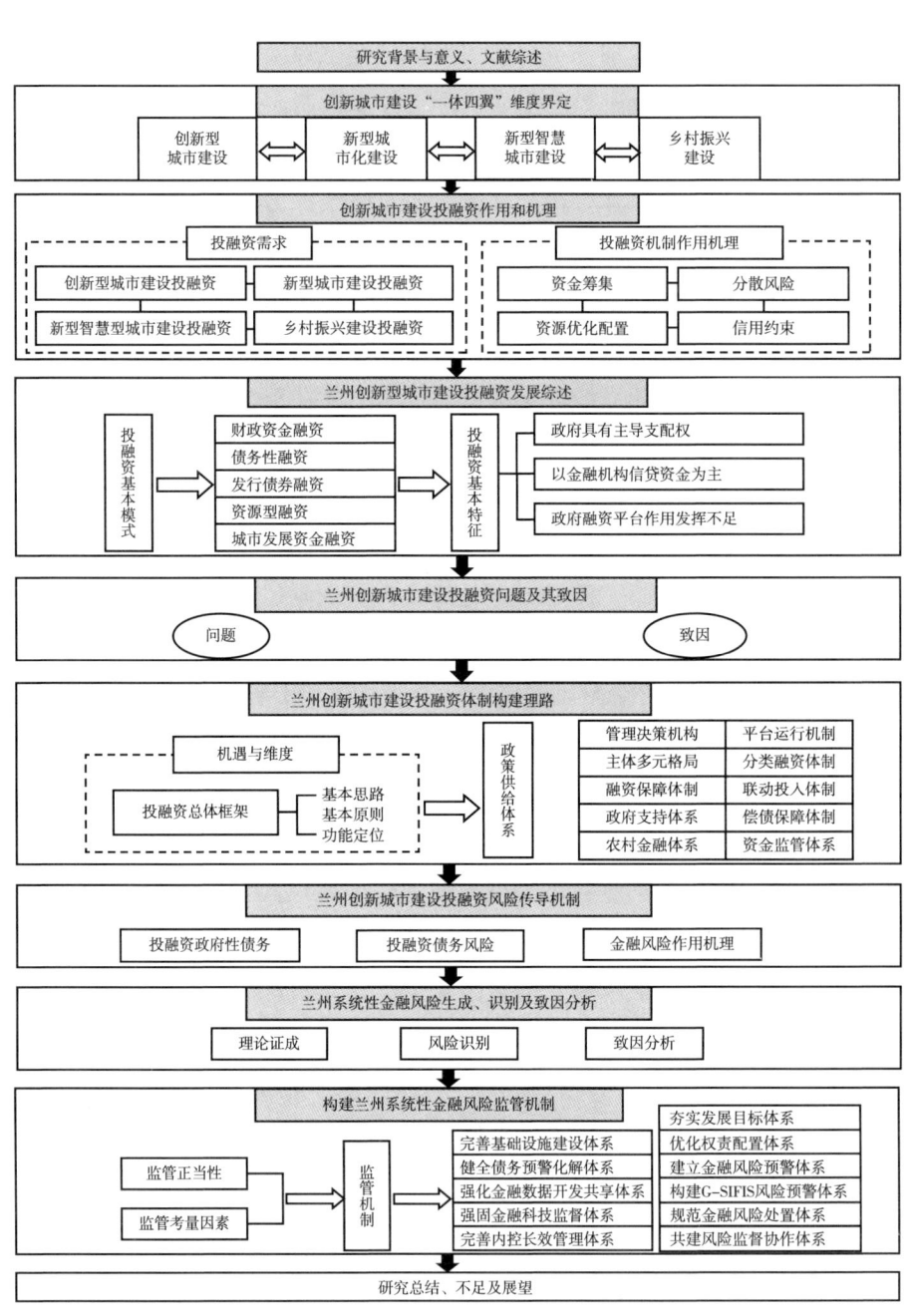

图1-1 本书研究框架结构

资料来源：笔者绘制。

1.3 研究思路和方法

基于本书写作的设计方案，整体贯彻"创新城市建设投融资机制、投融资金融风险传染机理、系统性金融风险监管机制"这一逻辑脉络，基本研究思路可作简要梳理：紧密结合兰州区域金融运行和创新城市建设投融资现状，试图遵循"创新城市建设—投融资机制—风险防控—监管机制"的分析框架，通过兰州创新城市建设多维度界定、分析创新城市建设投融资需求，综述兰州创新城市建设投融资现状、总结其创新城市建设投融资问题致因，健全兰州创新城市建设投融资政策体系、分析其创新城市建设投融资风险传染机理，阐述兰州系统性金融风险生成传导机制、识别其系统性金融风险致因，厘定系统性金融风险监管考量因素、构建兰州系统性金融风险防控监管机制，从而克服兰州金融系统脆弱性、增强其区域金融风险免疫力，以提升兰州区域金融生态恢复力，坚守住系统性金融风险的防范底线。

鉴于创新城市建设投融资债务风险致因以及兰州传统金融风险指标失灵、风险诱因双重性，尤其是同样外部经济金融冲击对类似区域影响反差较明显。本书研究力图在实现理论创新的同时，更注重通过金融政策供给与机制构建解决兰州创新城市建设投融资风险问题。主要运用如下研究方法：

（1）文献研究方法。通过图书购买、图书数据库、CNKI等方式收集学术文献资料，广泛查找、系统整理、全面归集查阅国内外关于创新城市建设、投融资体制、政府债务风险传染、系统性金融风险防控机制等方面研究文献，建立多模态数据库，为文献述评和理论分析研究夯实基础。

（2）理论分析方法。运用金融支持、投融资机制、城市建设发展、金融风险生成等相关理论，对投融资支持创新城市建设作用机制进行分析，为系统性构建政策供给体系、健全金融风险防控机制，增强分析性和指导性。

（3）实证分析方法。通过对城市可持续发展、创新型城市建设、新型城市化建设等评价指标体系进行比较分析，实证研究不同指标体系对创新城市建设投融资需求关联性，以得出创新投融资和风险防控机制的实证依据。

（4）数据分析方法。通过收集整理、统计计算涉及经济社会发展、财政收支、投融资等各类型数据所得，分析数据指标对创新城市建设投融资、金融风险程度以及变化趋势，最终实现对政府投融资债务溢出、风险传染效应的实证检验，为投融资风险防控机制创新实践理路。

1.4 研究创新与应用价值

1.4.1 研究创新

总体来看，本书研究在学术思想、学术观点、研究方法方面具有五个方面的特色和创新。

（1）以城市建设投融资需求为视域，将"创新型城市建设、新型城镇化建设、新型智慧城市建设、乡村振兴建设"作为一个研究单元，整体纳入"一体四翼"的创新城市建设概念范畴，对于统筹各自重点建设项目投融资需求及创新投融资体制的研究更加全面，且研究视野更宽泛。

（2）从多学科范畴研究创新城市建设投融资风险防控机制，并基于投融资风险监管多模态资料库、网络空域风险生成与金融数据信息分析相结合的方式开展实证研究，能真实反映区域现状和客观事实，相较于传统的、单一的、碎片化研究更具原创性、科学性和实践性，体现了学科多元研究路径的全面性。

（3）本书以"强省会"战略和"兰州金融中心"建设为切入点，阐述了创新城市建设投融资机制及其政府债务引发金融风险传染机理，从构建政府债务风险化解机制、重要性金融机构预警体系、金融科技风险防控体系等多视角展开监管体系及风险治理研究，对于完善兰州防控系统性金融风险监管法制化路径、推动甘肃省地方政府监管金融立法进程具有一定的研究创新。

（4）实现兰州整体性金融安全目标须将系统性金融风险监管纳入法治化治理体系，因区域金融生态具有差异性和不平衡性，较难使用同一监管标准、体系标准或价值标准进行衡量和判断，尤其在金融科技业态下呈现"技术化、数据化、混业化"风险，本书提出构建"金融技术应用标准化体系、金融数据标准法治化体系、数据安全治理规则化体系、实验性试点监管优化体系、技术风险变化监管法规体系"的多维度风险防控体系，对兰州区域金融监管科技应用和风险防控的现实需求具有理论创新意义。

（5）本书以创新城市建设投融资金融风险防控为研究对象，在既有文献和实证分析基础上，围绕兰州市域投融资金融风险传导与监控问题所构建的新金融业态下防控系统性金融风险监管体系，在强化地方金融监管准备和提升系统性金融风险防控能力方面具有一定的前瞻性和突破性，对于服务兰州经济社会发展大局和维护区域金融整体安全具有理论价值。

1.4.2 应用价值

一方面，通过构建"政府资金为引导、社会资本为主体、银行信贷为支撑、融资平台为保障、其他资金为补充"，以及支撑"创新城市建设、服务实体经济、防控金融风险"的金融安全监管体系，可为全省、地方政府、金融监管部门，以及金融机构提供涉及投融资机制、风险治理目标和防控监管机制的政策供给和可行性方案，也可为提升兰州区域金融生态建设质量提供实践参考。

另一方面，提出建构纵横向、"矩阵式"金融监管协调机制，对确保不发生系统性金融风险、维持域内平衡稳定的金融生态系统具有重要保障作用,在实际应用或金融管理实践中,能够为极端金融事件管理决策提供更为坚实、科学的理论方法依据,从而有效避免因金融风险激增而传染扩大为区域系统性金融风险,进而为"牢牢守住不发生系统性金融风险底线"提供实践参考。

第2章 文献综述及学术史考察

本书研究以"创新城市建设→投融资需求→投融资机制构建→投融资风险传导→系统性金融风险防控"为主线,这一背景呈现出"多点一面"的研究路径,尽管国内外学者针对各自研究领域对此问题进行过论述,但都莫衷一是。笔者认为按此主线整体开展文献梳理,主要因本书研究需求,为系统性考察"多点一面"学术发展动态拓展了必要空间,本书将从六个方面展开文献与学术史梳理。

2.1 创新型城市、新型城市化与创新城市建设

2.1.1 创新型城市研究

从国内外研究理论来看,最早提出"创新"概念的是经济学家熊彼特(Schumpeter,1912),其在《经济发展理论》中提出,城市是创新的载体,创新、要素和投资是构成城市区域经济持续发展的三种重要驱动力。由此论,学者们开始聚焦城市创新并提出"创新型城市"这一概念。英国规划大师彼特霍尔(Peter Hall,1998)则将创新型城市视为加快转变新型社会形态的城市。21世纪初,英国政府委托约翰·莫尔斯大学以"欧洲非首都城市的城市复兴特征"为题,对欧洲50个城市(含首都)或城区开展项目评估,并将知识密集型产业就业人数占就业总人数比例、

适龄就业人口就业率、拥有学士以上学位居民人数等主要指标纳入评估范围；英国研究者查尔斯·兰德利（Charles Landry，2000）则认为，创新城市应具备六个方面的条件：①独立人格的人；②激励、引导的规制；③充分的智力基础设施；④完善的内外通信联系；⑤动态和紧张的平衡能力；⑥动态的思想家、创业者和实干家。美国理查德·佛罗里达（Richard Florida，2002）教授则提出创新型城市的人才（Talent）、技术（Technology）和包容度（Tolerance）三项指标；詹姆斯·斯密（James Simmie，2001）认为，城市创新环境来自同类型公司的空间集结与定位、经济积聚和企业国际化规模、城市经济规模与创新进程、创新源泉与国际出口市场关联等四类不同源泉。西方学者研究创新型城市偏好与全球化与知识经济融合，多数学者认为富有竞争力的城市是集聚性、多样性、不稳定性和良好声望的结合体，城市所具有的创新性和动态性、集聚性和多样性表现为经济发展的强大竞争力。

国内学者大多基于理论与实践视角解读和探讨创新型城市。金吾伦（2006）认为，创新型城市主要是通过不断的创新活动来实现技术水平的提升，利用科技、技术带动力转变城市经济发展方式、优化城市整体产业结构，实现城市更好发展。张继飞（2007）提出狭义的创新型城市主要是通过科技创新引领经济转型发展的，并从经济学维度界定创新型城市内涵；广义的创新型城市则应将创新概念普及到文化、市场和社会等各层面。胡钰（2007）认为，以自主创新为主导、科技创新为支撑的城市经济发展即是创新型城市，其将深圳市、上海市等大型城市经验作为研究基础，对创新型城市的发展方向从实施目标、实施策略、有关政策和文化环境等方面进行详细规划。汤进（2009）对亚洲某国城市变迁研究发现，该国城市基于创新能力提高推动高新企业发展速度提升，由此完成由传统工业型城市到创新型城市的蜕变，并认为创新城市进程离不开创新产业建设和政府金融扶持力度。邹燕（2012）认为，创新型城市是由创新驱动动态演变的一种城市模式，是知识、技术、产业创新等密集地。杨勇华、汤萱（2013）认为，政府应优化诸如制定人才引进、高等院校资金投入、企业税收优惠和科研机构成果转化等政策措施推动创新型城市建设，并提出制度创新、科技创新和金融创新是创新型城市建设的有效路径。《国家创新驱动发展战略纲要》《国民经济和社会发展第十四个五年规划纲要》等战略规划中均对提升创新城市建设进行总体部署。武汉大学创新型城市研究课题组（2019）更注重高质量发展阶段的创新型城市建设，并提出要强化创新源头重要作用，提升城市创新发展基础能力，加强城市创新"硬设施"与"软环境"建设。陈晓红等（2021）通过梳理近年来国内外城市管理与决策研究进展，明确了创建创新型城市是实现新型城镇化高质量发展的重要途径和基础，强调韧性城市是创新型城市建设的重要抓手，基于服务国家新型城镇化建设、城市治理能力现代化等重大战略需求，分析凝练未来 5~10 年多学科交叉研究问题，为我国创新驱动的新型城镇化高质量发展、智慧化发展提供了坚实的理论和实践依据。

2.1.2　新型城市化研究

城镇化也称为城市化①，国外不同学者对城市化均有不同理解和表述。西班牙工程师塞达（A. Seula）于 1867 年首次提出城市化概念，他认为城市化是当今世界一种重要人口集中的社会和经济现象；随后克里斯塔勒（Christaller，1933）对德国南部城镇空间布局调研后提出"中心学说"，通过分析得出城镇是以土地和人口为基础发展的，中心城镇同周边村、镇具有相互依存关系的结论。随着对城市化研究深入，亚历山大（Alexander，1977）则通过农村城镇连续理论提出，农村和城镇在时间、空间地域上并无明确界限，是连续演化的进程；美国著名社会学家沃思（Wirth，1989）认为，城市化是乡村生活方式向城市生活方式的质变过程。而国外

---

① 为呼应研究主题和论述方便，除引用文件、文献、讲话及考虑特殊表述语境外，本书将"城镇化"概念统一表述为"城市化"。

对城市化研究主要集中在花园城市、生态城市、人居质量、城市可持续发展，以及城市化发展水平测度等方面。如在城市化发展水平测度方面：美国经济地理学者诺瑟姆（Northam R M，1975）采用城市化人口占总人口比重的指标衡量一个国家或地区的城市化水平，将城市人口与社会总人口比值作为城市化参考标准。美国社会学家英克尔斯（Inkeles，2005）重点选取人口居住质量、经济、产业等复合型指标构建较为全面的指标体系被国际社会认可和应用；艾哈迈迪和托哈尼（Ahmadi F & Toghyani S，2012）认为城市化建设更应强调人口、经济、社会以及生态环境等多元要素协调与包容；刘敏（Min Liu，2016）通过城市化建设顶层设计、实施思路以及成效研究，认为政府与市场良好关系、地方城市化与边远城市化良好结合都能有效促进城市化发展；韩秀艳，曹天一和孙涛（Xiuyan Han，Tianyi Cao & Tao Sun，2019）经城市化对碳排放影响研究发现，城市就业率（UER）、人均城市就业能耗（PEC）对碳排放强度影响分别为最大和最小，其他影响程度依次为城市化率（UR）、人口生产强度（PG）和碳排放密度（CD）等因素；玛莲娜·丽娜·梅洛和安德里亚·奎罗斯·雷戈（Mylenna Linares Merlo & Andrea Queiroz Rego，2019）研究认为城市过度发展会导致环境失衡，环境恶化又会阻碍城市化发展，由此会形成恶性循环的发展态势。

在我国，《国民经济和社会发展第十四个五年规划纲要》明确提出要完善新型城镇化战略，提升城镇化发展质量。当前，城市化已成为实现乡村振兴与区域协调及现代化发展的必由之路和有力支撑，国内学者主要从人口、经济、社会、地理等角度进行阐述。如徐光平（2011）、张占斌和程怀儒（2013）基于经济学视角，指出城市化的农村经济向工业经济转化过程是资源向帕累托最优状态演进过程；王素斋、许经勇（2013）从人口学角度提出地区经济发展引起第一产业人员向二三产业转移是实现农村人口向城市转移的原因。国内对新型城市化研究也较为广泛，新型城市化的"新"是指观念更新、体制革新、技术创新和文化复兴，是新型工业化、区域城镇化、社会信息化和农业现代化的生态发育过程。随着城乡一体化发展,农村人口和各种要素向城市集聚,地区差别边界会逐渐模糊,资源、环境、城乡差距变大等问题必然催生新型城市化发展(齐成喜,2005;苏发金,2011),因而要从打破主观思想束缚、扩大政府对新型城镇化的资金支持、创新新型金融工具、提高农村教育质量,以及农村居民技能培训等多维度推进新型城市化进程(周才云、张毓卿,2014)。在经济全球化背景下,加速新型城市化应坚持"以人为本、保护生态、绿色协调"的发展模式(姚士谋,2016),推进城乡统筹、和谐发展和城乡一体化为特征的城镇化,通过提高城镇化质量,最终实现大中小城市、小城镇和新型农村社区的协调发展(龚锐等,2020)。

2.1.3 创新城市建设研究

创新城市建设是一种全方位覆盖、全社会参与、全过程联动的城市整体建设创新系统。国外学者对城市建设研究涵盖多方面内容,并从不同角度给予解读。如朗迪勒里(Rondinell,1985)认为,城市建设政策成功衡量的关键即城市形成规模等级的大小,强调各城乡应紧密联系,通过战略性建设投资和加快农村建设,以利于城市经济与农村经济协调健康发展;帕克、伯吉斯(R. E. Park & E W. Burgess,1987)通过人口聚集分布所带来的人口红利对城市建设影响因素研究,得出土地价值变化随竞争与建设程度变化;霍华德(Ebenzer Howard,1850~1928)提出的"田园城市"理论认为,城市化建设应注重城乡一体化规划,体现城市建设与自然景观相融合的城建思想,以及在城市建设发展中,应注重人的综合素质培养与城市建设的有机结合。

从国内现有研究看,创新城市建设离不开对城市规划、城市建设与城市发展的整体论述。我国的李百浩城市史研究团队用了近12年的时间(2003—2020年),对城市发展与建设史进行了较为全面的研究。城市管理包含以城市规划、生态环境改造、基础设施规划,以及城市实物形态建设等,因而城市建设是以城市规划为前提并最终服务于整个城市良性运行的创新过程(刘曼、王国恩,2019)。而在加强城市建设过程中,要突出历史积淀、民族特色、风俗文化和地域特色特征,加强营造城市宜居环境,提高城市整体建设水平。同时,城市人文精神、气质精神是城市建设品质的重要体现(宋晔,2007)。城市建设品质反映城市发展总体水平与总体需求,其基本目标是为居民生活和福利创造有利环境,与改善外部环境和城市交通系统相比,城市建设质量和发展对城市更为重要(谢忱,2016),因而创新城市实力的重要性包括硬件实力和软环境的建设发展,结合城市形态和社会形态综合建设,城市建设应包括公共空间重组、道路系统重组、公共基础设施布局调整、建筑与空间整合、社会形态和居住区管理等方面的创新建设体系(张志东,2018)。因而创新城市建设是以城市规划为依据并服务于城市管理、决策运行模式变革,此模式的实质是政府充当城市经营主体角色,并将整个城市资产有效整合并发挥保值增值最大效能,因而其涵盖了城市管理本质和投资经营理念。例如,美国城市完善的法人主体地位为其开展城市经营活动奠定了法律基础,政府可通过发行债券融资进行城市建设等。

我国学界最早提出"城市基础设施经营管理""城市土地有偿使用"等观点,其实质为城市经营理论的雏形。因而城市经营管理是新城市发展环境、新城市治理模式的变革,通过运用城市资源进行资本运作以满足城市建设功能需要,从而形成城市建设资金投入产出的良性循环体制。综上所述,创新城市建设应秉持"宜居、宜业"城市建设理念,坚持规划引导城市发展、坚持规划保护城市生态环境、坚持城市设计指导城市建设,通过优化城市建设管理方式,推进城市重点基础设施建设,更加注重城市功能、城市品质、城市生态的产城融合的新发展模式和格局①。

---

① 马泽江. 创新城市建设理念 着力推进城市建设 [J]. 长江论坛, 2015 (9): 27 - 30.

2.2 创新型城市建设和新型城市化建设发展

2.2.1 创新型城市建设

我国自提出创新型国家建设重大战略并付诸创新型城市建设实践后，学界及实践工作者即从理论上展开创新型城市指标体系与评价方法研究，但相关研究差异性较大。随着我国出台创新型国家战略举措并试点建设创新型城市以来，创新城市发展路径问题已成为学界重点研究课题。但创新城市建设离不开成熟的创新环境，只有在创新环境下实现科学技术产业化，才能从根本上改变整个城市的经济增长势头和产业结构（金吾伦，2006）。而未来创新型城市突破方向则是各具特色的城市创新路径选择，例如，综合经济实力、资金实力、开放程度、人才和科技水平及基础设施状况等都是城市竞争力关键影响要素（倪鹏飞，2003）。创新城市建设是一个复杂的系统性工程，除创新能力投入的科技核心要素外，还有经济政治文化等多种因素形成创新合力，才能真正实现创新型城市建设（白嘉苑、郗芙蓉，2010），同时还要具备创新主体、创新资源、创新机制、创新环境和创新绩效五大要素，以此构成包括五个子系统50项评价指标的创新型城市建设评价指标体系（周纳，2010）。城市创新还体现在自主创新、产业创新、人居环境创新和体制机制创新等方面（方创琳，2014），尤其包括相关基础设施、创新环境因素、创新支撑条件、创新核心要素等影响因素（李佳洺，2016）。

2.2.2 新型城市化建设发展

国外学者对城市化发展影响因素研究，大多是从经济发展水平、生态、产业结构和教育等方面进行分析。杨诺斯基（Yanitsky，1984）研究表明生态环境会对城市化发展质量造成重大影响，塞巴格（Seeborg M C，2000）研究表明，农村人口向城市转移是因为城市就业岗位比农村多，以及民营经济发展对农村剩余劳动力的吸引力更强。也有学者认为，农村人口逐渐流向城市，主要原因是城市与农村间的工资差距，城市化发展影响因素是社会关系、经济发展、生活方式等，并指出第三产业发展能够促进产业结构优化升级，从而间接推动提升了城市化发展水平。同时还认为城市规模扩大的重要因素有经济发展、土地利用、人口迁移、区域特征、生活设施、行政政策和发展规划等。也有研究认为，促进城市化发展动因主要有工业发展水平、基础设施建设和保障性住房建设等。

国内学者近年来集中对新型城市化建设发展进行了深入研究。当前我国推进城市化建设应贯彻绿色集约、健康宜居的新型城市化发展理念，即坚持"以人为核心"，以新型产业化发展为动力，以统筹兼顾为原则，实现城乡统筹、社会和谐、生态宜居和节约集约的发展目标（董晓峰等，2017）。但发展中还存在资金供给不平衡、公共基础设施覆盖不均衡、教育医疗分配不均等非均等化问题，因而要发展新型城市化并推动城乡一体化进程，必须首要解决这些问题（周峰、黄中齐，2021）。新型城市化要实现"人口城镇化"到"人的城镇化"转变，其内涵至少包含人本性、协同性、包容性和可持续发展四方面内容。党的十九大以后，我国新型城市化建设发展呈现三方面新态势：一是以人的城市化取代土地城市化，走中国特色新型城市化道路；二是新型城市化在生态、社会治理和空间治理上更加细化；三是城市群发展对于新型城市化引领作用更为明显（陈明星、隋昱文等，2019）。但新型城市化发展仍存在不少体制机制障碍及现实困境，如土地资源有限且开发利用不合理、城市总体规划持续调整且规模不断增加、城市环境问题频发、城乡之间仍存在二元经济结构等问题（姚士谋、张平宇等，2014）；同时还存在城市化发展不平衡、人口过度集聚引发出现超大城市病、环境承载力严重及城市建设发展特色不足等问题（刘秉镰、朱俊丰，2019），因而新型城市化的建设路径应坚持创新、协调、绿色、开放、共享五大发展理念，实现建设主体多元化，完善新型城市化建设产业支撑，推动农业现代化、新型工业化和现代服务快速发展，要因地制宜走特色发展之路，同时要强化产城深度融合、深化城乡体制改革、提升城乡管理水平，增强城乡文化自信并加快绿色城乡发展（荆扬，2019）。

2.3 创新城市建设投融资模式及风险治理

2.3.1 创新城市建设投融资模式

国外学者对于该问题的研究主要集中在投融资主体、渠道及模式优化上，其投融资具体模式主要以市政债券、资产证券化、特性经营权、公私合营（PPP、BOT 等）为主。一是市政债券融资。泰米尔（Temel，2001）认为，市政债券是国家、地方政府等债券发行者的一种承诺，在世界范围内市政债券是一种被广泛接纳并实现基础设施建设融资的良好模式。二是资产证券化融资。资产证券化能够有效出售发起人固定资产以增强现金流能力，投资人也可通过获得高收益的证券资产而受益（Bharat A. Jain，2001），也能使发起人减少对金融机构的依赖，通过资本市场融资降低融资成本（Schwarcz，2002），因而这种模式可极大提升基础设施建设融资能力。三是政府和社会资本合作（PPP）融资模式。政府应在 PPP 融资中做好协调工作，负责为 PPP 项目制定相应政策法规，营造良好投融资氛围，平衡私营资本与民众利益，从而保障项目方切实享受到项目运营收益（M M Kumaraswamy，2001）。具体而言，政府在 PPP 项目中应通过建立健全相关政策法规及优惠政策吸引社会资本参与，并监督项目建设和运行以保障提供高效服务。但 PPP 模式也存在项目建设技术风险、项目建设资金风险，以及项目建设政治风险等（Peter，1995；Nisangul，2002），因而项目持有者应具备认识风险、控制风险能力和愿意承担风险的意识（Loosemore M，2006），并在特许权协议中对于关键风险内容进行有效控制，并采用低风险融资模式（Mansor Dailami & Danny Leipziger，2009）。

我国学者对创新城市建设投融资研究范畴较为广泛。纪玉哲（2013）认为，政府主导的投融资项目应着力提升投资管理方式和解决政府融资困境；社会资本主导的投融资项目应完善特许经营制度，使社会资本有盈利空间。但根本问题是要完善政府财政预算保障机制、加快城市建设投融资的模式变革，以建立新型投融资管理体系（朱志刚，2017），如在新型城市化进程中，政府可通过产权转让，经营权转让、委托运营等方式，吸引民间资本参与城市基础设施建设（丁伯康，2017）。而学界对于资产证券化与PPP项目相衔接的研究也较为丰富，谷美盈（2015）认为，PPP项目和资产证券化结合虽理论上可行但同时存在诸多法律问题；朱世亮、赵菁（2015）则建议将PPP项目与资产证券化结合，不仅可缓解地方债务危机，也可为城市基础设施建设融入资金；而赵福军（2016）认为，通过对原PPP项目融资模式加以改变，并采取资产证券化模式推进，以缓解融资难度。

2.3.2 创新城市建设投融资风险治理

城市建设项目融资可通过传统结构化融资、项目公司（SPV）企业融资、优化资金来源、增强信用水平、政府信用支持等方式提升基础设施的项目融资水平（Jyoti，1998）。乔治等（George et al.，2010）认为，土地资产已成为发展中国家地方政府资本投资的重要来源之一，在未来债务偿还能力不确定性时，将土地收入用于基础设施融资，可能会带来巨大财政风险；蒂托等（Tito et al.，2017）认为，政府担保对银行风险承担影响主要取决于银行投资者可以观察银行行为的部分以及可以观察银行边际的价格债务，当知情投资者持有足够大比例负债时，更大担保则会增加冒险（道德风险）。而相关研究也表明：当银行资本为内生性时，公共担保会导致银行杠杆率增加和风险承担增加。

我国专家学者对土地融资风险的研究正在逐步深入。梁建伟等（2007）从银行融资角度对风险识别及风险防范进行研究；胡丽等（2011）根据PPP融资模式存在较多不确定性影响因素对融资风险进行识别；束兰根等（2014）结合企业各阶段面临的风险特征对科技型中小企业融资进行风险识别，并实证提出针对性建议策略；叶剑平等（2014）建议地方政府融资平台可运用抵押贷款、担保证券和土地债券的融资模式；李菁（2014）则分别阐述了政府、银行和融资平台的土地融资风险，提出构建差别化融资、阶段化融资、风险分散机制、拓宽融资渠道等方面建议；张萍等（2018）对城市基础设施的PPP项目融资风险进行识别和测度，运用风险识别方法对三种特征进行分析并构建了指标体系；张兴等（2017）认为土地融资存在着财政、金融、信用和市场等多种风险，要加强对土地抵押贷款的风险管控，严格规划和管理土地融资规模，建立健全土地融资信用担保体系。在风险评估方面，学界根据行业项目特征构建评价指标体系，并运用多种方法进行风险测度与评估。刘宏等（2016）构建系统结构模型法（ISM多层结构模型），运用网络分析法（analytic network process，ANP）方法确定指标权重，筛选出主要评估指标，旨在分析BOT项目融资模式风险评价。潘峰和张娜（2015）从宏观、中观、微观三个层面系统分析了政府城市投融资平台债务风险及形成原因，提出"放宽市场准入、拓宽融资渠道、创新投融资模式、完善城市投融资债务信息披露机制"的对策。

2.4　城市建设投融资债务风险影响系统性金融风险

世界银行是对城市基础设施融资问题进行专题研究的权威机构，其认为城市基础设施融资重要来源是税收和政府借款，新的融资渠道包括建立基础设施开发银行和新的基础设施基金。同时还认为城市基础设施投融资呈现出由项目融资向专业性基础设施金融机构融资,再向资本市场融资的发展趋势。马茨·安德森（Mats Anderson，2001）等认为,城市基础设施融资渠道主要包括用户收费、征收财产税和租金、银行借贷和市政债券,以及政府转移支付等,也可逐渐扩大至市政债券在内的借贷融资渠道。同时,国外学者较关注政府债务风险,德尔等（Dolls et al.，2012）认为地方政府债务规模扩张过快,超出自身财政承载力可能引起财政危机和政府信用危机。而对地方政府债务风险与系统性金融风险关联性研究过程中,有学者围绕欧债危机研究,证实市场对信贷风险反应能够影响经济基本面,认为政府债务短期内会刺激国内生产总值（GDP）增长,虽政府债务危机恶化了金融系统,但有效货币政策能够起到一定缓冲作用;也有国际学者通过建立模型实证研究财政风险对金融领域的溢出、传染、挤占等①。

国内学者们在关注提增政府融资能力的同时,也对城市建设投融资债务风险和系统性金融风险关联性影响及传导路径进行了研究。黄国桥和徐永生（2011）认为融资平台因始终处于行政机制制约下,投融资平台积累的债务风险只能被转嫁到商业银行体系,并反映在高额贷款和不良贷款率上;杨艳和刘慧婷（2013）认为地方政府融资平台信用风险会影响金融系统,并引发系统性金融风险;魏遥和王姗姗（2015）基于地方债务风险与金融市场风险联动关系,认为宏观经济、土地财政、银行系统等传导作用相互影响,积聚放大风险敞口容易引发系统性金融风险;高跃光（2017）和毛锐等（2018）认为地方政府债务风险通过影响商业银行流动性进而影响金融系统,从而引发系统性风险;韩健和向森渝（2018）认为地方政府通过"债务置换""PPP融资模式"和"变相担保"形式举债融资,存在诱发系统性金融风险的可能②。马万里和张敏（2020）通过地

---

① 徐甄宜. 地方政府隐性债务风险测算及对系统性金融风险的传染效应 [D]. 成都:四川大学,2021.

② 陈玫羽. 我国地方政府性债务风险对区域性金融风险的影响研究 [D]. 西安:西北大学,2020.

方政府隐性债务对系统性金融风险的机理研究，认为债务扩张是诱发系统性金融风险的重要因素。方磊（2021）通过各省份地方政府债务数据，采用探索性空间数据分析（exploratory spatial data analysis，ESDA）和马尔科夫链分析各省近10年债务风险聚集演变趋势，提出控制地区间债务风险集聚、重视控制银行不良贷款率、投融资平台运作机制等方法缓释风险。除定性分析外，相关研究还通过创建模型证明市政债务风险向金融风险的转变。

2.5 区域系统性金融风险类别、生成和传导

国内外有关系统性金融风险研究主要集中在对系统性金融风险成因分析、风险来源、生成机理及构建综合指标评价体系进行测量等方面。从国际上看，相关研究主要集中在三方面：一是系统性金融风险成因。部分学者采用金融脆弱论来解释系统性金融风险的形成，如明斯基（Minsky，1992）提出"金融脆弱性"假说，将系统性金融风险及蔓延发展导致的危机归因于金融体系的周期性特征和内部脆弱性，但归根结底是经济繁荣时期各类风险累积埋下的信贷和投机隐患，如此层层叠加，最终在衰退期引发金融危机。二是系统性金融风险传导。哈特和津加莱斯（Oliver Hart & Luigi Zingales，2011）认为系统性金融风险是单一的金融风险事件，由一家机构传导至多家，从一个单一市场传导至多个市场的现象，从而使多米诺骨牌效应产生的风险损失不断蔓延、扩散，进而使整个金融体系变得异常脆弱。

国内学者的研究主要集中在以下方面：一是系统性金融风险类别。吴云峰（2019）概括认为目前我国主要面临高杠杆率、金融市场信用、影子银行、互联网金融、跨市场跨业态、房地产金融、国企债务等金融风险。二是系统性金融风险生成。李梅（2019）认为金融自由化导致资本流动过度、金融内部脆弱性破坏了投资环境、金融监管不到位导致风险加

大、第三方支付中存在潜在风险等是生成系统性金融风险的主要原因。三是系统性金融风险传导。谢坤、夏琦和谭中明等（2019）通过构建省域系统性金融风险指标体系，建立风险检测模型，得出我国31个省（区、市）的风险状态，研究表明我国区域风险由中部地区向东部地区呈上升趋势。杨子晖、陈里璇和陈雨恬（2020）认为国际市场作为影响汇率直接输出方，且金融市场间非对称性效应明显，促使系统性金融风险形成跨市场传染机制。

2.6 系统性金融风险防范、预警和监管

从国外针对性研究看，一些学者认为优化金融网络结构是量化减少系统性金融风险的有力途径，特别是银行业机构业务范围广、结构复杂，改变其网络结构对缓解风险有很大益处（Christian Diem，Anton Pichler & Stefan Thurner，2017）。从国际系统性金融风险预警研究看，有学者利用发展中国家研究分工模式（developing country studies division model，DCSD）、系统性金融风险预警模型、Simple Logit 预警模型，以及分类评定模型（Logit model）等方法建立危机预警模型，并对30个发展中国家系统性金融风险进行预警研究，还有学者使用 Logit 模型进行系统性金融风险预警研究、基于多项式建立预警模型进行系统性金融风险预警研究，以及运用 Logit 回归方法对欧洲系统性银行危机进行了预警研究。

近年来，我国加大系统性金融风险监管力度，学者们较关注区域系统性金融风险预警机制研究：任碧云等（2015）从3个维度选取19个指标建立预警指标池，综合使用层次分析法（analytic hierarchy process，AHP）和数据包络分析（data envelopment analysis，DEA）方法建立我国系统性金融风险预警模型。陈奕豪（2019）从4个维度选取36个指标建立预警指标池，并使用 Logistic 回归模型建立了系统性金融风险预警模型。韩喜昆等（2021）从7个维度选取22个指标建立预警指标池，

综合使用主成分分析法和 AM-BPNN 算法建立系统性金融风险预警模型。而在区域系统性金融风险监管方面则提出以下政策建议：郭田勇和廖力（2010）认为应在央行和监管机构间建立信息共享机构，以促进宏观审慎监管；吴周雄（2013）认为必须建立和完善地方金融的风险防范、预警体系和管理机制；王勋（2018）提出应全面推进市场导向的金融监管改革、实现监管标准统一和监管全覆盖，以及央地机构部门间政策协调，通过"双峰"监管模式实现从机构监管转向功能监管和行为监管，建立金融风险监测分析日常机制，平衡金融创新与金融稳定关系等；葛扬（2018）提出必须健全金融监管体系，提高金融业竞争能力、抗风险能力和可持续发展能力，坚决守住不发生系统性金融风险的底线。

2.7 简要评述

通过上述文献梳理及学术史考察，国内外文献针对创新城市建设投融资、系统性金融风险成因、传导方式，以及监管机制都进行了研究。国外研究更注重发挥理论的实践指导作用，如已将创新城市建设纳入中远期发展规划，城市建设投融资机制更体现市场主动性，明确指出防控区域系统性金融风险监管政策应与时俱进，从而使监管效能不脱离金融市场风险实际，以提升金融业为经济发展提供动能支持，这些监管思路及措施均具有现实借鉴意义，但相关领域研究方法、分析思路和体制模式不能照搬照用到我国语境下。而国内学者对城市建设研究视角虽较为全面，但大多以政府主体作为研究对象，从政府角度作为出发点，将投融资作为一项市场活动应充分考虑其市场规律和特征，因而对于如何完善创新城市建设投融资体系仍有欠缺，同时对新常态下创新城市建设投融资债务风险影响区域系统性金融风险问题，并未从宏观机理上对风险致因、监管困局、监管体系，以及监管协调机制等问题进行系统研究，且对某一特定区域防范化解系统性金融风险有效监管机制问题的研究并不集中,尤其对互联网金融科技新业态下,省会地方政府债务风险引发区域系统性金融风险的具体对策、监管机制等方面的研究尚属空白,这为本书的理论研究确立了方向且打开了逻辑空间。

第3章 创新城市建设维度界定及评价体系

20世纪90年代初,国外已有学者对城市建设战略问题开展深入探讨,主要研究涉及城市规划与发展、城市文化建设、城市营销与治理等领域,而创新城市建设就是较为核心的讨论思路,其中最重要的就是要通过发挥城市竞争力、发展潜力、创新能力等提升城市发展规划与建设,从而形成完整配套的城市创新大系统,促进城市经济建设等领域实现可持续发展。随着国家创新驱动发展战略的稳步实施,创新型经济发展新格局业已形成,创新型城市、新型城市化、新型智慧城市与乡村振兴建设已成为推进城市经济发展的核心战略。

3.1 创新、创新城市与城市建设

著名美籍奥地利经济学家约瑟夫·熊彼特1912年在其所著《经济发展理论》一书中,首次从经济学角度提出"创新理论",并认为创新(innovation)即是将原始生产要素重新排列组合为新的生产方式,以求提高效率、降低成本的一个经济过程。在熊彼特经济模型中,他未将创新当作技术概念或技术发明,而指出其应是经济生产生活中出现的新事物。熊彼特认为,经济本身一定存在着某种破坏均衡而又恢复均衡的力量,经济之所以不断发展的动因即是在经济体系中不断引入"创新"活动。应该说，创新是推动一个国家、民族和区域长久发展的重要力量，也是推动整个经济社会实现可持续发展的重要驱动力。

从地理学意义上讲，城市是地处交通方便环境的且覆盖有一定面积的人群与房屋的密集结合体。城市通常与所拥有的住房、交通、卫生、市政、环境、公用事业、土地使用、商品生产密集互动，因而构成了地域内外各部门、各要素有机结合的社会大系统。蒂姆·霍尔（Tim Hall）则是最早将创新与城市相联系并进行研究的学者，其在《创新的城市》中首次提出城市创新的概念，并认为城市创新是通过重新包装城市来提升其整体竞争力[1]。创新决定城市未来，创新引领未来城市。创新城市是创新意识成为市民思维不可分割部分的必然结果，可以理解为是一种全方位覆盖、全社会参与、全过程联动的，涵盖组织创新、管理创新、制度创新、决策创新、建设创新、科技创新、融资创新等城市整体创新体系。

创新城市促推着城市创新体系建设的发展变革，城市建设体系是构成城市创新体系的重要组成。城市建设概念有广义和狭义之分。前者包括经济基础设施和社会基础设施，后者包括城市基础设施。美国权威出版机构麦克劳希尔图书公司（Mc Graw - Hill Book Company）出版的《经济学百科全书（1982年）》认为："基础设施是指那些对产出水平或生产效率有直接或间接提高作用的经济项目，主要内容包括交通运输系统、发电设施、通信设施、金融设施、教育和卫生设施，以及一个组织有序的政府和政治体制"[2]，因而本书基于城市建设的属性和内容，对城市建设进行广泛理解并作狭义定义，即城市建设是以城市规划为依据，通过对城市系统内各物质设施进行建设和对城市人居环境进行改造的基础性、过程性和周期性的经济工作。

---

[1] 景天骄. 我国创新型城市金融支持度的实证研究 [D]. 海口：海南大学，2018.
[2] 崔国清. 中国城市基础设施建设融资模式研究 [D]. 天津：天津财经大学，2009.

3.2 创新城市建设及其维度界定

当前，国内外学者关于创新城市建设的核心理念基本趋同，即强调创新是城市发展的核心驱动力。从生产要素分类及地域要素流动组合演替规律看，城市发展进程主要可归纳为资源密集型、劳动密集型、资本密集型、资本＋技术密集型、技术＋知识密集型等几个阶段。有学者借鉴哈佛大学波特教授关于国家竞争优势驱动阶段与城市发展阶段研究成果，得出城市发展竞争可分为初级要素驱动型、投资驱动型、创新驱动型三个阶段的结论。而城市发展要素流动是形成城市发展竞争的核心资源，资本＋技术密集型发展阶段表征着投资驱动和创新驱动的竞争需求。城市发展投资驱动阶段意味着资金、技术和人力资源的积累，还要具备消化吸收先进技术能力并实施较大创新活动的能力；城市发展创新驱动阶段则是以人才流动为主导对应知识经济发展阶段。而以资本积累为特征的投资驱动阶段向以知识、技术、人才积累为特征的创新驱动阶段转进，正是"创新城市"或者"基于知识的城市"发展的重要阶段。

我国经济已由高速增长转向高质量发展阶段，高质量发展体现了新发展理念，创新在推动高质量发展中发挥着重要保障作用。而这一阶段，城市发展方式仍面临诸多挑战。一是城市建设对资源能源的粗放式利用，使自然资源和生态环境反作用于城市发展。原有的土地高扩张、资源高消耗、污染高排放等粗放的发展方式，以及水资源供需矛盾、城市固废排放、生活垃圾处理等城市病，对提升城市资源利用、城市减排效率产生现实制约和不利影响。二是城市规模快速扩张和无序开发对城市化发展形成制约。城市规模扩充膨胀不仅体现为土地资源消耗和能源消耗加速，更会产生一系列涉及城市管理、公共服务，以及社会治理的城市化证候，尤其要面对交通拥堵、供给矛盾、刚需消费、生活质量、食品安全、基础设施等全新问题和挑战。三是粗放型城市规划和建设方式抑制了未来城市建设发展空间。城市整体规划、外观形态、建筑结构、基础设施等要素是表现城市发展的有形载体，原有粗放的建设方式已产生城市建筑使用周期缩短、高耗能使用、改造难度大等问题，传统建筑与绿色、低碳、生态、智能化建设模式仍存有差距，尚未具备和完全普及创新建设条件。

整体而言，城市发展方式是直接影响城市发展方向和发展质量的结构性问题。如区域型城市在自然条件、生存资源、经济效益、生产力水平等方面呈现出复合型低效，亦面临人口增长、环境治理、水土资源耗减、能源短缺等问题，由此造成城市可持续发展能力、市场化程度和发展水平相对滞后，则需正确处理经济建设、资源利用、环境保护与城市发展关系。但城市发展要实现从速度型向质量型、外延式向内涵式、功能型向特色型的高质量转变，应着力创新城市发展理念、城市发展形态、城市组合功能、城市产业形态、城市管理模式等一系列要素集成方式，以达到提升城市发展质量和增强城市可持续发展能力的要求。

从理论上讲，城市可持续发展能力是由紧密联系的五大支持系统组成的复杂系统，分别是生存支持系统、发展支持系统、环境支持系统、社会支持系统和智力支持系统，这五大系统相互融合、联动共生，任何一个系统出现问题并超越了临界值，都将损坏区域整体可持续发展的能力①。区域可持续发展能力综合评价，是可持续发展研究的重要内容，也是制定区域发展战略的重要参考②。可持续发展能力评价是集合功能、层级、程度、目标的一个综合大系统，因其所包含的因子及影响评价因素较多，对可持续发展能力进行评估需建立具有描述、分析、评价、预测等功能的可持续发展定量评估指标体系。而构建区域自我发展能力评价指标体系的目的，就是把某一特定地区自我发展所涉及的因素及内在关系，在不影响结论真实性的基础上进行简单化处理，以便用具有代表性的评价指标获取尽可能多的信息，为科学研究和

---

① 寇娅雯. 基于综合测度的甘肃可持续发展能力调控研究——以国家生态安全屏障区为例[J]. 兰州文理学院学报（社会科学版），2016（6）：36–40.
② 杨建辉，任建兰，程钰. 我国沿海经济区可持续发展能力综合评价[J]. 经济地理，2013（9）：13–18.

地方政府发展决策提供科学依据[①]。目前对城市可持续发展能力的评价主要体现在：经济可持续、发展可持续、生态环境可持续、社会可持续、教育科技可持续等方面。如依据建构指标体系的系统性、层级性和主要性原则，可参考《中国可持续发展能力评估指标体系基本架构》及其统计口径，结合可持续发展能力的五大支持系统，在满足数据收集前提下，通过选取16项二级指标、42项变量要素确定城市可持续发展指标体系的要素构成（见表3－1）。

表3－1　　　　　　城市可持续发展能力评估指标体系

序号	分系统（一级指标）	分状态（二级指标）	变量（三级指标）
1	生存支持系统	生存资源禀赋	人均耕地面积 人均水资源
2		农业投入水平	人均农业总产值 单位农机总动力
3		资源转化效率	农业劳动生产力 有效灌溉面积比重
4		生存持续能力	涝盐碱治理率 成灾率
5	发展支持系统	区域发展成本	交通密度 人均GDP 固定资产投资总额
6		区域发展水平	非农产值占总产值比例 人均工业增加值 固定资产交付使用率 工业成本费用收益率
7		区域发展质量	工业增加值比率 流动资产周转次数 总资产贡献率
8	环境支持系统	区域环境水平	废水排放量 工业废水排放量
9		区域生态水平	工业固体废弃物排放量 生活垃圾无害化处理率 水土流失率
10		区域抗逆水平	荒漠化率 森林覆盖率

[①] 孙根紧. 中国西部地区自我发展能力及其构建研究［D］. 成都：西南财经大学，2013.

续表

序号	分系统（一级指标）	分状态（二级指标）	变量（三级指标）
11	社会支持系统	社会发展水平	人口自然增长率 性别比例 非农业人口比重
12		社会安全水平	人均年收入 每千人拥有医生数 人均住房面积 城乡收入比率
13		社会进步动力	人口贫困率 文盲人口比例 劳动者大学程度以上人口比例
14	智力支持系统	区域教育能力	教育经费占GDP比例 万人在校大学生数
15		教育科技能力	万人拥有专科数 万人拥有科技人员比例 R&D经费占GDP比例
16		区域管理能力	科学家、工程师占科技人员比例 人均技术市场成交额

资料来源：本指标体系由笔者根据可持续发展能力五大支持系统（一级指标），选取162项分状态（二级指标）、42项变量要素（三级指标）所构建。

通过上述指标体系分析可知，经济指标并非唯一衡量可持续发展水平的指标，但仍为重要权重指标。而生存支持系统是解决城市提供水、粮食和轻工业原料等基本物质和能量问题，是分析区域可持续发展能力的出发点；发展支持系统是实施可持续发展的动力牵引，是测度城市可持续发展的基础；环境支持系统是实施可持续发展的约束限制，也是城市居民赖以生存的基础和必要条件，诸如此类指标还可从资源状况、环境质量、环境治理等方面反映生态环境可持续发展情况，而从森林覆盖率、生活垃圾无害化处理率可基本反映城市环境的改善程度；社会支持系统是实施可持续发展的组织能力，指标系统主要包含3项主题9项指标，可从社会领域反映城市人口增长、人口结构、收入住房、医疗等实际生活水平；智力支持系统是实施可持续发展的科技支撑，主要从区域教育水平和科技创新能力两方面分析。而对于由各级指标构成的涉及经济发展、社会和生态环境等方面的多因素综合评价方法,可根据五大系统分状态和核心变量指标合理测度。因本书篇幅有限,暂不展开城市原始数据抽取和统计处理。

因而构建科学规范的可持续发展评估指标,对于提升城市可持续发展能力具有现实意义,实现城市由数量扩张向质量提升转变则是创新城市转变发展方式的必然要求,而这一发展阶段,是体现城市在一定地域内以地位作用及吸引辐射力、满足量的扩张与质的提高为核心的多层次需求的动态增长过程。这个过程中,量的扩张表现为城市数量增加与规模扩大,即城市化水平的提高;质的提高则表现为城市建设功能的优化,即城市发展方式的转变。新经济条件下,城市发展即是以创新城市建设为核心、强化城市发展方向、发展水平和发展质量符合自然规律、经济规律、社会规律和发展规律的新型城市发展模式。可以说,城市发展是引领创新城市建设的根本动力和必然要求,创新城市建设是推进城市发展方式转变的基础保障,是构成城市管理和政府决策的重要组成部分。

当前"建立国家创新体系、走创新型国家之路"已成为众多国家和政府的共同选择。国内一线城市及域外发达国家已把创新城市规划、目标管理与策略实施等纳入中长期重要战略规划。例如,"深圳2030"以"建设可持续发展的全球先锋城市"为目标,对未来发展的不确定性从区域发展、社会经济发展、空间拓展、基础设施建设、生态环境保护等方面提出多元化的发展目标和策略,制定城市发展的行动计划①。"香港2030+"将香港地区规划成宜居、具竞争力及可持续发展的高密度城市,城市南部以国际金融服务为主,北部致力于发展世界一流创科产业,打破产城分离的旧模式,融入国家发展大局。"美国2050"围绕经济增长、基础设施、巨型区域等层面构建一个21世纪国家公共政策、制度、投资的决策框架。"纽约2030"规划修编将原对土地、供水、交通、能源、空气质量和气候变化的6个方面具体方案重新整合,包括住房和街区、公园和公共空间、

---

① 陈可石,杨瑞. 国内外比较视角下的我国城市中长期发展战略规划探索——以深圳2030、香港2030、纽约2030、悉尼2030为例[J]. 城市发展研究,2013(11):32-40.

棕色地带、水道、供水、交通、能源、空气质量、固体废物和气候变化10个方面的关键指标，设立一套城市可持续发展指标体系，用于整体性测度规划实施过程对纽约长期城市环境变化的影响效果[①]。"悉尼2030"强调"绿色、全球化、相连"是城市未来发展的三大主题，其中，"绿色"体现在绿色的环境、产业、基础设施、生态系统上[②]。从上述"深圳2030""香港2030+""美国2050""纽约2030""悉尼2030"等规划方案和实施目标看，域内外地区虽在建设规划、建设目标、实施策略等方面存有差异，但在经历一般性消耗增长后，均迫切关注人口增长、基础设施、城市文化、宜居城市、绿色交通、公共参与、可持续发展等城市发展问题，并将经济、社会、环境协调发展理念嵌入城市中长期发展战略规划远景、目标、策略与措施中。

创新是实现城市可持续发展的有效途径和关键举措。城市作为承载经济、科技、生产、人口、信息、交通、文化等所有精神建设和物质建设的集聚点，创新城市建设就是以城市经济社会发展为核心驱动力，通过发挥主体、规划、科技、产业、市政、生态、机制等一系列城市系统创新要素，继而在建设理念、规模方式、内涵特色、组合功能、产业形态、体制机制等方面探索形成各具特色、区域差异化的新型建设模式。根据此定义，创新城市建设实质上表现为城市综合要素与城市建设模式相结合的城市发展系统创新。其不仅涵盖对城市发展体系、城市空间格局、城市总体规划、城市管理决策、城市基础建设、城市生态环境、城市公共服务的顶层设计，还体现为是一种以知识、人力、技术、文化、体制、机制等核心创新驱动要素的城市发展模式。为便于深入开展研究，聚焦主题，笔者对上述概念作广义理解，并从以下四个维度界定创新城市建设概念和范畴。

---

① 魏开，蔡瀛，李少云. 纽约2030年规划的整体特点及实施跟进述评[J]. 规划师，2013（1）：89-92.

② 陈可石，杨瑞. 国内外比较视角下的我国城市中长期发展战略规划探索——以深圳2030、香港2030、纽约2030、悉尼2030为例[J]. 城市发展研究，2013（11）：32-40.

一是基于创新型城市建设维度。自中共十六届五中全会首次提出"建立创新型国家"重大战略以来,党的十九大报告又一次明确"加强国家创新体系建设、加快建设创新型国家",并提出了完善创新型制度、健全创新体系的根本任务。我国《建设创新型城市工作指引》在"总体要求"中明确指出,建设创新型城市是加快实施创新驱动发展战略,是贯彻落实国家区域发展战略,破解城市经济社会发展系列问题,完善城市创新发展内涵和理念的重要举措;并提出"以实施创新驱动发展战略为主线,着力推动产业技术创新和转型升级,着力提升政府创新治理能力,探索各具特色的城市创新发展路径,让创新成为城市发展的核心动力……"为指导思想;同时在"建设原则"中明确"把创新驱动发展作为城市经济社会发展的核心战略,突出自身优势特色,引导城市探索各具特色的创新发展模式,营造优良的人居环境和城市生态,努力把城市建设成为人与人、人与自然和谐共处的美丽家园"等,上述建设要求和原则,对创新型城市建设本质内涵进行了高度凝练和充分诠释,尤其强调创建创新型城市是一种以创新驱动发展战略为主线的"营造优良人居环境生态"的城市创新发展模式,这与以上对创新城市建设的概括理解和内涵本质完全契合。

二是基于新型城市化建设维度。党的十九大报告已明确"坚持新发展理念""推动新型城镇化同步发展,以城市群为主体构建大中小城市和小城镇协调发展的城镇格局""坚定实施创新驱动发展战略、乡村振兴战略、区域协调发展战略、可持续发展战略"等新型城市化发展战略,其本质内涵是从城市建设角度对城市发展理念、城市群发展规划、城市建设系统,以及合理配置人口、土地、环境与区域经济社会协调发展提出创新发展思路,由此构成了世界多极化城市建设的可持续发展新格局。要通过强化举措推进创新城市建设形成新格局,即要加快创新要素集聚融合,创新打造具有区域特色城市群主体生态系统,在塑造城市特色、优化城市空间布局、提高城市宜居宜业度等方面实现重大突破,要注重城市空间规划管理的科学性、前瞻性,完善城市公共基础设施,实现城市建设与人的发展需求相统一，走有特色、有内涵、有个性的城市建设与发展道路[①]。而这与创新城市建设理念、基础设施、内涵特色、城市功能，以及人与自然和谐共处的人居环境和城市生态目标完全一致。

三是基于新型智慧城市建设维度。党的十九大报告提出，要实现新型信息化与新型工业化、城镇化和农业现代化的同步发展。《国民经济和社会发展第十四个五年规划纲要》也对推进新型城市建设作出明确部署，提出要"顺应城市发展新理念、新趋势，提升城市智慧化水平"。新型智慧城市要实现"为民服务全程全时、城市治理高效有序、数据开放共融共享、经济发展绿色开源、网络空间安全清朗"的建设目标，因而以信息化为驱动，促推建设城乡基础设施智能化的新型智慧城市，正是对创新城市社会治理及其现代化的人本诠释，其建设应串联智慧交通、智慧医疗、智慧教育、社会保障、公共安全、应急管理、综合治理、社区治理等城市全域应用场景，实现向智能化、信息化、现代化的城市新发展模式转变[②]，同时也表现为重点加快通信网络、新技术、算力、智能融合等方面的基础设施建设，这些以信息化为驱动的基础设施建设与城乡水利、公路、管道、电网、物流、公用设施等城市基础设施网络建设，共同构成了以人为本的"宜居、创新、智慧、绿色、人文、韧性"新型城市建设框架，体现了新型城市化建设的根本目标。

四是基于乡村振兴建设维度。党的十九大报告和《国民经济和社会发展第十四个五年规划纲要》对"走中国特色社会主义乡村振兴道路"进行全面擘画，明确把实施乡村振兴战略与"创新驱动发展战略、区域协调发展战略、可持续发展战略"一体纳入新型城市化发展战略，并指出要始终把解决好关系国计民生根本性问题的"三农"问题作为全党工作的重中之重。而实施乡村振兴战略即要坚持农业农村优先发展，把乡村建设摆

---

① 武汉大学创新型城市研究课题组. 新时代高质量发展下的创新型城市建设——基于西安创新型城市的思考［J］. 中国科技论坛，2019（11）：136.
② 罗湖平. 加快新型智慧城市建设，推进市域社会治理现代化［EB/OL］.（2020 - 12 - 18）［2022 - 03 - 20］. https：//theory. gmw. cn/2020 - 12/18/content_34476049. htm.

在重要位置，按照产业兴旺、生态宜居、乡风文明、治理有效、生活富裕的总要求，优化生产生活生态空间，持续改善村容村貌和人居环境，建设美丽宜居乡村。根本重点仍在于统筹县域城镇和村庄规划建设、提升乡村基础设施和公共服务水平，以及改善农村人居环境，体现了加快推进新型城市化与农业农村现代化融合协同发展的根本要求。

综合上述，创新型城市建设是推进国家创新体系建设的关键环节，是通过建立新型经济发展方式加速新型城市化建设进程的有效尝试，国务院选择设立创新型城市建设试点，其目的即是以新型城市化建设为基础，开辟适应创新驱动发展的新型城市发展之路；是探索新型城市建设发展模式的根本要求，对于加快推进新型城市化建设、实现经济发展方式转变具有核心带动作用。一些学者也认为：建设创新型城市是应对新型城镇化的重要举措[1]、创新型城市建设是一条以改革创新推动新型城镇化高质量发展之路，是发展新型城镇化的重要举措[2]。新型智慧城市建设是加速新型城市化发展的必然要求，其所促推的城乡基础设施建设智能化及市域社会治理的信息化，是驱动城市化建设系统升级的创新阶段。而实施以乡村治理现代化为目标的乡村振兴建设，是将城市化公共基础设施、公共服务体系、国土开发建设、循环经济建设等向农村延伸覆盖的必然选择，可为推动农村基础设施升级、农户产业兴旺发展、农业生态环境优化，以及"新农村建设"发挥最有效的助推作用，为弥补城市化建设短板和提升乡村宜居宜业水平缩短农业现代化发展进程。因此我们认为：创新型城市建设、新型城市化建设、新型智慧城市建设与乡村振兴建设，均凸显了现代城市建设人本内涵和共同要素，是互为依托、协同促推且并行不悖的综合建设体系，因而本书将"创新型城市+新型城市化+新型智慧城市+乡村振兴"纳入整体多维建设目标，以此建构"创新城市建设"的大综合概念体系，同时构成"一体

---

[1] 彭宗忠. 河北省新型城镇化进程中创新型城市建设问题与对策研究［J］. 商，2013（22）：219.
[2] 陈晓红，聂建国，等. 创新型城市管理与决策研究前沿——第234期双清论坛学术综述［J］. 中国科学基金，2021（4）：612.

四翼"创新城市建设的基本框架和内容,并在融合"一体四翼"本质建设要求基础上讨论兰州创新城市建设投融资机制问题①。

3.3 创新型城市建设与监评体系

3.3.1 创新型城市及其内涵

城市是区域经济社会发展的中心,也是国家经济产出最重要的基地和各类创新要素资源的集聚地。多国经济发展模型表明,一个国家或地区人均GDP达到2000~4000美元时,就应该进入创新导向阶段。这一阶段也正是工业化从中级阶段转向高级阶段的快速发展时期,资本、土地资源等传统生产要素对经济增长的贡献率出现递减现象,而技术创新及知识、文化的进步则日益成为推动经济社会发展的主要动力。此时,建设创新型国家或创新型区域才能成为可能。

"创新型城市"的思想来源是基于约瑟夫·熊彼得的"创新理论",并对"创新"问题进行研究而产生的。创新型城市最初源于欧洲学者研究文献中的创意城市(creative city)或创新型城市(innovative city),这一概念是知识经济和创新型国家建设双重背景下提出并发展起来的。国外关于创新型城市理论研究始于20世纪90年代,我国学者则于2005年以后对其理论研究的热度开始提升。创新型城市是破解城市发展瓶颈和创建创新型国家的有效途径,解析其概念离不开创新型国家建设这一战略思想。创新型国家(innovative country)是以科技创新作为基本战略,大幅度提高科技创新能力,形成具有强大竞争优势的国家。也就是说,创新型

---

① 如无特别说明,本书所称创新城市建设均指"创新型城市+新型城市化+新型智慧城市+乡村振兴"四位一体的创新城市建设体系。

国家是以技术创新为经济社会发展核心驱动力的国家①。2005年10月，中共十六届五中全会首次提出"建设创新型国家"重大战略思想，党的十九大报告明确提出"加强国家创新体系建设""加快建设创新型国家"，提出了完善创新型制度、健全创新体系的根本任务。

当前，建立国家创新体系、走创新型国家之路，已成为众多国家政府的共同选择。就普遍定义而言，目前对创新型城市界定存在广义和狭义之分。广义创新型城市是指在城市政府的引导组织下，整个城市形成勤于学习、善于思考、鼓励创新、宽容失败、倡导竞争、包容梦想的文化氛围，城市居民具有崇尚创新、向往创新的强烈精神追求，各个社会实践领域普遍实施自主创新战略，以各行各业的全面创新不断提升城市竞争力，推动城市走上跨越式的可持续发展轨道。狭义创新型城市是指一个城市在政府的引导和组织下，确立并推进以企业为主体要素的自主创新模式，大力培育高新技术产业集群和名牌企业、产品，以技术创新或科学技术进步推动城市经济、社会的快速发展②。在当前创新驱动战略实施背景下，对创新型城市的本质理解不应以广狭义为局限，同时也应认识到其是建立在涵盖技术、知识、制度、服务、文化和环境等各种创新主体基础上，所交互形成的集聚与扩散知识、技术、人才和成果的综合创新体系。

综上所述，创新型城市是以科技创新为经济社会发展的核心驱动力，拥有丰富的创新资源、充满活力的创新主体、高效的创新服务和政府治理、良好的创新创业环境，对建设创新型省份和国家发挥显著支撑引领作用的城市③。对在新经济条件下实现城市可持续发展的这一城市形态，可从四个层面深化理解：第一，从城市发展的驱动力上看，创新型城市

---

① 奚洁人. 科学发展观百科辞典［M］. 上海：上海辞书出版社，2007.
② 白嘉莼，郄芙蓉. 我国创新型城市建设研究综述［J］. 商业时代，2010（5）：112-113.
③ 国内学界对"创新型城市"作出界定的相关论述可参见：陈晓红，聂建国，等. 创新型城市管理与决策研究前沿——第234期双清论坛学术综述［J］. 中国科学基金，2021（4）：611-619.
柴颖琦. 创新型城市的金融支持体系建设［J］. 中国集体经济，2017（12）：20-21.
董银霞，刘俊萍. 创新型城市建设中金融支持体系的构建［J］. 时代金融，2013（7）：186.
白嘉莼，郄芙蓉. 我国创新型城市建设研究综述［J］. 商业时代，2010（5）：112-113.

是以知识（包含科技）、人力资本为核心创新驱动要素的一种城市发展模式，这里的"创新"包含知识创新、技术创新、制度创新和文化创新等综合创新要素。第二，从城市的发展演变上看，创新型城市一般由科技和文化中心城市演变发展而来，是知识经济和城市经济发展融合的产物，科技创新能力或知识竞争力是城市的核心能力。第三，从系统角度上看，创新型城市是一个复杂的城市创新系统，创新型产业和创新型企业是其主要构成主体，城市整体表现出较强的知识性产业特征，高技术产业、信息产业、知识密集型服务业和创意产业成为主要的基础产业（输出产业）。第四，从城市发展的机制和目标上看，创新型城市在区域、国家乃至全球竞争体系中，集聚和配置创新资源，不断调整相关利益主体之间的关系，使各利益主体的目标与城市发展目标趋向一致。在此基础之上，建立创新驱动的集约型城市经济增长模式，最终目标是实现"城市双赢发展"，即实现城市经济增长和经济增长方式转变基础上的城市可持续发展[①]。

完善的城市创新系统是实现创新型城市发展的最本质特征，这种创新性是以技术创新、知识创新、制度创新、文化创新、环境创新和产业创新等为主体的综合创新系统。也有西方学者认为创新型城市包含七个要素：开放思想、多元化与宽容性、独立个性、空间可达性、富有活力的公共空间、高质量的人居环境，以及基于本地身份认同的全球化导向[②]。基于上述创新要求，更应扩展广义的创新型城市思路，创新变革传统城市规划、建设理念和发展模式，在城市建设中发挥"人文+人居"创新思维，通过赋予城市创造力、创意性提升城市竞争力，构建以创新为核心驱动力的建筑经济与城市经济相融合的新型城市形态。

---

① 杨冬梅，赵黎明，闫凌州. 创新型城市：概念模型与发展模式 [J]. 科学学与科学技术管理，2006（8）：97-101.

② Charles Landry. The creative city：A toolkit for urban innovators [M]. London：Earthscan Publication Ltd., 2000.

3.3.2 创新型城市建设及其监评体系

创新型城市作为系统推进全面创新改革的试验区，是通过知识、技术、制度、文化等各方面的变革，集聚和配置创新资源、形成创新机制与创新环境，催生新知识、新技术、新生产组织形式，最终成为区域新的增长极与具有创新示范带动作用的区域创新平台。创新型城市建设的核心则是通过制度环境的改进，提升企业自主创新的积极性和企业创新能力水平，降低对外技术依赖程度，实现价值链升级。通过创新型城市建设，不断为区域经济结构升级换代和社会发展提供原动力，解决当前区域经济发展所面临的重大科技发展问题，有效提升区域核心竞争能力。

从我国创新型国家建设目标和进程看，开展创新型城市建设是创新型国家建设的重要支柱，创新型城市建设已成为国家创新驱动发展必然经历的阶段。自《国家中长期科学与技术发展规划纲要（2006—2020年）》提出建设创新型国家及深圳市首开试点至今，我国已把创新城市纳入建设工作关键步骤，创新城市规划需符合国家创新战略的具体策略，创新型城市建设经历了创新城市建设试点开端、创新城市建设试点、创新城市建设评估和创新城市建设验收等发展阶段。据公开数据统计，全国先后有78个城市（区）开展创新型城市建设，2020年底对创新型城市依据主体创新功能（创新能级）不同进行创新能力分类评价，对已建成的72个国家创新型城市划分为创新策源地、创新增长极和创新集聚区三大类[①]。

总体来看，创新型城市建设必然历经创新主体、创新要素、创新机制，以及创新纠错的反复动态调整，虽然动态调整初始依据源于对创新型城市建设的评价结果，但需建立符合区域创新型城市建设的科学性、指导性和可操作性的监测评价指标体系，这一体系是提供契合性监评的

---

① 这三大类包括：以深圳市、广州市、南京市、杭州市、武汉市为代表的15个创新策源地城市；以苏州市、无锡市、常州市、大连市、宁波市为代表的25个创新增长极城市；以佛山市、嘉兴市、泰州市、石家庄市、连云港市为代表的32个创新集聚区城市。

基本依据和保障，是客观评价创新型城市建设创新要素及其实现的支撑。其主要影响力在于：一是创新型城市建设评价指标体系是引航创新型城市建设发展的应有之义，无指标体系难以评价创新型城市的建设基础和效能；二是创新型城市建设的评价指标体系是呈现区域创新型城市特色规划的重要载体，纳入创新型试点建设城市均可挖掘自身要素、资源优势和建设需求，规划创新区域特色性评价指标体系，这本身即是深度反映创新意识和思维的过程；三是创新型城市评价指标体系是完善本区域城市建设创新和纠错的重要工具体系。创新型城市建设和发展不可囿于传统的固有模式，省思创新局限和建设弊端有赖于自我监测及其革新，通过逐步纠错平衡建设发展效果，最终实现创新型城市建设的科学评价和过程性评价。

从已有研究成果和对创新型城市建设指标指引性要素看，随着支撑创新型国家战略的创新型城市建设进一步推进，从对建设试点评估验收指标体系考察可以得出：无论是确立创新环境、创新动力和创新绩效的三维评价体系，还是根据科技创新、新技术产业化和品牌创新的综合创新评价；又或是纳入制度环境、科技创业环境、制造业地方专业化指数、万元GDP能耗的评价体系，以及以全社会创新能力、网络化创新能力、全面性创新能力、互动式创新能力、全方位创新能力和开放式创新能力六方面指标评价[1]，各评测指标和体系构建应突破唯指标化弊端，尤其在区域创新型城市试点建设中，要以创新型城市内涵特征、评价要素及域外经验为借鉴，不仅应全面深入了解城市创新能力基础设施建设，还要根据不同城市地域及经济发展状况确定支柱产业、重点行业和特色发展的创新机制，更要基于地域、区位和建设需要制定符合特色、切合实际的评价标准。

正因如此，根据《国家创新型城市创新能力监测报告2021》《国家创新型城市创新能力评价报告2021》显示：我国已构建包括创新治理力、原始创新力、技术创新力、成果转化力和创新驱动力五个维度的监评指标

---

[1] 白嘉菀，郗芙蓉. 我国创新型城市建设研究综述［J］. 商业时代，2010（5）：112-113.

体系，其中，创新治理力、创新驱动力为创新型城市建设的共性指标，原始创新力、技术创新力、成果转化力为体现不同创新能级城市主体创新功能，进而引导城市探索差异化创新发展道路。而通过对现有国家创新型城市整体创新能力监测以及按城市监测发现，一些创新型城市建设已在优化配置创新资源、推动产业转型升级、提升企业技术创新能力、加强城乡区域统筹、促进经济社会可持续发展等方面取得了突出成绩，为探索本域城市创新驱动发展有效模式发挥了示范引领作用。

创新型城市是一种以创新作为核心驱动力的城市经济社会发展模式，创新型城市建设是实施创新驱动发展战略、建设国家创新体系的重要抓手。随着创新型城市建设力度逐步深入化，创建创新型城市必然是一个反复调整、动态优化的内涵式发展过程，其中动态调整主要依据创新型城市建设的评价结果，因而建立科学可操作的评价指标体系，对于推进创新型城市建设可发挥政策引导和支持保障作用。从创新型城市评价体系起源看，经济合作与发展组织（OECD）最初引入知识经济评价体系是对城市创新发展进行测度，此指标体系包括知识对经济发展、对经济全球化、对国际竞争力的影响三个子系统。查尔斯·兰德利（Charles Landry，2000）基于创新型城市先决条件、创新型城市生命力考量，分别引入"领导力和意志力、个人特质、组织文化、人力发展渠道的多元性、城市空间及设施、地方认同感、城市网络及组合架构"和"经济、社会、文化、环境"两组指标，其中，经济指标变量包括居民生活水平、就业率、每年游客数量、房地产价值等；社会指标变量包括社会凝聚力、贫困率等；环境指标变量包括空气污染、废弃物利用、绿色空间等[①]。英国的罗伯特·哈金斯协会（Robert Huggins Associates，RHA）从人力资本、知识资本、金融资本、经济产出、知识支持五个维度设计了19项二级指标。刘孝斌等（2016）从创新基础、创新投入、创新过程和创新绩效四个方面，分别赋

---

① Charles Landry. The creative city：A toolkit for urban innovators（1stedition）[M]. London：Earthscan Publications Ltd.，2000.

权9个二级指标、49个三级指标,并提出了区域评价体系①。我国近年来注重发挥创新型城市在国家创新体系中的支撑作用,在创新型城市建设综合评价和典型发展实践方面进行了有益探索,各创新型城市也通过理论溯源及实例借鉴提出了各具特色的监测指标体系,这些评价指标成果已成为创新型城市评价指标体系设计的重要借鉴。

加快创新型城市建设是推动转变城市发展方式的主要抓手,创新型城市建设发展应重视发挥政府作用和市场机制的双向协调作用。更多学者倾向于将创新视为提升城市竞争力的源泉,一方面,要强化政府在激励竞争、机制评价等方面提供制度供给;另一方面,要发挥市场创新资源要素优化配置和有机协调机制,创新体制机制的开放融合和协调完备。也有学者认为,创新型城市基本要素包括技术创新、知识创新、服务创新和制度创新等,而创新人才、资本与产业是促进城市发展的关键动力②。因而准确把握和理解创新型城市建设主体要素及其内在创新逻辑是构建整体性评价体系的基础,须在科技部创新型城市创新能力评价指标体系基础上,结合《建设创新型城市工作指引》重点任务内容以及创新型城市评价指标研究成果,通过擘画创新型城市"硬设施""软环境"建设指标,选择性优化设计创新系统建设评价指标体系。因本书篇幅所限,笔者仅基于创新型城市创新系统金融支持视角,以图表形式对城市创新系统建设监评体系进行可视化呈现(见表3-2)。

表3-2　　　　　创新型城市创新系统建设评价指标体系

子系统	分指标	变量指标
创新基础系统	经济发展	人均 GDP（万元/人） 财政一般预算收入增长率（%） 第三产业增加值占 GDP 比重（%） 亿元固定资产投资新增 GDP（万元）

---

① 刘孝斌,胡继妹,沈佳文. 创新型城市建设的评价指标体系及政策建议——以国家创新型城市试点湖州市为例 [J]. 工业经济论坛, 2016 (11): 263-275.

② 武汉大学创新型城市研究课题组. 新时代高质量发展下的创新型城市建设——基于西安创新型城市的思考 [J]. 中国科技论坛, 2019 (11): 132-135.

续表

子系统	分指标	变量指标
创新基础系统	基础设施	每万人宽带用户数 客运量（万人） 公路通车里程（1000千米） 每万人商业银行网点数
	人力资源	每百人公共图书馆藏书量 每万人专业技术人员数（人） 每万人高校在校生（人） 每万人拥有受大专及以上教育程度人口数（人）
创新投入系统	人员投入	科技活动人员数（万人） 每万人劳动力从事R&D人员数（人/万人）
	资金投入	全社会R&D经费支出占GDP的比重（%） 企业R&D经费支出占主营业务收入比重（%） 每万名就业人员中R&D人员数（人） 人均财政性教育经费支出（元/人） 科技教育拨款占地方财政支出比重（%）
创新支撑系统	环境友好	人均公共绿地面积（平方米） 空气质量达标率（%） 生活垃圾无害化处理率（%） 主要污染物排放量（万立方米） 万元GDP综合能耗（吨标准煤/万元）
	协调发展	城镇化率（%） 规模以上工业增加值（%） 农业机械总动力合计（万千瓦） 农业机耕面积占总播种面积比重（%）
	科技水平	科技成果水平（项） 科学研究技术服务业从业人员（万人） 乡村就业人员数（万人） 常住人口本地就业率（%）
	公共服务	每千人口医生数（人） 每千人口医院床位数（张） 每万人为残疾人提供服务单位数（个） 常住人口基本医疗保险覆盖率（%） 人均社会消费品零售总额（万元） 食品药品人均销售额（万元）

续表

子系统	分指标	变量指标
创新环境系统	生活环境	城市污水处理率（%） 全员劳动生产率（元/人）
	科技条件	各类科技创业园孵化面积及在孵数（平方米/家） 省级以上科技平台数（家） 每万人新增注册企业数（家/万人） 技术市场成交合同金额占地区GDP比重（%） 每万人口中研发人员数量（人）
创新政策系统	金融支持	科技创新投融资规模（万元） 建立政府投融资平台（个） 科技融资担保风险补偿基金（万元） 创新科技投融资体系（定性评价） 创新银行业金融机构金融服务（定性评价）
创新能力系统	—	—
创新绩效系统	—	—

资料来源：本指标体系由笔者根据中华人民共和国科技部创新型城市创新能力评价指标体系、《建设创新型城市工作指引》所涵盖的重点任务，分别选取子系统、分指标和变量指标所构建。

3.4 新型城市化建设与评价体系

3.4.1 新型城市化及其内涵

城市化作为一种复杂的社会经济转化过程，是经济和社会发展进程中一个不以人的意志为转移的客观过程，也是结构优化与升级在地域空间上的一种必然反映[①]。美国地理学家诺瑟姆（Ray M Northam）根据世界各国

---

① 接栋正，陈超. 基于系统论研究视角的区域城市化与产业结构协调发展研究——以福建省为例实证分析［J］. 华侨大学学报（哲学社会科学版），2008（3）：38－47.

城市化发展的时间演进指出，城市化的发展过程具有阶段性，好似一条被拉平的"S"形曲线①，即著名的"诺瑟姆曲线"。该理论将城市化过程分成三个阶段，即城市化率小于30%为城市化水平较低和发展较慢的初期阶段；城市化率在30%～70%之间时，进入城市化加速发展阶段，人口向城市迅速集聚；城市化率超过70%以后，即进入高度城市化，城市人口比重的增加将趋缓甚至停滞②。从世界各国城市化水平与城市化速度来看，也呈现出城市化率为50%左右的城市化速度高峰期特点，此后城市化速度明显放缓。一般而言，一国的城市化率越高，其发展水平越高，因此城市化发展已被各国视为推动经济增长和社会发展的强大引擎，成为优先发展战略。

近20年来，在世界经济市场持续低迷、经济复苏艰难曲折的背景下，我国最初提出"走中国特色城镇化道路"是以大中城市与小城镇协调发展为内涵的。尤其进入中等收入阶段后，客观上亟须破解产业结构优化升级、经济运行模式转变和社会管理方式变革的社会矛盾，为实现我国经济持续健康发展，使推进"工业化、城镇化、市场化、国际化"进程产生根本需求，至此明晰了新型城镇化思路并首次上升为国家战略。从我国新型城镇化发展脉络看，历经了初始发展、倡导发展、推进发展、规划发展、同步发展、定调发展、创新发展的各个阶段③，每个发展阶段都具有符合城市化建设的标志性发展特色。如初始发展阶段，提出"走中国特色城镇化道路"；倡导发展阶段，将首次使用并将"工业化、城镇化、市场化、国际化"作为新型城镇化主要内容；推进发展阶段，通过明确新型城镇化内涵、指导思想和建设路径实现理论集成；规划发展阶段，通过城镇化发展规划开始全面指导全国城乡建设；同步发展阶段，提出"坚持走

---

① Northam R M. Urban Geography [M]. New York: John Wiely & Sons, 1975.
② 谢文蕙, 邓卫. 城市经济学 [M]. 北京: 清华大学出版社, 2008.
③ 笔者根据新型城镇化初步理念、发展思路和实践路径，经综合判断梳理各发展阶段时间节点为：初始阶段（2003年10月）、倡导阶段（2005年10月）、推进阶段（2007年10月）、规划阶段（2011年）、同步阶段（2012年11月）、定调阶段（2013年11月）、创新阶段（2017年10月至今）。

中国特色新型工业化、信息化、城镇化、农业现代化道路";定调发展阶段,明确完善"以工促农、以城带乡、工农互惠、城乡一体"新型城镇化健康发展体制;创新发展阶段,连续提出要着力提高新型城镇化发展质量,走绿色、集约、高效、低碳、创新、智能的新型城镇化高质量发展道路。

理论是实践的先导。党的十八大以来,以习近平同志为核心的党中央提出"创新、协调、绿色、开放、共享"新发展理念,在全面开启现代化建设的新发展阶段,赓续新发展理念是引领经济和社会高质量发展的根本保障。从我国首提"走中国特色城镇化道路"到建党百年和"十四五"规划颁布《国家新型城镇化规划(2021—2035年)》《2022年新型城镇化和城乡融合发展重点任务》表明,我国已由"人口城镇化"转向"以人为核心的城市化"高质量发展阶段,即从传统型城市化背景下简单的城市人口比例增加和规模扩张,向"增强城市群和都市圈承载能力,提升城市建设与治理水平,实现城乡融合可持续发展"的新型城市化方式转变。而新型城市化在指导思想、发展理念、原则目标及政策调整的内在创新和联系,与新发展理念的价值蕴含全面契合。如从明确新型城市化建设"新四化""新五化"内容范畴、坚持"以人为本+优化布局+生态文明+传承文化"建设原则、推动"新型城市化与工业化、信息化、农业现代化同步发展",到新近加速推进"以县城为重要载体的新型城市化建设"等建设方略,全面体现了城乡融合发展和经济社会效益"双促进"的原则理念,尤其城市化建设政策指引中体现出促进人的城市化、创新推动新型城市化高质量发展、构建大中小城市和小城镇协调发展格局、提升"绿色+低碳+集约"建设水平等可持续发展目标,这也正是贯彻新发展理念的具体实践。

尤其自2019年底以来,我国面临城市化率首次突破60%和新冠肺炎疫情冲击加剧两大挑战,城市化发展形势比以往任何时期相比更具有挑战性和复杂性。党中央围绕新型城市化建设作出重大决策部署,关涉新型城市化建设思路、重点任务和推进方案频出,本质上体现了对城市化建设现实要求、目标任务与实现路径的思想实践创新。新型城市化是建设百年中国现代化强国经济体系的重要内容，也是建构国际国内双循环新发展格局的基本路径，还是推进城乡融合协调发展的前提，更是推进乡村振兴战略实施的有效支撑，以及引领创建型城市发展的实践举措。可以说，新型城市化是贯彻中国特色社会主义新发展理念的智慧凝结，充分体现了以习近平同志为核心的党中央"推进城镇化发展进程、提高全面建成小康社会、分类推进乡村振兴、构建人类命运共同体"的宏阔战略思想，这是从全周期战略高度充分认识新型城市化被赋予新使命新内涵的理论蕴含。

3.4.2 新型城市化发展目标与评价指标

新型城市化是集合多类型、多层面、多要素综合功能的创新城乡融合建设系统，加快新型城市化建设是实现百年中国现代化经济体系的应有之义。党的十九大报告明确了推动新型工业化、信息化、城镇化、农业现代化同步发展，以城市群为主体构建大中小城市和小城镇协调发展的城镇格局，加快农业转移人口市民化发展思路，同时《国民经济和社会发展第十四个五年规划纲要》《国家新型城镇化发展规划（2021—2032年)》，以及《2021年新型城镇化和城乡融合发展重点任务》相继颁布，均对新型城市化战略、城乡融合任务以提升城市化发展质量进行重点部署，这些持续密集性政策措施更表明我国新型城市化已进入提速发力的下半程，这一阶段提升发展质量就成为重要考量，因而构建科学合理的、符合城市化发展目标的评价指标体系，对于全面客观评价现阶段城市化发展水平、完善新型城市化政策供给体系具有理论和现实意义。但新型城市化发展内涵与传统城市化甚至各阶段城市化发展思路均有所不同，须以贯彻当前新型城市化发展战略、发展目标和重点任务为前提，实质解析提升城市化质量标准的综合指标，从而构建起符合新型城市化高质量发展的评价体系。

通过分析上述政策规划及城市化发展目标，整体来看，《国民经济和社会发展第十四个五年规划纲要》最新明确了新型城市化发展思路，即推进以人为核心的新型城市化战略,以城市群、都市圈为依托促进大中小城市和小城镇协调联动、特色化发展,使更多人民群众享有更高品质的城市生活。《2021年新型城镇化和城乡融合发展重点任务》强调实施以人为核心的新型城镇化战略,促进农业转移人口有序有效融入城市,增强城市群和都市圈承载能力,转变超大特大城市发展方式,提升城市建设与治理现代化水平,推进以县城为重要载体的城市化建设,加快推进城乡融合发展。《2022年新型城镇化和城乡融合发展重点任务》则提出了深化推进以人为核心的新型城镇化战略,提高新型城镇化建设质量等一系列具体建设举措。通过整体梳理可以看出,无论顶层规划抑或年度重点任务,均从"农业转移人口市民化、城镇化空间布局、新型城市及品质建设、城市治理水平、城乡融合"等方面重点明确了任务、目标和措施(见表3-3)。

表3-3 我国"十四五"规划已颁布的新型城市化建设目标和任务

任务/目标	《国民经济和社会发展第十四个五年规划纲要》	《2021年新型城镇化和城乡融合发展重点任务》	《2022年新型城镇化和城乡融合发展重点任务》
提升农业转移人口市民化质量	加快农业转移人口市民化	促进农业转移人口有序有效融入城市	提高农业转移人口市民化质量
形成疏密有致、分工协作、功能完善的城镇化空间格局	完善城镇化空间布局	提升城市群和都市圈承载能力	持续优化城镇化空间布局和形态
促进城市合理分工,优化城镇规模结构	—	促进大中小城市和小城镇协调发展	—
建设宜居、韧性、创新、智慧、绿色、人文城市	全面提升城市品质	加快建设现代化城市	加快推进新型城市建设
提高城市治理科学化精细化智能化水平	—	提升城市治理水平	提升城市治理水平

续表

任务/目标	《国民经济和社会发展第十四个五年规划纲要》	《2021年新型城镇化和城乡融合发展重点任务》	《2022年新型城镇化和城乡融合发展重点任务》
推进城镇基础设施向乡村延伸、公共服务和社会事业向乡村覆盖	—	加快推进城乡融合发展	促进城乡融合发展

资料来源：笔者根据《国民经济和社会发展第十四个五年规划纲要》《2021年新型城镇化和城乡融合发展重点任务》《2022年新型城镇化和城乡融合发展重点任务》内容整理。

现有研究文献对城市化发展进行量化评价成果较多，但因我国城市化各阶段发展目标、重点任务、实施措施、政策保障和区域特色有所不同，涉及全国的整体性研究仍有挖掘空间，现有以指标评价为主题的研究主要围绕经济人口[①]、城乡协调[②]、省市数据[③]、"以人为核心"[④]、区域城镇化[⑤]等特殊视角，以及引用构建指标体系[⑥]等方面展开，且多为采用单一评测方法，因而在新型城市化发展质量评价体系方面系统性构建不足。例如，主观赋权法（以层次分析法、模糊综合评价法为主）依据个体评分受人为因素影响、客观赋权法（以熵值法、主成分分析法为主）过分依赖数统定量而忽视主观定性。而与此相比，以依据科学性、系统性、可操作性等指标系统设计原则，在明晰现阶段城市化新发展内涵特征基础上，

---

① 熊湘辉，徐璋勇. 中国新型城镇化水平及动力因素测度研究［J］. 数量经济技术经济研究，2018（2）：44-63.

② 岳欣. 城乡协调发展视域下新型城镇化评价体系构建及实证研究［J］. 北京邮电大学学报（社会科学版），2019（3）：80-90.

③ 王建康. 新型城镇化发展水平评价指标体系及其应用——基于全国31省市截面数据的实证分析［J］. 青海社会科学，2015（3）：50-54.

④ 缪小林、王婷、程李娜. 以人为核心的新型城镇化质量与效益研究——基于中国省际数据的评价与比较［J］. 云南财经大学学报，2015（4）：127-138.

⑤ 谭立力. 西南边境新型城镇化的指数型评价体系构建研究——以云南边境县（市）为例［J］. 广州大学学报（社会科学版），2022（2）：103-114.

⑥ 郑磊. 新型城镇化综合评价实证研究——以陕西省为例［D］. 西安：西安建筑科技大学，2015.

以及在确立新型城市化质量水平的经济集约发展、人口质量发展、基础设施发展等三大核心子系统基础上，加入包括但不限于经济高效发展、人口质量发展、基础设施发展、空间布局发展、绿色人文发展、城乡统筹发展、社会服务发展、科研创新发展、文化传承发展等方面子系统，并选取76项二级测度分指标以构建复合型指标体系（见表3-4）。采用复合型指标评价可克服单一指标的片面性，不仅可从多角度、多方位全面考察城市化发展水平，而且能够从整体上反映省域或地区经济发展水平和社会发展情况，以期全面优化并实现提升新型城市化高质量发展目标。尤其在城市化发展的新阶段，城乡融合程度已成为影响城市化质量的重要因素，文化传承也成为创新城市建设的关键变量，因已有研究对城乡融合、高效集约、生态宜居、和谐发展、传承文化等影响指标研究较为滞后，我们结合"十四五"规划中的最新城市化发展思路及目标要求力图弥补缺样，并以此构建内涵多样、目标相符的系统性评价指标体系。但目前我国"十四五"规划中有关城镇化发展目标的实证评价不足，作为遵循实践规律和适应经济社会可持续发展需求的城乡融合建设体系，因此，完善未来新型城市化发展的评价因素即在于城乡融合发展。而建构城乡公共资源均衡配置、城乡产业协同发展、基础设施共建共享等一系列影响城乡差异评价的变量指标，更注重人口质量、城市公共设施、生态环境测度、教育服务，以及科技创新对新型城市化的推动作用，以适应当前"新常态"下的社会经济环境。

表3-4　我国"十四五"规划中的新型城市化建设发展评价指标体系

子系统	分指标	X
经济高效发展	GDP 总量	X_1
	GDP 增长率	X_2
	人均 GDP	X_3
	第一产业 GDP 占比	X_4
	第二、第三产业 GDP 占比	X_5
	人均地区生产总值	X_6
	人均地方财政收入	X_7
	全社会固定资产投资 GDP 占比	X_8

续表

子系统	分指标	X
人口质量发展	常住人口居住密度 城镇人口比重 每万人大专及以上学历人口比重 文盲人口占15岁及以上人口比重 劳动年龄人口比例 村镇居民实际居住比 外来人口人均居住面积 常住人口本地就业率 城镇登记失业率	$X9$ $X10$ $X11$ $X12$ $X13$ $X14$ $X15$ $X16$ $X17$
基础设施发展	燃气普及率 用水普及率 人均拥有道路面积 排水管道长度 常住人口保障性住房覆盖率 每万人平均铁路营运里程 每万人平均公路里程 每万人拥有出租车 每万人拥有公共车辆 人均公路营运汽车拥有量 电话普及率（含移动电话） 互联网普及率	$X18$ $X19$ $X20$ $X21$ $X22$ $X23$ $X24$ $X25$ $X26$ $X27$ $X28$ $X29$
空间布局发展	中心城区人口密度 非建设用地比例 住房空置率 农村居住用地集中率 乡村（镇）面积	$X30$ $X31$ $X32$ $X33$ $X34$
绿色人文发展	建成区绿化覆盖率 人均公共绿地面积 园林绿地面积 空气质量达标率 城镇生活污水处理率 生活垃圾无害化处理率 一般工业固体废物综合利用量 主要污染物排放量 "三废"污染治理投资额GDP占比	$X35$ $X36$ $X37$ $X38$ $X39$ $X40$ $X41$ $X42$ $X43$

续表

子系统	分指标	X
城乡统筹发展	城乡居民收入比 农村居民人均消费支出 农村居民恩格尔系数 城乡固定资产投资比 农村每百户有彩色电视机 乡村就业人员数 农村低保人数 新农合参保率	$X44$ $X45$ $X46$ $X47$ $X48$ $X49$ $X50$ $X51$
社会服务发展	普通中小学生师比 随迁子女接受义务教育率 每千人口医生数 每千人口医院床位数 每万人为残疾人提供服务单位数 常住人口基本养老保险覆盖率 常住人口基本医疗保险覆盖率 社区智能化覆盖率 人均图书印数 人均期刊印数 人均报纸印数 广播综合人口覆盖率 电视综合人口覆盖率	$X52$ $X53$ $X54$ $X55$ $X56$ $X57$ $X58$ $X59$ $X60$ $X61$ $X62$ $X63$ $X64$
科研创新发展	科技活动人员数 每万人口中研发人员数量 省级以上科技平台数（家） 技术市场成交合同金额占地区 GDP 比重 科技支出占一般公共预算支出比重 科技教育拨款占财政支出比重	$X65$ $X66$ $X67$ $X68$ $X69$ $X70$
文化传承发展	人均拥有公共图书馆藏量 每万人拥有博物馆数 文化产业增加值占 GDP 比重 文体设施人均拥有建筑面积 参加文体活动人数比例 文化遗产受保护比例	$X71$ $X72$ $X73$ $X74$ $X75$ $X76$

资料来源：本指标体系由笔者根据我国"十四五"新型城市化建设发展目标和任务要求，分别选取子系统、分指标构建。

第 3 章　创新城市建设维度界定及评价体系

　　在此需要说明的是，本章分别对创新型城市、新型城市化建设发展目标进行阐述，并结合区域实际量化了相应评价指标，只作为两个层面和一个系统规范的视角。从创新城市建设目标和发展阶段看，新型智慧城市与乡村振兴建设已经构成新型城市化建设的重要方面，其基本建设形态均具有人本化特征，基本建设也以实现城乡基础设施升级或数字智能化为目标，本书不再作详述，相关评价指标体系将在附录部分列出，以作参照。

第4章 创新城市建设投融资的作用机理

城市建设发展对区域和国家发展全局影响重大，城市建设通过发挥人居环境与条件的功能性服务保障城市运行，是加快区域城市化水平发展的重要战略举措，对区域经济发展起着决定性的支撑作用，并长期服务于国家新型城镇化建设、城市治理能力现代化等重大战略需求，因而城市建设成为创新型国家及创新型城市建设的初始要素。综观20世纪末，自党中央作出解决"三农"问题的决策部署，以及提出创新型城市建设、新型城镇化战略规划以来，我国均能对城市发展政策和推进实施方案进行科学调整，从而使推进创新型城市和加速新型城市化建设成为创新城市建设的主要任务和目标。虽然我国现阶段经济发展总量提升很快，但长期以来各区域城市建设步伐并未齐步跟进，随着加快推进创新型城市建设及新型城市化同步发展，包括创新城市系统、创新支撑系统、创新投入系统建设以及城市设施、交通能源、生态绿化等在内的基础设施建设，均呈现出突破性发展、规模性发展和投资性发展的良好趋势，但在各地创新城市建设发展实践中，因同步加快新兴城市和基础设施建设步伐较为紧迫，根据创新型国家战略规划以及地方政府实际财力，短期内较难解决适应创新城市建设需求的资金缺口与资金平衡，确需革新理念破旧立新，摒除制约创新城市建设投融资机制弊端及缺陷，应从创新城市建设投融资需求模式展开论证，进而实现金融支持政策供给体系的创新。

4.1 金融支持和投融资机制界定

4.1.1 金融支持概念界定

"金融支持"一词并非一个专业概念,而是为适应区域经济、社会和产业发展,政府金融系统或特定金融机构所提供的专门性、针对性的货币支持和信用交易政策。具体而言,金融支持是把金融资源按照特定规范要求向特定目标流动的政策供给行为,因而金融支持强调政府政策作用,可以视为国家财政政策的一种表现。如国家出台疫情防控专项金融支持政策,疫情防控期间为支持实体经济发展出台减税降费等优惠政策,为支持大学生创新创业发放创业基金及贷款贴息等,这些均属于专门出台的金融支持政策。

4.1.2 投融资机制概念界定

何谓机制?根据《现代汉语词典》(第7版)通解,机制泛指一个工作系统的组织或部分之间相互作用的过程和方式。在社科领域,机制则被解释为制度、方法或制度化方法,因其本身含有制度因素和确保制度被遵守的规则和方法,因而可理解为保障某种目的实现的机构与制度总和。因而,机制是通过机构设置和制度规范而存在并产生作用的一种系统方法或方式。投融资是以投资和融资并列组成的概念。投资主要指投资主体的资金运用,即投资主体为获取经济利益和社会利益而将一定资金投入到特定经济营利项目或非营利项目中的行为。融资主要指市场主体的资金筹集,即市场主体为获取一定资金而以运行特定经济营利或非营利项目,并从金融市场上筹措或放贷资金的行为。投融资本质是资金融通行为,是通过资金供给和资金需求双方基于经济利益和社会利益达成共识的资金融通行为。从投融资主体双方行为关系看，首先，投资和融资两者之间是紧密联系、相互依存的关系。因投融资双方目的一致，投资和融资两者之间是紧密联系、相互依存的整体关系。投资主体基于自身资金能力、对风险评估及对未来利益预期、投资管理能力决定着投资规模、结构和方式；同样，融资方对于融资项目管理能力、收益预期以及自身信用程度直接决定融资规模、方式和结构。其次，投融资双方整体上存在相互支持的关系。如不开展融资行为则无法实现投资，资本就不能通过特定经济项目完成自身增值；同样地，如果没有投资行为，特定融资项目无法获得资金开展产业化生产，因而投融资双方相互交织的关系形成市场经济的发动机，投融资是实现社会生产市场化发展的必然要求。

投融资机制就是通过机构设置和制度建立对投融资行为进行规范，旨在建立融资方与投资方互信关系，促进投融资双方以合理高效方式进行资金投入与资本融通活动，并减少投融资过程性风险。其本质是以投融资双方主体共赢为目的，基于投融资双方的保护和约束，通过投融资双方相互作用与影响，提高行为效率并降低投融资风险，以实现双方共赢的系统组织过程。就此而言，投融资机制是开展投融资活动的组织形式、投融资方法和管理方式的总称，其主要包括投融资主体、投融资决策、投融资运作、投融资收益、投融资结构，以及投融资调控体系等。

4.2 创新城市建设目标及投融资需求

科技部、国家发展改革委联合发布《建设创新型城市工作指引》（以下简称《指引》），对创新型城市建设总体要求、重点任务、建设程序和政策保障进行全面擘画。《指引》明确提出创新型城市的建设原则：一是创新驱动，把创新作为城市发展的第一动力，把创新驱动发展作为城市经济社会发展的核心战略。二是突出特色，根据不同城市的资源禀赋、产业特征、区位优势、发展水平等基础条件，明确不同类型城市的发展方向和重点任务，引导城市探索各具特色的创新发展模式。三是地方主体，鼓励地方积极探索。发挥统筹协调作用，发展创新型城市群。四是绿色低碳，营造优良的人居环境和城市生态，把城市建设成为人与人、人与自然和谐共处的美丽家园。结合上述建设原则以及"抓创新对社会民生的支撑"的重点任务，可以看出创新型城市建设是"依靠创新促进城乡区域协调发展，促进经济社会协调发展，促进新型工业化、信息化、城市化、农业现代化同步发展，促进人与自然和谐发展"的城市整体发展形态。由此表明：创新型城市建设不仅局限于科技研发或高科技企业范畴，尤其在经济增长方式转型背景下，更强调的是依靠创新引领经济社会各领域、各系统的一项整体建设活动。而根本上是以创新驱动为核心，通过发挥区域建设示范带动作用，建立可持续的城市经济建设新模式。在此范畴内，通过深化城市创新发展的内涵和理念，破解城市经济社会发展一系列问题，包括创新城市建设问题。《指引》所坚持的绿色低碳原则，本质上是对最终实现宜居型城市建设目标的整体规划，这与促进新型城市化同步发展的"宜居城市、智慧城市、创新城市、绿色城市、人文城市、韧性城市"建设目标完全一致。

前章已述及，创新城市建设是以创新城市规划为依据实施城市创新管理的重要组成部分，其基本内涵是通过发展思路、建设规划、机制体制、文化文明、城市建设、城市管理和社会治理等方面创新，实现城市系统内各物质设施和实物建设的功能化服务，为最终服务城市运行和城市经济发展创造良好条件。创新城市建设要遵循建设理念、内涵特色、组合功能、体制机制等方面的发展原则，而从创新型城市建设、新型城市化建设评价指标体系可以看出，当前构建的各具特色的新型区域差异化城市建设模式，是创新城市基础系统、支撑系统、智慧系统、乡村系统的城乡综合设施建设全周期工程。

4.2.1 创新型城市建设投融资需求

从创新型城市"基础+投入+支撑+环境+政策"等建设指标看,创新基础系统建设主要涉及经济发展、基础设施、人力资源等领域,创新投入系统建设主要涉及科技人才政策、科技教育投入领域,创新支撑系统建设主要涉及城市生态环境、区域协调发展、科技水平提高、社会公共服务等领域,创新环境系统建设主要涉及城市生活环境、科技条件改善等领域,创新政策系统建设主要涉及金融政策支持、投融资机制等领域,要实现这些领域的内生驱动和创新发展,则需根据地域特色和优势,有重点、有选择地确立建设目标,明确发展方向和任务。因此,无论是提升城市科技创新、安全治理、公共卫生、自然灾害、教育医疗、社会保障、市政设施等创新系统建设水平,还是扶持高新技术产业发展、中小微科技企业培育、科技创新和科技服务平台建设,均需要大量资产全面投入并参与创新建设。

从创新型城市建设创新体系金融政策供给看,国家创新型城市建设已明确指出,要强化以企业为主体,市场为导向,政、产、学、研、金紧密融合的区域创新体系。其中,"金"是指金融支持政策体系。因而创新完善金融支持体系建设,对于增强城市自主创新能力、提升城市综合竞争力、实现创新型城市建设和国家自主创新战略具有至关重要的作用①。

从创新型城市建设重点任务资金投入看,我国《建设创新型城市工作指引》将"抓创新投入带动"明确为重点任务之一,该工作指引提出,要进一步加大地方财政科技投入,促进政府引导性投入稳步增长、企业主体性投入持续增长。创新科技金融服务模式,构建多元化、多层次的科技

---

① 董银霞,刘俊萍. 创新型城市建设中金融支持体系的构建 [J]. 时代金融,2013 (7): 186 – 187.

创新投融资体系,鼓励银行业金融机构创新金融产品,积极发展天使投资,壮大创业投资规模,稳妥推进互联网金融创新。建立运行高效、风险可控的融资平台,积极开展知识产权质押融资、科技保险、科技融资担保风险补偿等金融创新服务。充分发挥科技成果转化、中小企业创新、新兴产业培育等方面的基金作用,引导带动社会资本投入创新。

4.2.2 新型城市化建设投融资需求

我国当前社会经济迈入新发展阶段,从《中华人民共和国国民经济和社会发展第十四个五年规划和2035年远景目标纲要》、2021~2022年《新型城镇化和城乡融合发展重点任务》规划目标看,新型城市化是实现城乡融合战略和撬动内需的重要载体,加速新型城市化也是实现"十四五"阶段和2035年两个阶段性发展目标的必然要求。新阶段、新内涵、新建设,当前新型城市化整体突出"效率质量、优化提升、品质方式、融合保障"的建设特质,要体现整体规划、高标准建设和更可持续等要素理念,必然产生在人口质量、基础设施、空间布局、绿色生态、城乡统筹、社会公共服务、文化传承等方面系统建设的新需求,这些新需求已容纳包括城市群+都市圈、城市更新、市民化质量、公共设施、城市交通、智慧城市、防洪排涝、绿色低碳、文化保护、保障住房等在内的所有建设领域,这些均需要金融政策倾斜和巨量资金支持。尤其"稳增长"背景下,推进以县城为载体的城市化建设,是稳投资、促消费和实施扩大内需战略的重要手段。从长远看则有利于形成更加合理的城市布局,必然面临市政设施延伸、公共服务覆盖、基础设施投资、新型居民小区、数字化改造、教育医疗设施,以及乡村振兴建设的巨大资金需求,由此无疑涉及产业、市政设施体系、公共服务、优质居住小区等大量投资。因此,要打破城乡发展资源结构的差异性和不均衡性,实现新型城市各类资源要素区域间流动均等化,加大推进城乡一体化建设的同时更需要满足投融资总量的供给平衡,若再过度依靠地方财政全额直投的方式已然行不通。因此,探讨新型城市化高质量发展的金融政策和扶持措施，整合财政扶持、税收优惠、金融工具、社会投融资等多方面资金投放模式，是新型城市化建设转型升级阶段首要面对的问题。

4.2.3 新型智慧城市建设投融资需求

随着新型城市化进程加速，人口老龄化加剧、乡村人口集聚等问题突出。未来城市化率稳步提升将促推城市群成为主体形态，中、超大城市产生的交通拥堵、环境污染、公共安全、教育资源、城市管理等"城市病"，已成为制约城市发展的首要难题，而运用大数据、云计算、区块链、人工智能等新技术、新智能和新模式，通过技术赋能、数字赋能、智慧赋能提升城市信息资源高效感知和利用，实现城市治理的精细化、智能化，以有效缓解快速城市化的治理隐患，这才是智慧城市建设的根本内涵。从发展阶段来看，智慧城市建设弥合城市化快速发展需要的基本路径，也是推动数字智能与新型城市化融合发展、实现新型城市可持续发展的必由之路。

新型智慧城市当前正处于建设初期，作为复杂的城市系统工程，其内容包括智慧数据、智慧交通、智慧政务、智慧医疗、智慧教育、智慧社区等涉及社会民生、公共安全、应急管理、城市治理的所有基础设施建设领域。未来新型智慧城市要加快信息保障、智能设施、市民体验、生态宜居等领域智能化基础设施建设，必将面临资金需求大、建设周期长、涉及领域广、运营成本高的问题，仅依靠政府财政投入远不能满足智慧项目需求，不同市域间建设水平和差异化仍取决于合理选择投融资方式，这已是积极推进新型智慧城市建设亟须解决的问题。

4.2.4 乡村振兴建设行动投融资需求

"十四五"时期，全面推进以乡村治理和农业农村现代化为取向的乡村建设行动,已成为实施乡村振兴战略最重要的、不可分割的主题。要统筹推进城镇村庄规划建设,提升乡村基础设施和公共服务水平,必须把金融支持"三农"振兴纳入乡村建设通盘战略,健全、完善金融支农服务体系和激励机制,在乡村建设中发挥投融资政策因素和重要支持作用。综合来看,乡村振兴所内含的主要投融资需求大体有以下四个方面。

(1)提升农业基础设施建设的投融资需求。提升乡村基础设施建设和公共服务水平是实现乡村振兴均等化目标最重要的环节。乡村建设要以县域为载体推进城乡融合发展,完善和缩小城乡基础设施差距是重要建设工程,也是提升乡村综合承载能力和服务功能的民生工程,下一步水、电、路、气、通信、广电、物流等市政公用设施建设向郊区乡镇延伸,更需要匹配合理资金规划、协调配套的投融资政策支持。

(2)推进农村产业融合发展的投融资需求。促进农村产业兴旺发展是实现乡村振兴的带动基础,也是弥合城乡一体化差距的根本途径。产业振兴所依赖的科技智能化机器设备、专业集约化经营方式的升级换代,均需要提供资金支持和信贷扶助。实现农村一二三产业融合发展,打通"生产+销售+流通"农产品双通道经营平台是关键,这一进程更需要金融机构提供创新农业产业链贷款融资,尤其是农村产业规模化经营也需创新信贷产品,提供更多元化的支付、结算和融资等高效金融服务。

(3)维护农产品供应链产业集群的投融资需求。建设农产品供应链是对接农业产业价值需求的中枢,优化农产品供应链纵向一条龙路径应发展形成合理的产业集群,而产业集群的投融资覆盖乡村区域才是对接农业经济体系的必然出口,在实物形态上解决设施升级问题,须通过发挥"互联网+农业"等科技创新的次动优势,提升农村农业等领域的新产能和新供给,因而农村不同市场主体、经营企业不仅需要投融资支持,更要结合政策供给创新投融资体制机制。

(4)改善乡镇宜居生态建设的投融资需求。实施乡村建设要把优化生产生活生态空间和持续改善宜居乡村人居环境放在首位。因而应大力推进农村垃圾资源化利用、生活污水治理、村容清洁绿化、水系综合整治、公厕改造以及动植物资源保护、自然资源利用和绿色农业发展等项目建设,加大金融支持和创新信贷产品投入力度。

4.3 投融资机制支持创新城市建设作用机理

4.3.1 投融资机制与创新城市建设的内在联系

在当前国家创新驱动发展战略背景下,创新城市建设投融资需求快速增长与供给短缺的矛盾日益凸显。完善的投融资机制会对经济增长产生显著的促进作用,随着投融资机制不断发展,使信息不对称情况得到有效缓解,进而为投融资决策等金融活动提供了真实、全面的信息支持,可实现区域经济发展的有效推动。具体来看,投融资产生的作用主要体现在风险管理、资源配置、城市治理等多个方面。同时,随着经济市场不断更新发展以及竞争加剧,金融企业和其他社会机构纷纷加入创新队伍,在供给需求不断调适创新的过程中会出现各种各样的投融资工具,这些工具的出现不仅为城市建设发展提供支撑,也促进区域城市整体经济发展逐渐进入了良性循环。

基于前章界定的"创新城市建设"大概念体系及范畴,体制机制创新应是创新城市建设的重要基础和保障。而金融作为现代经济发展的核心,在增强区域创新能力和促进经济增长等方面具有不可替代的作用,创新城市建设尤要突出金融环境创新与投融资体制的重要作用。党的十九大报告明确指出,要"深化投融资体制改革,发挥投资对优化供给结构的关键性作用"。当前,如何发挥以创新为核心的创新城市建设金融支持功能,创新投融资体制机制则是最为关键的一环。投融资基本功能就是能够在不同环境中为经济资源配置提供便利,投融资机制与创新城市建设内在联系主要表现为:其一,投融资体系是区域经济体系的重要组成部分,投融资机制创新是金融支持创新型城市的重要体现；其二，创新投融资机制不仅可为不同性质、类型、规模的企业创新提供资金来源，而且能为创新城市提供风险分担机制与激励机制；其三，优化创新城市建设投融资机制可为新型城市建设和加速实现新型城市化建设目标提供最有效的金融支持，对于推进实现城乡融合建设和经济社会和谐稳定发展具有重要意义。

4.3.2　投融资支持创新城市建设的作用机制

投融资机制支持创新城市发展目标即是为具备发展潜力、良好价值的市场企业提供金融储备，通过资金支持推进实现城市建设和经济发展双提升，这不仅可为推进经济发展速度提供保障，还可实现区域内部金融结构优化。具体来说，即是坚持政策引导为基础，以发挥政策体系、组织体系、市场体系、服务体系等诸多体系为核心，加大资金筹集力度和使用效益，达到促进城市发展及改善经济运行的目标，为创新城市建设提供各项金融要素，提升城市发展能力。

投融资机制对于创新城市建设的支持作用是通过政府机制、金融组织、金融市场等途径提供资金支持的，并通过风险分散机制实现资源重整和配置，进而推动实现创新城市建设和发展目标。在创新城市发展进程中，投融资机制的支持作用主要是依靠市场融资来推动，但需发挥金融组织体系保障作用，同时也需要发挥政府对市场行为的引导作用。政府对城市金融业发展规划具有组织和领导功能，制定城市金融业发展政策，组织引导和协调各金融机构等，同时还具有对各类金融资源进行整合和推广的功能，在搭建区域内金融合作框架，拓宽金融机构服务领域，政府尤其要发挥金融监管功能，通过强化监管程序和环节，制裁金融违规行为，以防范地方金融风险。金融组织体系是金融机构组成及其相互联系的统一整体。我国形成以央行为指导，国有商业银行为主体，政策性银行、保险、信托等非银行金融机构和外资金融机构并存的金融组织体系。这一体系分工协作互为联系，在创新城市建设中发挥着重要作用。例如，央行为创新城市建设金融支持提供政策依据；政策性银行更多提供城市建设最主要的资金来源；商业银行为城市建设提供多元化的金融产品，促进资源有效配置；非银行金融机构则有利于城市建设的风险分散和风险担保。

因而创新城市建设投融资机制需要政府机制、金融组织和金融市场三者有机结合，以发挥政府性融资和市场性融资的双向支持作用，通过提升创新城市建设资金整体使用效能，推进区域经济协调发展。政策性融资是在政府支持下，以政府信用为基础，通过制定和贯彻金融政策、法规，从宏观上指导资金获得、使用成本、使用导向、使用收益等一系列特殊性资金融通行为，并体现对创新城市建设的政策倾斜，从而推动和加速创新城市建设和发展。市场性融资是在市场机制约束下，经济体系基于价格发现和资源配置功能，为市场企业创新活动引入资金，通过创新风险与收益的组合配置，融合并实现产业资本和金融资本增值。主要包括以资本市场为主导的直接金融体系和以银行信贷为主导的间接金融体系。投融资机制支持创新城市建设的作用机制主要表现在以下四个方面。

（1）投融资机制能够实现创新城市建设筹集资金的目标。创新城市建设进程中必然涉及各项创新建设活动，根本目标就是利用创新能力提升来促进城市经济发展，而推进各项开发建设活动都需要资金广泛支持。金融机制有效运行可有效吸收社会闲散资金，进一步改变城市资金流量规模和资金存量结构，创新投融资机制可有效整合外部资金资源，实现社会资金的有效、快速归集和利用，并有针对性地向建设单位和开发项目提供资金支持或融资渠道，为创新城市产业发展提供充足资金保障，最终推动并确保创新城市建设发展速度。其作用主要体现在三个方面：一是在产业层面。资金流量变化对产业结构变化的推动主要来自信贷市场和资本市场，信贷市场可以通过信贷配给影响资金的供给，通过消费和生产贷款等手段对资金需求进行影响；而资本市场则通过发行市场影响资金的增量，通过流通市场影响资金的存量，使从供给和需求两个方面对资金的流量和流向进行调控，完成金融资源的重新配置。这种导向作用可以推动产业结构的调整，提高城市建设生产效率，为城市可持续发展提供支撑。二是在企业层面。城市扩大发展规模不仅需要较长周期,更需要稳定持久的资金支撑,因此金融对城市建设规模、提高运行效率具有重要作用。随着城市化建设发展,基础设施和公共服务水平不断改善提升,这种外部经济作用会提高建设生产效率和加快集聚效用,而金融资本使用具有一定机会成本,会使企业主动选择逐利项目,有利于城市建设企业形成有序竞争。三是在个人层面。在创新城市建设进程中,除了要求人口从农村向城市转移外,更重要的是居民生活方式的转变,新进入城市的居民应与原城市居民享受同等待遇,金融服务更应有针对性地创新,以培养"新市民"的现代生活消费方式,接受新金融思想理念以增强自身生存能力,金融对其就业创业所提供的帮助可使农村劳动力转移具有相应的保障。

(2)投融资机制可对创新型城市建设起到分散风险的作用。投融资体系对创新城市建设影响作用主要体现在资金供给方面,创新城市建设目标是追求城市基础设施的完善、居民生活和福利水平的提升以及居住环境的优美,体现了"以人为本"、人与自然和谐共处的新型城市化内涵,基础设施建设是实现新型城市化进程的物质基础。世界银行报告将基础设施分为经济基础设施、社会基础设施两大类,其中,经济基础设施指"永久性工程构筑、设备、设施和它们所提供的为居民所用和用于经济生产的服务。这些基础设施包括公用事业(电力、管道煤气、电信、供水、环境卫生设施和排污系统、固体废弃物的收集和处理系统),公共工程(大坝、灌渠和道路)以及其他交通部门(铁路、城市交通、海港、水运和机场)。[①]"除此外的基础设施均为社会基础设施,通常包括文教、医疗保健等。而我国城市基础设施建设的资金来源以银行信贷、财政资金和土地出让等为主,而创新城市建设中具有社会公益性的基础设施建设,所需资金量和风险较大、周期较长且流动性差,因面临项目转移或失败风险,其建设周期、预期收益极可能大于投资风险,这与商业性金融追求短期盈利性

[①] 世界银行.1994年世界发展报告:为发展提供基础设施[M].毛晓威,等译.北京:中国财政经济出版社,1994.

投资不同,此间矛盾使新型城市化建设投融资需求更为迫切,财政、信贷资金和"以地生财"模式不仅无法满足新型城市化建设的资金需求,还会加重地方政府财政赤字,增加政府债务负担和风险。如金融系统介入和引入完善的投融资机制,一方面,可通过银行金融机构对资金合理调配以平衡风险,并实现投资利益保障;另一方面,投融资机制可通过划分投资者类型向适格投资者推荐不同融资产品和工具,进而有效分散和化解整体风险,从而为推动创新城市建设效率和可持续发展提供有效保障。

(3)投融资机制可发挥调整优化资源配置的功能。创新城市建设首先需明确前提和目标,并依此建设项目、面临风险、需求资金等内容选择合作者和确立融资方式。从本质来看,创新城市建设是不断招标合作者和风险承担者的资源配置过程。首先,因金融核心地位使其在资源配置中发挥的重要性作用日益增强,投融资机制能够做到对经济资源的有效整合,进而为城市建设活动提供有效支持。其次,投融资机制可从政策角度发挥更强引导作用,从而吸纳更多商业资金投入,为城市建设项目提供更为充裕的资金支持。再次,针对一些吸引力差、较难获得商业资金的基础性项目,可通过政策纾困措施使其从银行机构获得贷款,以实现资金有效补充和缓解资金紧张问题。最后,投融资机制能实现跨区域资本的整合,使外部资金向本区域市场内部流动,同时可根据城市产业发展及时调整资本存量,进而为创新城市产业发展提供有效支持。

(4)投融资机制对参与建设主体会产生信用约束。一方面,金融机构在对建设主体提供信贷服务时,双方会根据信贷金额、期限、利率、限制条件及违约责任等内容协商一致后纳入契约条款,在信贷资金使用过程中,金融机构也会对建设主体资金使用、后续经营等情况进行追踪,适时监控信贷资金去向、建设经营等情况,这些监管措施对借款主体起到信用约束作用,倒逼其履行资金约束行为并提升授信度。另一方面,创新建设主体参与市场融资,需接受投资主体、市场及中介机构等多主体监督,多元监督会努力促动建设主体提高经营管理效率,优化决策和资金使用方案,推进实现创新城市建设项目更好更快地发展。

4.3.3 创新城市建设投融资机制运作方法

按照推动主体的不同,可以将投融资机制划分为商业性融资和政策性投资。一方面,创新城市发展需要依赖外部市场活动,需要在对资源重新配置基础上,引导金融机构提供相应资金支持,并促进其他资金提供方式的发展完善,积极为建设主体创新活动注入资金。另一方面,地方政府在创新城市建设和发展过程中发挥着重要作用,即需要通过完善政策机制加强金融支持力度,弥补商业金融支持缺陷,主要借助政策倾斜、税收优惠、多元引资渠道等为城市建设项目提供帮助,解决建设单位和城市项目建设中面临的资金问题。由此可以得出,城市建设投融资机制具体运作方式主要包括:政策体系、金融组织体系和金融市场体系等方面。

(1) 完善投融资政策体系。地方政府可通过制定与投融资相关的政策体系,向创新城市建设项目和产业倾斜,这对于创新城市建设引资渠道的建立能发挥重要作用。首先,政策本身即具备一定引导作用,可为投融资工作指明方向;其次,政府可发挥自身职能实现金融资源有效整合,如通过建立地方政府控股平台发挥金融资源优势;再次,政策体系优化可提升制度环境优化,为创新城市建设提供良好制度生态,并通过不断完善和发展各项配套体系,会进一步增强政策支持效果。

(2) 健全金融组织体系。健全的金融组织体系是发挥金融功能的前提和保障,从当前金融市场动能看,仍需强化金融组织体系完善和发展,着力培育银行金融体系、投融资体系等多元化金融体系,在关注银行、证券、信托等多个金融机构主体功能、结构基础上,应构建完备的金融组织体系以有效协调各金融主体关系,通过发挥主体市场投融资主动性提升金融服务质量,进而为创新城市建设活动提供有效资金支撑。

(3) 培育金融市场体系。金融市场体系主要是指以货币市场、资本市场为主体构成的市场,每个市场均会对创新城市建设发挥重要的积极作用。货币市场包括商业票据市场、银行承兑汇票市场、同业拆借市场和回购协议市场等；资本市场包括中长期银行信贷市场、证券市场（债券市场、股票市场）、保险市场、融资租赁市场。高效、健全的金融市场在创新城市建设中发挥着极其重要的作用。例如，货币市场可为创新城市建设开辟短期资金融通渠道、中长期银行信贷市场可为创新城市建设提供长期资金支持与保障、证券市场可为建设企业提供融资平台以解决资本供求矛盾等。因我国金融市场机制还不够健全，风险投资产业还未完全兴起，市场资产流通受阻，导致城市创新产业难以得到资金支持，对城市建设发展产生较大阻碍。应通过培育完善的金融市场体系，高效聚集、分配资金，有效调节和整合社会资金资源配置，扩大市场资金供给规模，通过提升城市建设金融支持度促进区域内部投资产业升级，实现区域城市经济建设长期稳定发展。

（4）强化金融服务与配套体系。金融服务及配套体系即金融机构所提供服务和相关配套设施。创新城市建设不仅需要各种投融资服务，还需要不同金融中介机构参与的金融服务、金融产品和金融工具，诸如提供保险、信托、金融衍生交易、担保、融资租赁、资产管理、财务顾问等。金融配套环境不仅要在空间布局、商业配套等硬环节上有所突破，更需在制度服务、制度环境等软环境上实现提升。随着金融服务内容的丰富和扩展，当前存贷款、保险、信托、债券、外汇管理等多元金融服务产品为创新城市发展提供了重要保障。除此之外，金融服务配套体系对创新城市发展起到不可替代的作用，各市场机构通过发挥自身领域的积极作用，增强外部金融监督效果，通过有效维护金融支持作用促进创新城市发展速度。

由此可见，投融资机制作为现代经济的核心发展要素，是市场经济体系资源配置的基础，其对于创新城市建设的内在机理和作用如图4-1所示。通过投融资机制建设和体系完善，可推动创新城市建设各生产要素和经济资源实现有机结合，进而通过对市场主体的不断筛选择优确定市场融资方式，因而投融资支持创新城市建设内在机理之一，即在于投融资机制能够对城市创新发展项目进行筛选与淘汰，最终实质上就是实现社会资本和资源优化配置的过程，资金供求是这一过程的表现形式，在投融资机制对创新城市建设发挥作用的同时,创新城市建设也会反作用于金融支持系统,进而促进金融支持系统不断创新、完善和发展。

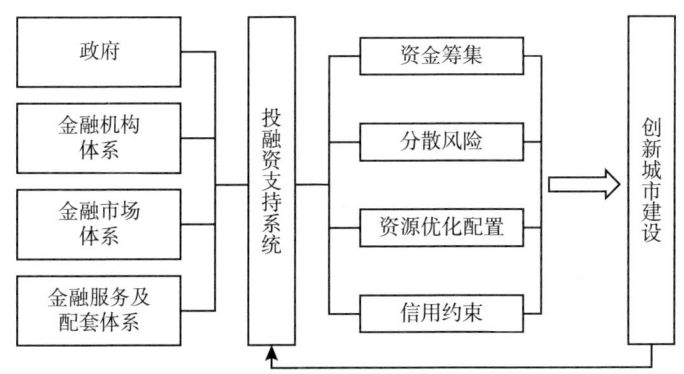

图 4-1　投融资支持创新城市建设内在机理和作用机制

资料来源:笔者绘制。

4.4　创新城市建设投融资体制机制分析

　　创新城市建设是建设创新型国家具体化、地方化和系统化的复杂社会工程,更是实现新型城镇化高质量发展重要途径的基础。自我国明确提出"创新型国家建设"宏伟战略以来,国内诸多城市已通过着力推进、建设试点、实施验收等阶段任务实现了创新型城市建设目标。随着创新型城市和新型城市建设实践的逐步深入,创新城市建设科学理论与经验启示发挥着重要示范和引领作用,对如何因地制宜、研究探索出适合区域特色的创新城市建设理论和发展战略具有很强的现实指导意义。作为一个全新的综合创新体系,创新城市建设关系到建设创新型国家及其乡村振兴战略目标的实现,其所具备的创新性、系统性、基础性、内生性、集聚性、开放性,以及可持续性等核心特征,更要创建一套健全完整的、多元融资的、服务配套的投融资体制机制。

实际上，投融资体制机制是政府为增加公共产品供给，提高服务供给能力，提升供给效率并充分使用特许经营及购买服务方式，与社会资本创建风险承担、共享利益、协作发展的共同体关系。狭义投融资模式即是很多项目融资模式的总称，广义投融资模式实际就是公共部门与社会资本为实现公共产品供给而创建的金融合作关系。综上所述，创新城市建设既需要依赖科技创新驱动发展，更需要实现新型城市化人居环境建设，因此创新双向发展金融支持路径是推动新型城市创新发展的根本动力。尽管投融资机制在创新城市建设方面发挥着积极作用，但仍存在不容忽视的问题。当前，创新城市建设投资规模大、运营成本高、建设周期长，重大项目主要由政府主导实施，政府财政紧张、收支不均衡、融资渠道窄化和融资能力不足等一系列问题严重制约了创新城市建设发展。投融资体制机制问题主要表现在以下四个方面。

（1）现有政策性金融导致政府投资"捉襟见肘"。创新城市建设要发挥科技创新支撑引领作用，加快从要素驱动、投资驱动向创新驱动发展转变，着力集聚高级生产要素以提高创新能力，强化企业创新主体地位，引导社会资金向科技驱动的城市建设投入，实现从技术引进和应用研发为主向原始创新、集成创新、引进吸收再创新相结合转变。绝大多数中小型企业在创业初期均面临较大创业风险，如通过常规融资渠道可获得发展资金，政府即可帮助其合理有效解决资金链供应问题。然而政府多会在企业创业之初顾虑投入资金保值增值问题，因此更倾向于"锦上添花"，扶持资金力量较雄厚的企业。例如，资金贴息政策以企业资产和获收项目，以及利润增长情况来确定，政府金融支持重点仍以贷款担保项目为主等，这些投资政策不利于中小企业吸纳金融支持力，而针对特色企业股权融资的金融支持还未形成成熟体系，因而会缺乏相应支持力度。另外，针对新型城市化纷繁复杂的各类建设，政府还缺乏项目推进的统筹规划，投融资项目还存在顶层设计缺失、储备库建设滞后、审批机制不灵活、审批效率不高等问题，因投融资工作"借、用、还"规划不到位，基本上由政府部门分散开展，加之投融资企业单兵作战，金融工具和融资手段不够丰富，政府债券额度短缺，以及引领股权投资发展不足，导致融资规模较难匹配满足实际投资需求，也较难形成"储备一批、推进一批、开工一批、竣工一批"的可持续建设投融资格局。

（2）银行金融机构缺乏创新城市建设金融支持积极性。从金融支持本质来说，商业银行等金融机构追求安全性、流动性、盈利性经营原则，也是决定其信贷资金投向低风险行业的决策准则。而科技创新驱动的城市建设企业创业初期面临不确定风险，以及城市化基础建设项目政策性强、信贷周期长，信贷安全性与资金需求的基本矛盾使银行对支持创新发展的顾虑较多。因现阶段金融系统仍以规模性国有商业银行为统领，银行建立内部风控体系、绩效考核机制与外部监管的资本充足率、不良贷款率等管理机制和规则体系问题，对行业信贷创新机制产生严重制约和局限，加之因企业融资不具备足够规模而缺乏相应担保能力，投融资工作尚未建立起有效的协调保障机制，因而在获取金融支持过程中面临更为严重的风险问题，并无法直接获取商业银行机构提供的高质量金融服务。

（3）直接融资渠道不畅延缓了城市经济发展速度。区域经济发展水平在很大程度上受科技创新程度与产业融资问题影响，当前创新城市建设与经济科技驱动发展速度迅猛，但融资问题则一直困扰城市建设投资者，尤其是直接融资渠道受阻已严重影响科技驱动的城市经济发展速度。首先，建设资本投入过高使很多投资企业望而生畏，一些投资企业建设初期并不具备强大的经济实力，债券市场过于拥挤无法低成本立足。其次，对股权投资制约条款过多，一些企业投资来源有限导致创业发展困难，再加上市场投资者保障制度体系存在缺陷，投资者通过转让股权形式获得保障的较少，而政府对于投资政策优惠力度和关注力度降低，会使一些股权投资机构选择走出本域去注册，以减少和降低投融资费用。

（4）政府金融管理部门统筹推进投融资力度不够。创新城市建设投融资统筹力度和范围较为集中，主要针对本区域建设项目展开。从投融资工作机制上看，各地金融工作机构具有相关金融政策制定权，但却缺乏金融资金支配权，因而承担政府投融资工作的其他相关机构必然存在服务重叠现象，从而导致资源浪费。从政策配套上看，随着城市建设发展需求，区域出台相关政策数量上存有优势，但质量上仍难以满足当前金融科技和城市建设发展需求。从资金统筹上看，各级部门因对城市建设的金融资金具有支配权，反而会使相关企业重复获得资金支持，而其他一些企业却严重缺乏金融支持。

整体来看，随着城市现代化与新型城镇化同步迈入加速发展期，创新城市建设的基础设施资金需求日益加大，当前如何突破原有以信贷、财政和"以地生财"模式为主的融资模式制约，通过拓展新融资渠道、开发新融资工具、提升直融比重，为创新城市基础设施建设和维护提供稳定可持续资金来源，是创新城市建设金融支持体系的关键步骤。当前应进一步深化创新城市建设与金融体系创新的互动关系，厘定创新城市建设的金融支持评测指标，建构金融支持与创新城市建设互因性评价标准，准确把握金融对创新城市建设支持程度、存在问题，以及政策供给建议，进而创新城市建设投融资体制机制，继而有效降低和抵御创新城市建设各类不确定风险，以确保新型城市规划和建设发展目标的顺利实施。

第5章 兰州创新城市建设投融资发展综述

甘肃省省会兰州市是西陇海兰新线经济带重要支撑点和辐射源,作为西北区域性商贸中心,兰州市区位优势明显,经济发展速度较快,工业经济规模较大,市场体系日趋完善。当前,随着深化推进创新型国家建设并迈入国家创新型城市行列,兰州市围绕"强省会""兰州新型城市化发展"、兰西城市群战略,以及服务兰白科技创新改革试验区、国家自主创新示范区和榆中生态创新城建设,全面建立了包括政策、规划、项目、监督等一系列城市建设发展保障机制措施,尤其《关于金融支持"强省会"行动的意见》提出"完善基础金融服务体系、优化金融服务模式",以及更好服务兰州市经济社会高质量发展的战略目标,这为推进兰州市现代化创新城市建设金融支持和投融资体系奠定了坚实基础。

5.1 兰州创新城市建设现状

5.1.1 兰州城市建设现状

兰州市是中国陆域的几何中心,位于中国西北部、甘肃省中部、黄河上游，有着"西部黄河之都，丝路山水名城"的美誉。兰州市北与武威市、白银市接壤，东与定西市接壤、南与临夏回族自治州接壤。截至2021年底，兰州市行政区划共设置城关区、七里河区、西固区、安宁区、红古区5个市辖区，永登县、皋兰县、榆中县3个市辖县。全市辖14个乡人民政府，47个镇人民政府，52个街道办事处。433个社区，731个村①。

"十三五"期间，兰州市坚持稳中求进工作总基调，落实高质量发展要求，紧紧围绕现代化中心城市建设总目标，在全市创新城市建设和经济社会发展领域取得较好成就。主要可归纳表现为以下方面：一是城市建设实施步伐加快。兰州市迈入"地铁时代"，极大提高交通运行效率，拓展了城市发展空间，缩小了南北差距和东西差距，利于主城区经济平衡发展。二是启动编制国土空间总体规划，着力优化空间功能布局。中通道等重大项目开工建设，东岗立交桥重建、青白石互通立交、川海大桥等工程建成通车；打通疏解路20条，建成公共停车泊位5000余个。三是大力推进重点项目建设。奥体中心、万达文旅城等新地标开工建设，兰州中心、名城广场、奥特莱斯等综合体启动运营；新型智慧城市加快建设，5G商用全面推开，兰州荣获"中国智慧城市建设进步奖"，并在"市民城管"项目中获得"中国城市治理创新奖"优胜奖。四是兰州市生态环境和大气污染治理成效显著。通过实施大规模国土绿化，完成营造林12.68万亩②，建设生态镇4个，绿化重点村14个；新增改造城市绿地114.16公顷，新改扩建小游园16个，中央生态公园西园建成开放；推进"保护母亲河"专项行动整治河洪道262千米，黄河兰州市段干支流主要水质考核断面和县级以上饮用水水源地水质均100%达标。五是全面提升大力发展民生事业。兰州市致力保障和改善民生，享受城镇（农村）居民最低生活保障、

---

① 与2020年相比，2021年全市共增加1个行政村（皋兰县西岔镇增设新康村）。参见兰州市民政局. 关于2021年全市行政区划设置情况的通报［EB/OL］.（2022-03-15）[2022-05-20]. http://mzj.lanzhou.gov.cn/art/2022/3/15/art_2913_1104558.html.

② 1亩≈0.0667公顷，此处为原文引用，故不作修改。

农村特困救助供养比例逐年提高；全市教育资源供给扩大，完善分级诊疗制度，进一步提升养老服务水平[①]。

5.1.2 兰州创新型城市建设现状

5.1.2.1 兰州创新型城市建设发展目标

兰州市创建国家创新型城市是贯彻落实习近平总书记关于"尊重科技创新的区域集聚规律，因地制宜探索差异化的创新发展路径，建设若干具有强大带动力的创新型城市和区域创新中心[②]"重要指示的关键布局，不仅是提升兰州市城市竞争力的发展战略，也是打通创新兰州城市建设资源瓶颈，实现可持续发展的必然选择。

自兰州市被科技部列为首批20个国家创新型试点建设城市以来，兰州市以《建设国家创新型试点城市工作实施方案》为实施指引，夯实区位优势明显、工业基础雄厚、科技创新资源丰富、政策优势突出的发展基础，明确秉承全省和兰州市"1355"发展战略，以科技创新为先导、以培育创新主体为重点、以政策扶持为引导、以创新体制机制为突破口，全方位推进技术创新、产业创新和管理创新，实施创新型城市建设重大工程，强化城市创新功能，增强区域创新发展动力能力的整体思路，以把兰州市建成创新体系完善、创新要素集聚、创新效率高、经济效益优、社会环境好、辐射作用强的创新型城市为目标，推进实施改造提升传统产业、培育战略性新兴产业、发展高新技术产业、大力推进现代农业、实施知识产权战略和完善科技创新体系等试点建设重点任务。历经近十年的试点建

---

① 陈玮.	"十三五"以来兰州市落实高质量发展要求综合实力不断增强 [EB/OL]. (2020 – 07 – 03) [2022 – 01 – 10]. http：//www.gsei.com.cn/html/1659/2020 – 07 – 03/content – 286853.html.2022/05/08.

② 习近平.为建设世界科技强国而奋斗 [N/OL]. 新华网, 2016 – 05 – 31 [2022 – 01 – 10]. http：//www.xinhuanet.com/politics/2016 – 05/31/c_1118965169.htm.

设,科学技术部、国家发展和改革委员会于先前委托第三方机构开展评估,经2019年底《国家创新型城市创新能力监测报告2019》和《国家创新型城市创新能力评价报告2019》评估认定,兰州市实现试点建设目标并通过验收。至此,兰州市正式迈入国家创新型城市行列,其创新型城市建设预期目标基本实现。

整体来看,"十三五"期间,从创建创新型城市到实现建设目标,兰州市以提升城市核心竞争力为主线,坚持将创新作为引领全市发展首先动力,实施创新驱动发展战略,努力创建国家级创新型城市和西北地区重要的区域性创新中心,积极探索走出了一条具有兰州市特色的创新驱动转型发展新路,推动并实现了兰州市新时代高质量发展。具体可供借鉴的经验主要有六个方面①。

(1)创建工作在72个国家创新型城市中具有比较优势。根据《国家创新型城市创新能力评价报告2019》评价,兰州市科教资源相对富集、创新产出能力较为突出、创新创业活跃程度较高,且位列72个国家创新型城市排名的第37位、西北地区排名第2位,居参与排名的27个省会城市的第19位。由此说明,创建工作实现的目标具有比较优势(见图5-1)。在此期间,从2014年获批建设兰白科技创新改革试验区到2018年获批建设国家自主创新示范区,兰州市加大科技投入力度,建立多元化科技金融投入体系,布局全产业链科技创新,充分展现出兰州市创新的蓬勃张力,连续两年成为全国15个创新策源地城市之一。在2018年世界权威期刊《自然》杂志发布的全球科研城市200强排名中,兰州市位列第91位(国内排名第19位);美国米尔肯研究所发布的2019年度"中国最佳表现城市指数"排行榜中,兰州市位列第4名。

---

① 何燕. 兰州市正式步入国家创新型城市行列[N/OL]. 甘肃新闻网,2020-01-21[2022-05-08]. http://www.lzbs.com.cn/ttnews/2020-01/21/content_4572266.htm.

甘肃省科技厅. 兰州以国家级创新型城市建设为抓手着力打造"创新策源地"[EB/OL]. (2022-02-17)[2022-05-08]. http://www.most.gov.cn/dfkj/gs/zxdt/202202/t20220217_179411.html.

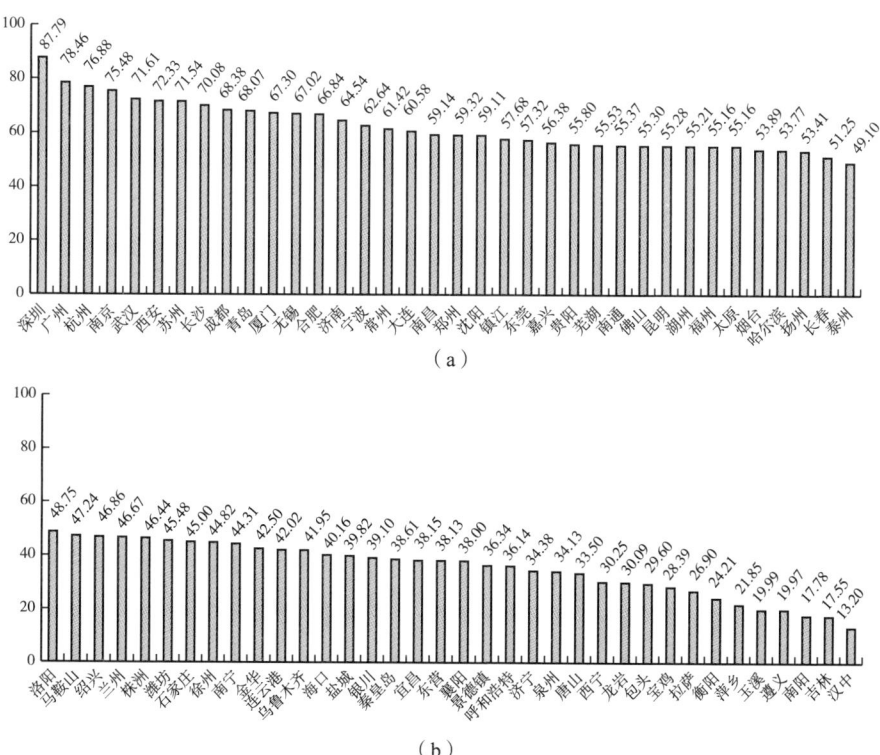

图 5-1 国家 72 家创新型城市创新能力指标及排序

资料来源：中国科学技术信息研究所. 国家创新型城市创新能力评价报告（2019）[M]. 北京：科学技术文献出版社，2019.

（2）深化科技发展体制改革，多措并举营造良好创新生态。"十三五"期间，兰州市围绕深化科技创新发展体制改革，将深化科技、经济、政府治理等纳入重点改革范畴，强化推进国家已出台各项政策改革举措在本域落地，先后推动出台系列科技创新政策，通过各类创新政策衔接配套发挥引领作用，最大限度激发、释放创新活力。如《关于实施创新驱动发展战略推动新时代兰州高质量发展的决定》《关于全面加强人才工作的实施意见》《关于促进在兰高校院所科技成果转化实施方案》《兰州市省级科技成果转移转化示范区建设实施方案（2018—2020）》等，从顶层设计到制度安排、从创新培养到成果转化，以制度创新推动科技创新，通过打出"政策组合拳"和《兰州市支持科技创新若干措施》(即"科技创新50条")等"含金量"颇高的新举措,通过为创新主体提供扶持资金、为企业申报研发费用加计扣除、为减免技术转让税收优惠等措施,营造良好的创新和生态环境。据不完全统计,近5年来仅通过"科技创新50条"为各类创新主体提供各类扶持资金已达到4.77亿元,为企业申报研发费用加计扣除及减免技术转让等税收金额7.88亿元①。2018年,兰州市以国务院批准建设国家自主创新示范区为契机,出台《实施创新驱动发展战略推动新时代兰州高质量发展的决定》,将创新驱动发展作为新时代兰州市高质量发展的战略抉择,围绕石油化工、新材料、装备制造、电子信息、有色冶金、新能源、生物医药、节能环保等重点领域,培育发展新产业,布局实施新项目,有效促进发展方式转变、经济结构优化、增长动能转换。2019年,兰州市出台《关于加快推进兰州国家自主创新示范区建设的实施意见》,加强自创区建设顶层设计和谋篇布局。目前,已成功引进和落地以中科曙光先进计算中心、华为云计算、清华大学长三角研究院云计算基地等为代表的大数据产业项目。据统计,近5年兰州市"三区"累计开发新产品185个,完成科技成果转化684项,新建创新平台369个,引进及培育创新创业团队819个;加快推进总投资100亿元的11个重点项目建设,引进总投资134亿元的高新技术产业项目34个;相继组建了4个产业技术研究院、4个科技创新工作站,设立了兰白试验区联合创新研究院②;自创区内的高新技术企业、战略性新兴产业骨干企业和上市公司数,均占全省的1/3,兰州市自创区建设取得了阶段性成绩。

(3)推进城市创新要素深度融合,积极构建区域性创新合作会商机制。积极开展科研创新合作交流,集聚高端人才、资金、技术和信息等创新资源。兰州市通过投入专项资金支持市企、院所联建"产学研合作科技成果转化基地"和"企业研发中心"。为提升成果转化率与实际应用效

---

① 孙理. 从要素驱动到创新驱动 兰州科技创新走上快车道[N]. 兰州日报,2020-10-15(3).

② 何燕. 玉汝于成 我市步入国家创新型城市行列[N]. 兰州晚报,2020-10-15(3).

率,科技部门与科研院所创建区域性院地科技创新合作会商机制,为提升产学研合作力度畅通渠道。在建立研发机构、成果转化基地、科技企业孵化器、孵化企业(团队)、培育众创空间、引进网易(兰州)联创中心,以及共建科技大市场方面,产学研合作力度显著提升,发挥了区域科技服务吸引力和创造力。目前,已建成企业研发机构34家、科技成果转化基地59家;建成市级以上科技企业孵化器45家,孵化面积123.5万平方米,在孵企业(团队)1923家,在孵企业从业人员达1.64万人,培育众创空间118家;引进网易公司与市政府签署了共建网易(兰州)联合创新中心协议;与省科技厅共建的兰州科技大市场,已累计引进科技成果3561项,征集企业技术需求1340项,促成了301项科技成果在甘肃省转移转化,发放创科技创新券2亿元,提供科技服务21万余次①。

(4)强化创新投入带动作用,通过地方财政专项投入持续增强创新能力。近年来,加大地方财政科技投入,促进政府引导性投入和企业主体性投入稳步、持续增长。通过发挥创新主体建设作用,建立以企业为主体、产学研结合的创新体系,持续加大科技投入,研究与试验发展经费(R&D)支出占GDP的比重逐年增长。尤其自2017年起,兰州市坚持"瞄准重点领域、突出示范引领、坚持五位一体、强化创新转化"原则,连续3年选列十大科技项目和十大科技创新项目,分别给予每项100万元和每项70万元的经费支持,累计支持资金5100万元②。与近3年相比,兰州市科技进步水平、科技投入、技术合同登记额、科技企业孵化器,以及众创空间建设、高新技术企业、战略性新兴产业发展呈现持续增长态势。

(5)注重创新主体等基础系统建设,推动形成科技成果转移转化新格局。近年来,兰州市立足自身优势,强化高水平科技自立自强,积极支持国家科研机构、高水平研究型大学建设,鼓励和支持各类创新主体承接国家重大科技任务,开展关键核心技术攻关,为全市高质量发展提供科技供给。目前,兰州市已拥有以兰州大学为代表的高等院校30所,独立科

———————————
①② 何燕. 玉汝于成 我市步入国家创新型城市行列[N]. 兰州晚报,2020-10-15 (3).

学研究与技术服务业事业单位66家。有国家级重点实验室7个、省部共建国家重点实验室2个、国家级工程技术研究中心3个;省级重点实验室92个、省级工程技术研究中心69个、甘肃省技术创新中心9个、甘肃省科技创新服务平台12个,以兰州大学国家大学科技园、兰州理工大学国家大学科技园、兰州交通大学国家大学科技园为代表的国家大学科技园3个,新型研发机构13个①。兰州市通过聚力创新链、产业链融合,充分发挥科技创新的引领带动作用,坚持在科研、产业、服务、金融等环节相互支撑、联动合作,运用新技术、新业态、新模式推动传统产业高端化、智能化、绿色化发展,为创新发展提供全方位支持,不断放大创新的辐射效应,催生助推科技成果转化应用。例如,兰州市发展、扶持、转化了诸如双叶型人工心脏瓣膜、球菌结合Ⅲ期疫苗、M20甲醇汽油、高稳定性高活性汽车尾气催化剂前驱体、中空纤维纳滤膜、500米级可回收式水下湿气流量计、高准确度电容薄膜型真空测量仪、光催化复合氧化水处理仪、超高功率石墨电极等一大批重大科技成果。其中,加强水下隧道工程施工中的盾构设备选型及适应性配置技术研究,为兰州市轨道交通1号线黄河隧道的顺利贯通提供坚实的技术保障。窑煤集团与中科院兰州化物所团队合作开展半焦高值利用项目,在帮助企业消除半焦固废污染的同时又提升了半焦利用附加值,助推了产业转型升级;兰州生物制品研究所承担"仿campath生物相似药的研究开发"项目,有望打破国内单克隆抗体药物市场主要由外资企业控制的现状。十大创新项目成果转化后,经济社会效益显著,并已成为促进兰州市重大科技成果转移转化助推器及引导产业发展的风向标。

(6)构建区域人才高地,向外扩展汲取创新活力与动力。"十三五"期间,兰州市坚持高站位、大格局,积极发挥省会城市政策集聚效应,强化人才资源与科技创新、产业发展的同频共振、深度融合、协同发展,努

---

① 中国甘肃网. 兰州以"强科技"支撑引领"强省会"推进高质量发展[N/OL]. (2022-06-17)[2022-06-30]. http://www.gs.chinanews.com.cn/news/2022/06-17/351604.shtml.

力打造"高水平引进、全方位支持"的人才高地。实施30万名大学生留兰就业创业计划,连续8年设立"兰州市人才创新创业项目",举办4届兰州市"活力金城"人才创新创业大赛,组织开展兰州市重点人才项目重大技术攻关专项"揭榜挂帅"等活动。2021年,全省有4名科学家新增入选中国科学院和中国工程院院士,在兰两院院士已增至17人[①]。与此同时,兰州市借助"一带一路"建设区位优势,不断向外汲取着创新的活力与动力。结合产业发展需求,强化科技创新策源功能、聚焦提升前沿基础研究,在注重提升自身科技创新实力的同时,连续举办科技成果博览会、中国创新挑战赛(甘肃·兰州)现场赛,扩大国内外影响力和知名度,以加速兰州市的科技成果转化,并在交易项目、签约金额、征集技术创新需求、签订产学研合作协议等方面实现突破。另外,兰州市不断扩大对外科技交流合作,通过"走出去"先后与南宁市、武汉市、青岛市、西宁市等市科技局签订科技交流合作协议;2019年,在世界创新高地创建兰州科技创新(硅谷)工作站;建成美国硅谷本籍专家库、与俄罗斯亚洲工业企业家联合会签订筹建兰州科技创新(莫斯科)工作站等对外科技交流举措,为创新兰州市科技企业、科技成果积极融入硅谷生态体系,有效探索开辟技术制高点,构建区域科技高效融入的创新生态体系奠定了基础。

5.1.2.2 兰州创新型城市建设次动优势分析

兰州作为西部区域性中心城市,聚集了全省80%以上的科技人才,人才密度列全国大中城市第4位,综合科技实力列全国第9位,具有雄厚科技人才实力和研发优势,对未来提升并实现创新型城市高质量发展具有一定优势。例如,及时对接出台国家创新型城市建设各项规划计划、创新资源基础较强、科技成果持续增强、创新总体氛围良好等方面。主要表现在以下三个方面。

一是创新资源基础条件较强,创新资源不断增加。《兰州统计年鉴2021》数据显示,2016~2020年兰州市R&D投入强度总体攀升,专利申

---

① 何燕. 玉汝于成 我市步入国家创新型城市行列[N]. 兰州晚报,2020-10-15(3).

请受理数、授权数年均增长18%和21%,且比重达到甘肃省总量的40%左右,拥有专利授权数从2014年的2139项增长到2020年的9286项。通过积极培育高新技术企业和科技型中小企业,大力提升企业技术创新能力,强化项目支撑、持续发挥普惠性政策激励作用、优化研发资助和后补助项目比例。近年来,支持科技项目1556项、开发新产品574件、推广新技术1211项、新增销售收入47.15亿元。组建"兰州科技创新创业风险投资基金""兰州科技产业发展投资基金""兰州重点产业知识产权运营基金",已累计完成项目投资金额3.367亿元。全市高新技术企业、省级科技创新型企业分别达到574家和111家,48家企业被认定为全省战略性新兴产业总体攻坚战骨干企业①。

二是科技技术市场引导资金效力不断增强。技术市场是牵引和吸纳融合创新发展需求的要素服务和实现各类创新资源配置的市场,发挥着科技体制改革和国家创新体系建设决定性引擎作用。近年来,兰州市技术市场发展保持良好增长态势,认定登记科技技术咨询、服务和开发类合同成交额稳定增长。同时,各类研究开发机构、新登记各类市场主体、新组织申报成果转化基地和企业研发机构均实现增长,充分发挥了科技成果转化引导资金效力,科技创新核心竞争力得到有效提升。截至2021年,兰州市地区认定登记技术合同6519项,成交额91.76亿元,同比增长12.58%,占全省32.72%,成交额和增长量均稳居全省第1位②。而按照十一类技术领域划分总体分析,现代交通、城市建设与社会发展、环境保护与资源综合利用三类合同成交额为28.36亿元,占技术领域总成交额的93.44%(见表5-1),表明科技创新对城市交通、基础设施建设、公共服务体系及生态环境保护等社会民生建设支撑力明显增强,这与新型城市化发展依

---

① 孙理. 市科技局多措并举为企业创新当好"服务员"[N]. 兰州日报,2020-06-09(3).

② 兰州市科技局成果科,兰州技术市场服务中心. 市科技局组织召开2022年兰州技术市场工作会[EB/OL]. 兰州市科技局,(2022-04-29)[2022-5-20]. https://kjj.lanzhou.gov.cn/art/2022/4/29/art_3862_1116343.html.

靠科技创新破解城市绿色发展难题,创新建设低成本、广覆盖、高质量公共服务体系,促进人与自然和谐发展的建设理念高度契合,彰显了创新型城市建设与新型城市建设的创新性、协同性和整体性。

表 5-1　兰州市科技技术合同数据统计表(截至 2020 年 5 月)

统计口径	区分	合同成交额	增长	其他
按合同类型	技术咨询	16.20 亿元	12.38 倍	—
	技术服务	12.04 亿元	—	—
	技术开发	2.12 亿元	59.4 倍	—
按技术领域	现代交通	17.32 亿元	较上年 56.98%	
	城市建设与社会发展	5.92 亿元		
	环境保护与资源综合利用	5.12 亿元		
	新材料及其应用技术	50.01 万元	5.27 倍	
	电子信息技术	6776.23 万元	—	
	核应用技术	4.50 万元	大幅增加 100%	
	航空航天	259.53 万元	不同程度增长	
	生物、医药和先进制造	7435.70 万元	不同程度增长	
	医疗器械	1963.3 万元	有所下降	
	新能源与高效节能	1158.25 万元	有所下降	
	农业技术	2287.52 万元	有所下降	
按交易主体	企业主体	22.51 亿元 (占成交总额 74.1%)	同比增长 2.3 倍	717 项
	科研院所	7.85 亿元 (占成交总额 25.9%)		552 项

资料来源:笔者根据兰州新闻网相关报道数据整理。

三是整体上营造了良好的创新氛围及创新生态。近年来,兰州市通过培育引导,生物医药产业领域形成生物制品、现代中(藏)药、生物医学工程、兽医生物制品等 10 多个特色鲜明、创新能力强的专业化生物产业园区。新材料产业领域重点支持兰州金川科力远公司二次电池及电池材料、金川科技园公司高纯金属材料等项目开发;信息技术产业领域扶持甘肃紫光智能交通控制技术有限公司、甘肃万维信息技术有限公司、甘肃动漫科技有限公司等企业;航空航天产业领域重点研究开发清洁高真空获得设备、安全智能防护与监控设备和风电变桨电动机等项目;节能环保产业领域加大环保热电主要技术及装备、节能变频器等输变电设备的技术提升改造,加大冶金工业废水处理回用、垃圾渗滤处理及资源利用、生物膜反应污水处理及回用成套化设备的研究开发力度。目前,兰州市已获批成为国家发展和改革委员会国家生物产业基地、国家新型工业化军民结合基地、国家第二批"三网融合"试点城市;兰州市高新区成为国家科技与文化融合科技示范基地;成功获批国家科技兴贸新材料创新基地;城关区被确定为全省首个知识产权试点示范县区;安宁区建成科技园、新城孵化大厦、专利孵化园等科技企业孵化器。

综上所述,兰州市科技创新能力及资金整体投入比重虽有提升,但仍存在着科技创新程度受束缚、创新政策作用发挥不全面、创新主体活力优势不突出、研发投入环境有待提高、创新主体人才流失严重,以及资金投入不足等限制性条件,主要集中表现在以下七个方面。

一是区位环境限制。兰州地处我国的西北地区,既不沿江亦不沿边,长期以来在全国省会城市中发展能力处于中下水平,尤其在创新环境方面,受制于自然环境和产业基础,对创新人文环境吸引力度较弱,接受发达区域辐射力度有限,加之自身创新环境建设落后,产业相对优势并不突出,较难形成对东中部地区产业和资本的转移,以及城市创新资源和经济发展的虹吸效应。

二是支持政策逐渐完备但作用发挥不全面。在国家大力实施创新驱动发展战略的新发展阶段,以兰州市跻身国家创新型城市行列、获批国家级兰州新区、在兰州市高新技术产业开发区建设国家自主创新示范区看,支持兰州市创新发展的政策支持较为集中,尤其在创新公共服务体系建设、科技成果转化、科技金融结合、知识产权保护、城市绿色发展、对外开放合作等一系列政策支持方面进行了探索示范。这些举措既体现了国家对兰州创新城市和环境建设的高度重视，又促动兰州先后制定"1+8"科技创新改革政策。例如，组建兰州科技产业发展投资基金和兰州科技创新创业风险投资基金总规模达 20 亿元，对企业研发机构新产品、新技术、新工艺按照相应标准给予资金支持；采取一系列措施加大创业孵化人才扶持，对具有市场需求的高新技术产品在产业化生产过程中流动资金不足的给予贴息优惠；设立大学生创新创业扶持专项资金，扶持大学生在兰州市自主创业；设立产学研合作科技成果转化基地，对高校建设科技成果转化基地给予高额专项经费资助；形成激励转化机制促进成果优化，为营造良好的创新环境提供政策支撑、资金支持和制度保障。但上述政策和资金精细化程度稍显不足，政府支持"重数量、轻质量，重资产、轻服务"的发展现状仍然存在，产业转移持续加速推进但质量不高，产业转移企业大多与兰州域内企业关联不紧密，物联网、云计算、大数据、科技金融等"互联网+"新科技信息产业占比不高，科技附加值高的现代服务业、创新文化产业等"第三产业"发展相对滞后，会使兰州市创新创业后劲乏力。

三是创新主体日益丰富但活力优势不突出。兰州市具有兰州新区、高新区、经济技术开发区等承接东中部产业转移先导区，是推进经济社会转型跨越和率先崛起的强大引擎。近年来，基于创新资源优势和产业基础优势，通过积极开展创新政策先行先试，着力培育良好创新环境以激发各类创新主体活力。例如，"三区"建设 40 余家科技企业孵化器（基地），孵化面积达到 119.4 万平方米，成为吸引省内外企业创新和高校毕业生创业的重要基地；构建科技企业、众创空间、电子商务、文化产业、大众服务、特色农业六种类型的孵化器；甘肃省股权交易中心科技板块设立，创业投资和股权投资机构落户试验区，"投贷联动""贷股联动"和知识产权质押贷款等金融创新产品进一步推广，为创新驱动发展提供良好的金融环境。但因产学研用深度融合不充分，高校院所与双创企业、孵化平台和众创空间等耦合度不高、协同创新不足，在设备、人才、技术、成果、服务等方面尚未建立联动开放共享机制，各类创新资源无法发挥有效统筹利用，深度融合的产业链、创新链、创业链、人才链和资金链尚未形成，科技成果快速转化为现实生产力的能力欠缺。

四是科技创新发展资金支持力度较弱，区域研发环境有待提高。"十三五"期间，兰州市地方财政支出中用于科技投入的资金偏少，科技创新环境和条件建设经费增长缓慢。笔者根据2017~2021年《兰州统计年鉴》数据统计，2016~2020年兰州市一般公共预算总支出分别为424.16亿元、429.36亿元、465.64亿元、456.66亿元和486.24亿元，同比增长幅度不大，但历年科技支出仅占总支出的1.06%、1.58%、1.30%、1.73%和1.57%（见表5-2），科技投入强度与战略新兴产业、创业创新空间、公共服务平台、创业创新环境等建设需求资金并不相符，市域R&D活动单位数及R&D人员增长能力有限，以至企业研发机构少且活动强度低。在清华大学启迪创新研究院公布的《中国城市创新创业环境排行榜》总榜上，近年来兰州在100个城市中的创新环境整体水平居中且呈下滑态势，尤其在政策环境和研发环境表现上排名更为靠后，兰州市与全国其他城市创新政策和研发环境相比较为滞后。

表5-2　　2016~2020年兰州市科技支出占一般公共预算支出比重

年份	一般公共预算总支出（万元）	科技支出（万元）	占比（%）
2020	4862409	76095	1.57
2019	4566617	78947	1.73
2018	4656417	60572	1.30
2017	4293614	67851	1.58
2016	4241597	45156	1.06

资料来源：笔者根据2017~2021年《兰州统计年鉴》数据整理。

五是企业研发投入强度偏低。根据经济合作与发展组织（OECD）相关测度标准，企业研发投入强度超过4%为创新能力较强；投入强度在

1%～4%为创新能力中等；投入强度小于1%为创新能力较低。兰州市因受工业结构影响，煤炭、钢铁、有色冶金等支柱产业在国家去产能政策影响下，企业研发投入整体较低，一些企业出城入园搬迁时项目无法按期实施，由于这些企业多为央企，兰州市作为生产地并不进行研发活动。因而近年兰州市虽然综合科技进步水平指数不断上升，但企业研发投入强度小于1%，处于创新能力较低水平，技术创新能力亟待提高。

六是科技创新人才流失严重、高精尖人才输入源狭窄。创新前提是以具有创新意识和能力的高级管理人员和各类人才为保障的。据不完全统计，近20年来，全省至少有4000多名高级科技人才流失。近10年来，兰州市仅中科院兰州分院重点科研单位、高校跨省调出高级人才已超500人，而同期省外流入人才数量尚不足流失的1/2。同时，人力资源创新的重要作用不突出，用人环境缺乏公平和效率，缺乏主动创新意识、创新精神和创新的长远目标；另外，高精尖人才输入源狭窄，引进人才特别是高层次科技创新人才和高级管理人才的政策僵化不完善，未有效疏通实用性操作人才流通渠道，加之人才评价激励机制、服务保障体系不够健全，尚未夯实"人才进得来、留得住、受尊重"制度环境和基础，本土培养、就地提升的良性循环机制还未形成。

七是符合本域实际的各类创新主体亟须加强。创新驱动发展必须依赖于创新主体，但探索符合本地实际的创新政策不够清晰，各类创新主体作用未能充分发挥。首先，多数中小企业以跟踪模仿为主，独立开发能力差，缺少技术储备和后续产品；部分新兴创新型企业有一定创新潜质，但创新能力不强、亮点不突出，对技术进步发展方向把握不够精准。其次，受经济形势和市场大环境影响，适龄劳动人群整体创业意愿不高，希望创业、愿意创业和敢于创业的人数比例较低，尤其是高校毕业生自主创新创业比例不高，市场主体流失严重制约了兰州市创新创业持续发力。最后，受现行体制及惯性影响，科研院所教研缺乏市场导向，教育科研面向市场化程度较弱，对诸如智能制造、特种装备、新能源、新材料、智慧城市、绿色建筑等创新学科的专业实践不足。已建立的技术创新战略联盟、工程技术研究中心、重点实验室和企业技术中心等平台，成果转化动能和转化率偏低，市场急需的新产品、新工艺等关键核心技术相对滞后。

综上整体分析，兰州市创新环境优势和机遇明显，但劣势和创新风险更为突出，亟须政府各方充分重视，立足优势和机遇，坚持以问题为导向，下力气补齐创新创业环境短板，为兰州市更好推进创新创业体系建设持续夯实动力基础。尤其在完善科技创新体系方面，应坚持把科技投入作为公共战略性投资，建立以政府投入为引导、企业投入为主体、社会资本广泛参与的多元化投融资体制。通过加大财政投入力度，保证财政科技投入年增长幅度高于财政经常性收入增幅。加强市级经费统筹，安排专项资金支持企业技术中心建设，并将一定比例的专项资金应用于重点科技创新活动。尤其要通过落实财税优惠政策引导社会资金参与科技创新体系建设，建立和完善风险资本退出机制，支持符合条件的高新技术企业上市融资。通过发行创新企业债券筹集资金，创建商业银行、民间资本与高新技术企业投融资绿色渠道，促进商业银行对有条件的高科技企业进行投资或授信投资，切实建立健全科技创新投融资体系。

5.1.3 兰州新型城市化建设现状

"十三五"期间，兰州市认真贯彻落实中央和甘肃省相关部署要求，紧扣现代化中心城市建设，加快推进城乡一体化战略，加大推进城市基础设施和公共服务设施规划建设，加快城中村改造力度，有效促进农业转移人口转为城市居民，城市人口集聚速度不断加快，城市宜居度和综合服务水平有效提升，通过加快推进以人为核心的新型城市化进程，开创了新型城市化和城乡融合发展新局面，为持续提高城市化水平和推动区域高质量发展提供了有力支撑，当前发展现状可概括为以下八个方面。

（1）全市及所辖区县城市化率持续增长。根据甘肃省统计局发布2021年全省人口变动主要数据显示（见表5-3）：全省2021年末常住人口2490.02万人，其中，城市常住人口1327.93万人，比上年年末增加

21.65万人；乡村常住人口1162.09万人，减少32.65万人；城市人口占全省常住人口比重（城市化率）为53.33%，比上年年末提高1.10个百分点。具体从兰州市域常住人口、城市人口比重、人口自然增长率数据看，截至2021年末，兰州市常住人口438.43万人，城市常住人口366.35万人，城市人口占全市常住人口比重（城市化率）为83.56%，超过全省城市化率30.32%，已迈入高度城市化阶段[①]。

表5-3 2021年兰州市区县常住人口、城市人口及城市化率统计表

地区	常住人口（万人）	城市常住人口（万人）	城市化率（%）	人口自然增长率（‰）
甘肃省	2490.02	1327.93	53.33	1.42
兰州市	438.43	366.35	83.56	1.77
安宁区	44.29	44.29	100.00	1.81
城关区	149.00	147.17	98.77	1.81
西固区	40.95	37.60	91.82	3.92
七里河区	71.75	62.90	87.67	3.63
红古区	14.40	10.95	76.03	2.08
兰州新区	29.99	18.00	60.03	7.42
皋兰县	12.49	7.06	56.54	-2.4
榆中县	47.26	24.59	52.03	-3.8
永登县	28.27	13.77	48.70	-1.41

资料来源：李莉.2021年末全省人口数据公布 全省常住人口2490.02万人[N].兰州晚报，2022-02-17（5）.

---

① 美国地理学家诺瑟姆根据世界各国城镇化发展的时间演进提出著名的"诺瑟姆曲线"。该理论将城镇化过程分成3个阶段，即城镇化率小于30%为城镇化水平较低和发展较慢的初期阶段；城镇化率在30%~70%时，为城镇化加速发展阶段，人口向城市迅速集聚；城镇化率超过70%以后，为高度城镇化阶段。

寇娅雯，张耀东.甘肃省城镇化水平区域差异实证研究——基于泰尔指数的测度[J].西北师范大学学报（自然科学版），2013（3）：115-116.

而从市辖区县常住人口、城市人口比重、人口自然增长率数据看，截至2021年末，城关区常住人口149万人，人口自然增长率1.81‰，城市人口比重98.77%；七里河区常住人口71.75万人，人口自然增长率3.63‰，城市人口比重87.67%；西固区常住人口40.95万人，人口自然增长率3.92‰，城市人口比重91.82%；安宁区常住人口44.29万人，人口自然增长率1.81‰，城市人口比重100%；红古区常住人口14.40万人，人口自然增长率2.08‰，城市人口比重76.03%；永登县常住人口28.27万人，人口自然增长率-1.41‰，城市人口比重48.70%；皋兰县常住人口12.49万人，人口自然增长率-2.4‰，城市人口比重56.54%；榆中县常住人口47.26万人，人口自然增长率-3.8‰，城市人口比重52.03%；兰州新区常住人口29.99万人，人口自然增长率7.42‰，城市人口比重60.03%。其中，安宁区、城关区、西固区、七里河区和红古区城市化率分别达到100%、98.77%、91.82%、87.67%和76.03%，为高度城市化阶段且已接近全国或超过东部发达地区，人口比重的增加将趋缓甚至停滞。而兰州新区随着人口承载力的增加，已超越皋兰县、榆中县和永登县，分别为60.03%、56.54%、52.03%和48.70%，除永登县外，城市化水平基本超过东部发达地区，处于城市化加速发展阶段，人口向城市集聚力强。因而兰州市域与县域间城市化水平差距大，最高的安宁区和最低的永登县之间差距达到51.30%，但确属市县域间个别差异；而市域内安宁区和红古区差异仅为23.97%[①]。整体来看，兰州市各区县城市化水平个别差异不会对省际区域社会经济协调和均衡发展造成较大影响。

（2）城市建设主要经济指标稳中有升。"十三五"期间，兰州市通过不断优化城镇建设体系，城市建管服务效率得到有效提升，支撑兰西城市群和兰白都市圈优化发展的城市基础设施基本形成。根据《兰州统计年鉴

---

① 李莉. 2021年末全省人口数据公布　全省常住人口2490.02万人［N］. 兰州晚报，2022-02-17（5）.

2021》发布城市建设重要数据及既往年份数据显示，截至2020年，从城市设施水平看（见表5-4），兰州市建成区面积366.84平方千米，城市建设用地面积346.59平方千米；人均燃气普及率93.37%，与97.90%的全国燃气普及率均值低4.53%；全市全年供水总量24747万立方米，城市人口用水普及率与98.99%的全国用水普及率均值基本持平，但全市公共建筑节水型生活用水器具普及率和居民家庭节水型生活用水器具普及率均达到100%；人均拥有道路面积22.77平方米[①]。总体来看，近十年来城市设施各项建设指标均逐年提升，市域基础设施创新体系趋于完善，供水、供气及供热等系统具备可持续发展能力，城市建设及管理能力提升为服务城镇居民高质量生活起到重要保障作用。

表5-4　　2012年、2014年、2016年、2018年、2020年兰州城市建设主要经济指标统计表

	分类指标	2012年	2014年	2016年	2018年	2020年	2020年全国平均指标	较全国平均指标增减率
城市设施水平	建成区面积（平方千米）	198.67	282.2	310.85	366.84	366.84	60721.32	—
	城市建设用地面积（平方千米）	—	—	—	—	346.59	—	—
	燃气普及率（%）	88.71	86.93	87.64	92.93	93.37	97.90	-4.53
	全年供水总量（万立方米）	26827.67	23902.57	26441.37	28463.3	24747		
	道路面积（万平方米）	2218.89	3545.53	4536.73	5611.84	5982.48		
	人均拥有道路面积（平方米）	11.18	16.56	16.57	20.75	22.77		

① 兰州统计局，国家统计局兰州调查队. 兰州统计年鉴2021 [M]. 北京：中国统计出版社，2021.

续表

分类指标		2012年	2014年	2016年	2018年	2020年	2020年全国平均指标	较全国平均指标增减率
公共绿化	绿化覆盖面积（公顷）	6548.00	7919.36	9311	11285.43	11451.07	—	—
	建成区绿化覆盖率（%）	30.01	26.46	26.69	31.07	33.14	42.06	-8.92
	园林绿地面积（公顷）	4441.00	5494.00	7201.62	7852.3	100076.76	—	—
	公共绿地面积（公顷）	1714.00	1762.00	2333.13	2586.3	3660.24	—	—
	人均公共绿地面积（平方米）	8.88	10.90	9.52	13.54	13.19	14.80	-1.61
生活污水处理	城镇生活污水处理率（%）	70.65	83.51	98.93	91.6	97.47	95	2.47
	生活垃圾无害化处理率（%）	—	—	40.40	99.39	100	99.70	0.3
公共交通	公共汽（电）车营运车辆（辆）	2270	2769	2800	3319	3189	—	—
	公共汽（电）车客运总量（万人次）	3373	77676	80186	79733.9	59695	—	—
空气质量	空气质量达到及好于二级的天数（天）	—	—	243	213	312	—	—
	城市空气质量优良率（%）	—	—	—	67	85.2	87	-1.8

资料来源：根据《兰州统计年鉴2021》发布截至2020年城市建设重要数据及既往年份数据整理计算所得。

（3）强化城乡人居环境配套设施建设。兰州立足于超前谋划，以绿色低碳智慧安全城市建设为引领，科学编制城建计划，以项目为支撑有序推进审批服务，以提高城市建设水平和发展质量为中心，按照"一心两翼多节点"的城市空间布局，强化城乡基础配套设施建设，全面提高城市治理能力和城市发展品质。截至2020年末，不断完善交通路网建设，城铁1号线及2号线相继开通、每万人拥有公交运营量5.96台，相对发达的交通网络极大提高了交通运行效率。全市城市生活污水处理率、生活垃圾无害化处理率已达97.47%和100%，分别超过全国平均指标2.47%和0.3%[①]（见表5-4），提升了垃圾分类、污水处理等"硬设施"，同时健全教育、医疗、文体等基本公共服务"软设施"，通过提高综合承载能力完善城市治理体系，为满足群众美好生活需要提供良好配套设施。

（4）发挥区域中心城市辐射带动作用。全市立足国家和省上赋予兰州战略定位，通过启动编制经济社会发展中长期规划和新一轮国土空间总体规划，理清了新阶段兰州市城市发展的总体思路。深化确立以主城四区为核心、兰州新区和榆中盆地为两翼的"一心、两翼"城市发展布局，明确三大区域功能定位，推动工业向北发展、人口向东转移、中心城区疏解，全面拉开城市区划、拓展城市发展空间。通过制定《兰州—西宁城市群发展规划兰州市实施方案》，加快兰西城市群建设，着力增强要素聚集、产业发展和吸纳能力，切实发挥区域中心城市的辐射带动作用。

（5）加快推进城乡一体化融合发展战略。顺应城乡融合发展趋势，坚持以城带乡、城乡共建"一盘棋"理念，加快推动远郊"一区三县"县城和重点镇发展，通过培育榆中县青城镇、永登县苦水镇、皋兰县什川镇3个国家级特色小镇，建成省市级美丽乡村160个，形成"一心、两

---

① 兰州统计局，国家统计局兰州调查队. 兰州统计年鉴2021 [M]. 北京：中国统计出版社，2021.

翼、多节点"发展格局,初步形成了城乡统一建设用地市场及城乡统一规划建设运营的基础设施体系。同时突出产城融合发展这个核心,把产业园区和城市建设结合起来,以产兴城、以城带产、产城融合,鼓励"三区"和各区县、园区因地制宜,优先发展文化旅游、通道物流、数据信息、中医中药等特色优势产业,增强城市发展的内生动力,城市核心竞争力和辐射带动力显著增强。

(6) 着力优化新型城镇化空间格局。通过实施省会功能区域化,推动形成"三级引领、三带支撑、多点联动"的区域开发格局。落实兰西城市群战略,推动兰白都市圈协同建设,中心城区功能品质不断提升。按照"一心、两翼、多节点"城市化空间布局优化城市建设体系,顺畅了兰州—西宁城市群协调发展进路。推动形成中心城区、兰州新区及榆中生态创新城"一心、两翼"三城协同发展格局,兰州新区和榆中生态创新城城市化综合承载能力大幅提升;县城补短板强弱项稳步推进,就地就近城市化水平得到提高,综合交通运输网络更为完善,凸显了对城市化格局的支撑和引导作用。

(7) 突出兰州绿色城市建设发展业态。全市紧紧围绕生态和创新两大主题,坚定不移走好绿色发展之路。一是积极创建现代绿色产业新体系,打造黄河文化品牌影响力,逐步推广绿色低碳的生产生活方式。二是持续推进公共园林绿化建设目标,全市绿化覆盖面积、建成区绿化覆盖率、园林绿地面积、公共绿地面积均呈增长趋势,人均公共绿地面积13.19平方米,仅低于全国平均水平(14.80平方米)1.61平方米;全市大气环境质量稳步改善,空气质量优良率为85.2%,与全国水平基本持平[1](见表5-4)。三是全面实施生态绿化工程,致力打造"天蓝、水净、地绿"的美好家园。尤其是持续提升黄河兰州市段生态保护修复和全市生态环境质量、水生态环境治理改善,使兰州市在宜居城

---

[1] 兰州统计局,国家统计局兰州调查队. 兰州统计年鉴2021 [M]. 北京:中国统计出版社,2021.

市、智慧城市、创新城市、绿色城市、人文城市、韧性城市建设方面取得了积极成效。四是坚持打好污染防治攻坚战，持续推进气水土绿协同共治，不断改善环境空气质量，着力消除城区黑臭水体，深入开展全域无垃圾专项治理。五是坚持创新驱动发展，加快建设智慧城市，完善城市数字化管理平台，推动5G建设和区块链技术应用，深化政务服务"一网通办"、城市运行"一网统管"，提高城市运行效率和群众生活品质。

（8）兰州新区新型城市化建设进展良好。自兰州新区秦川镇被纳入全省新型城市化试点范围以来，兰州新区统筹城乡发展空间，编制城乡发展总体规划，有效促进了城乡协调发展。目前，兰州新区城市常住人口城市化率、常住人口保障性住房覆盖率、城市公共供水普及率和城市污水处理率分别为60.03%、23.28%、98%和90%[①]，各项考核指标均已达到全国2020年发展目标要求。

5.2 兰州创新城市建设投融资概况分析

投融资是现代经济的核心，创新城市建设必将带来人口、经济、社会领域的重大变革，投融资机制创新即是推进此变革的助推器。"十三五"以来，兰州市坚持实施创新驱动和城市发展战略，紧抓深入推进创新型城市和新型城市化建设重大政策机遇，全面提升创新型城市＋新型城市化＋新型智慧城市＋乡村振兴"一体四翼"的创新城市建设质量，充分发挥政府投融资平台引导金融资本、社会资金共同参与城市建设的载体作用，致力破解创新城市建设的投融资瓶颈，积极在构建多元投融资机制的金融支持方面试点创新，强化投融资服务体系建设，通过盘

---

① 兰州统计局，国家统计局兰州调查队. 兰州统计年鉴2021［M］. 北京：中国统计出版社，2021.

活城市存量资产，多渠道筹集建设资金，逐年加大创新城市建设企业扶持力度，不断提升企业融资能力，区域创新能力持续增强，促进了创新城市资源要素的有效整合和合理流动，为推动全市经济社会跨越发展提供了有力支撑和金融保障，现对创新城市建设投融资现状评述如下。

5.2.1 提升创新城市建设投融资平台市场化建设

通过出台兰州市级城市发展投融资平台抢抓开发性金融支持政策，完善现代法人企业治理结构模式，建立多元化建设投融资机制，加大城市建设投资融资力度，综合运用城市资源提升融资能力。探索实践以市带县城市建设模式，整合城市公用资产、基础设施资产和无形资产等资源，多渠道筹集建设资金。通过发行城市建设企业债券、与金融机构建立战略合作关系、组建县区二级融资平台等举措，提升城市建设项目融资市场化水平，基本实现城市建设融资由间接融资向直接融资转变。近年来，通过企业债券、债权融资、定向债务融资、海外债、项目投融资、土地开发等融资工具，在城市基础设施、保障性安居工程、城市环境治理、社会公共服务、农业综合开发、城乡一体化配套设施，以及新农村建设等项目领域发挥了积极的资金筹措作用。据公开数据统计，自2000年以来，兰州建投公司已累计融资2625.12亿元，先后完成南北滨河路、南北环路、深安黄河大桥等531个项目建设任务，兴建和延伸城市道路140多千米，承担建设高原夏菜项目、重离子医院、42780套保障房和7000个公共停车泊位等经营性项目[①]。

---

① 兰州市委宣传部.甘肃兰州召开化解兰州建投公司债务问题金融机构通气会［N/OL］.中国经济网，2021 - 12 - 20 ［2022 - 05 - 20］.http：//www.ceweekly.cn/2021/1220/370451.shtml.

5.2.2 科技创新平台建设和科技专项投入稳中有升[①]

科技创新是评估一个地区和国家综合实力水平的重要标志，而科技投入是推动创新城市发展的关键要素。"十三五"以来，兰州市逐年加大科技创新投融资力度，在推进加快建设创新型城市方面实施以下具体行动和措施：其一，改分散支持为重点扶持。每年通过组织遴选重大科技专项的形式，对十大"科技项目""科技创新项目"给予100万元和70万元的经费支持，改变因投入不足、使用不便、分配不合理等原因制约科技创新的发展，通过对涉及生物医药、现代农业、装备制造、新材料、资源环境和电子信息等领域重大科技项目集中支持，有效提升科技项目支持强度、集中度和显示度，以促进重大科技成果的转化和产业化。其二，每年列支500万元以上专项资金，以后补助方式支持科研机构与企业开展产学研技术创新；年发放不低于500万元的科技创新券，以推进科技资源开放共享。通过提供知识产权和投融资服务，开展专利资助、知识产权代理、知识产权融资抵押等，择优推荐获得"兰州科技产业发展投资基金""兰州科技创新创业风险投资基金"融资支持。其三，制定出台人才培养和引进相关金融支持政策。近年来，兰州市已累计投入1.5亿元支持包括"国产重离子加速器治疗肿瘤的基础和临床应用关键技术研究"、甘肃伯骊江3D打印科技有限公司"实景地形沙盘喷绘机器人研发""三维数字信息惠民服务平台"等重大项目在内的442项科研带动创新项目，单项扶持资金达200万元。项目领衔人才及团队拥有自主知识产权223项，新增知识产权

---

① 孙理. 我市多举措切实推进创新驱动发展 [N/OL]. 兰州新闻网, 2019 - 10 - 29 [2022 - 05 - 20]. http://lzbs.com.cn/lanzhounews/2019 - 10/29/content_4543247.htm.
孙理. 交易平台 孵化器 兰白试验区 兰州市三大法宝助推科技创新 [N/OL]. 中国甘肃网—兰州日报, 2018 - 09 - 25 [2022 - 05 - 20]. http://gansu.gscn.com.cn/system/2018/09/25/012022676.shtml.
李晥玲. 甘肃建多元化资金投入体系 拓宽科技型企业融资渠道 [N/OL]. 中国新闻网, 2019 - 02 - 20 [2022 - 05 - 20]. https://www.sohu.com/a/295901904_123753?sec=wd.

185 项，项目带动研发投入 21.8 亿元，实现销售额 69.7 亿元，实现利税 10.88 亿元。其四，出资打造兰州市公共创新服务平台开辟科技信贷绿色通道。探索采用"知识产权+个人资产+个人信用"和"知识产权作价入股"质押贷款担保模式，降低科技企业融资门槛，省内外银行、金融、担保、创投机构已入驻平台，为众多企业提供科技金融特色贷款服务。其五，创新财政资金投入方式撬动社会资本投向技术创新领域。兰白科技创新改革试验区在 20 亿元技术创新驱动基金引导作用下，通过下设科技贷款增信、科技投资、科技创新创业引导和科技孵化器等各类专项子基金，采用股权投资、市场化运作、专业化管理方式，建立"增信基金、银行、担保"三方共同尽调和独立审核的风险防控机制，使科技贷款增信基金实现良性循环运营，通过政府、社会和民间资金三方协同发力，拓宽了科技企业融资渠道。

5.2.3　新型城市化重点建设领域扩展迅速导致投融资缺口增大

　　新型城市基础设施建设作为一项长期投资，包括涉及道路、桥梁、港口、能源、供水、城市绿化、商业设施、医院和保障性住房等有形资产，同时也包括教育和科技创新等无形资产，这些方面的投资具有公共产品和公众利益属性，能为城市公众群体提供重要的、必需的基础设施服务，促进人口、生产要素和产品流动，提高城镇市民安居生活质量，最终为全社会创造更大的福利性投资价值。近年来，随着新型城市建设向重塑产业结构、提升城市能级、改善人居环境、实现内涵发展的转型目标迈进，全市城市建设投资总额持续攀升，基础设施投资在全社会固定资产投资占比、同比增长速度逐年提升，而且城市建设投资的重点领域和项目也逐年扩展，增加投资规模和投资比例的需求日甚，投资建设资金虽可包括预算内资金、国内贷款、债券、外资、自筹资金和其他资金等，但投资来源和主要方式相对狭窄。根据"十三五"时期兰州市投入创新城市建设的一般公共预算及支出分析（见表 5-5），对涉及创新城市建设的核心指标项目分为七大类，全市一般公共预算支出总额呈逐年增加态势，七类指标项目年度财政支出同比变化不大，七类指标投入之和与总支出占比分别为 58.45%、57.12%、56.85%、60.40% 和 58.74%，但除教育、社会保障和城乡社区事务支出占比超过 10% 外，其他指标尤其是科技、环境保护支出极低，各年平均占比仅为 1.45%、1.99%，这与生态城市化和科技创新城市建设的资金投入要求差距较大。截至 2020 年底，兰州市一般公共预算收入 247.13 亿元，一般公共预算总支出 486.24 亿元，用于社会保障和就业、医疗卫生等七个方面支出占比为 58.74%，支出达到 285.62 亿元[①]。同时，筹集用于支持交通、水利等基础设施建设，并对域内企业实行财税优惠政策，对于中小企业实施"减税降费"政策。

表 5-5　　2016~2020 年兰州市创新城市建设一般公共预算支出及占比

年份	一般公共预算总支出（万元）	教育		科技		社会保障和就业		医疗卫生	
		支出（万元）	占比（%）	支出（万元）	占比（%）	支出（万元）	占比（%）	支出（万元）	占比（%）
2016	4241597	740910	17.46	45156	1.06	390553	9.21	371618	8.76
2017	4293614	803250	18.71	67851	1.58	382079	8.9	396693	9.24
2018	4656417	799798	17.18	60572	1.3	457801	9.83	400375	8.6
2019	4566617	882874	19.33	78947	1.73	499315	10.93	381588	8.36
2020	4862409	824400	16.95	76095	1.56	598499	12.31	417778	8.6

年份	环境保护		城乡社区事务		交通运输		七类指标总支出	
	支出（万元）	占比（%）	支出（万元）	占比（%）	支出（万元）	占比（%）	支出（万元）	占比（%）
2016	104739	2.47	675652	15.92	151360	3.57	2479988	58.45
2017	83264	1.94	588078	13.7	131061	3.05	2452276	57.12

---

①　兰州统计局，国家统计局兰州调查队. 兰州统计年鉴 2021 [M]. 北京：中国统计出版社，2021.

续表

年份	环境保护		城乡社区事务		交通运输		七类指标总支出	
	支出（万元）	占比（%）	支出（万元）	占比（%）	支出（万元）	占比（%）	支出（万元）	占比（%）
2018	134739	2.89	657737	14.13	135357	2.9	2646379	56.85
2019	62390	1.37	710404	15.56	142323	3.12	2757841	60.4
2020	65168	1.34	616927	12.69	257090	5.29	2855957	58.74

资料来源：根据《兰州统计年鉴2021》发布截至2020年末一般公共预算支出及数据明细整理所得。

5.2.4 银行业信贷发展支持创新城市建设投资逐年增加

银行信贷在经济社会发展中发挥着重要作用，尤其对地处西北地区的兰州市来说，创新城市建设更需要本地银行业的直接支持。在创新城市建设进程中，从基础设施建设、产业结构调整转变、生态环境保护，以及科技创新驱动，银行信贷已成为不可或缺的主要动力来源。近年来，兰州市银行业发展较快，银行类金融机构服务不断加强，信贷规模逐年增加。兰州市银行金融机构的资金来源主要是各项存款、金融债券、各项准备金，以及所有者权益，银行金融机构资金运用，占比更重的则主要是境内贷款中的短期贷款和中长期贷款，贷款增速增加也提升了信贷对城市化建设的支持力度，并储备了创新城市建设的一定资金力量。截至2022年1月末，兰州市全域本外币存贷款余额23893.93亿元，同比增长5.39%；人民币存贷款余额23713.94亿元，同比增长5.75%。通过引领市区金融机构加大信贷服务供给，研究解决重点领域投融资问题，促进金融资源与实体经济金融需求更加适配。兰州市向各银行机构推介"十四五"期间重大项目及谋划储备投资项目2077个，计划投资金额16921.33亿元①，主动引导银行业金融机构更精准服务于

---

① 中国人民银行. 2022年1月兰州市金融运行情况［EB/OL］.（2022-03-07）［2022-03-20］. http://szfjrb.lanzhou.gov.cn/art/2022/3/7/art_5108_1100599.html.

省列重大、补短板和十大生态产业等建设项目，推进创新城市建设高质量发展。

5.3 兰州创新城市建设投融资模式及其特征

5.3.1 兰州创新城市建设投融资现有模式

随着我国经济持续较快增长及城市化建设进程加快，学术界对城市建设资金供给、市场化融资等问题的研究不断深化，同时提出了诸如资产证券化、金融租赁、集合信托，以及项目融资等理论观点，但这些投融资模式多是基于市场化的可经营性城市建设领域，但对于需要大量资金投入公共物品属性的创新城市建设投融资模式的适用性并不强。实际上，我国城市建设资金长期以来主要源于国家预算内投资，由中央和地方财政拨款，但财政建设投入严重滞后于城市经济发展和基础设施改善需求。随着国家加速推进新型城市化及创新型城市建设，中央和地方政府逐年加大城市基础建设投资，地方政府面临的城市基础建设投资压力才得到一定缓解。

"十三五"以来，兰州市大力实施创新驱动战略，以提高创新能力和区域综合科技实力为目标，以体制机制创新为动力，加快城市经济发展方式的转变，狠抓重大平台、重大专项、技术创新、战略性新兴和高新技术产业的培育发展，加速提升城市创新能力和水平，增强科技创新对城市经济社会发展的支撑作用，稳步推进新型城市化投资体制改革，逐步打破政府主导支配的单一投融资格局，推进民间和社会资本进入创新城市基础建设领域，多元化融资模式正在形成。目前，学术界并未从理论上对兰州市创新城市建设投融资模式进行权威划分，但从兰州市创新城市设施建设投融资领域考察，当前全市运用于实践的基本投融资模式主要有五种类型。

5.3.1.1 财政资金融资形式

从地方财政资金分类和基本来源看,目前全市投资于城市建设的财政资金主要包括中央财政预算资金、市财政预算资金、市国有土地出让金等。而税收是本地财政预算资金的主要构成,根据《兰州统计年鉴2021》数据显示,2016~2020年兰州市税收收入分别为158.42亿元、174.69亿元、192.62亿元、177.33亿元和176.15亿元,分占各年兰州市财政收入606.75亿元、671.65亿元、721.53亿元、679.51亿元、704.1亿元的26%、26%、26.7%、26.1%和25%,而用于创新城市建设七类指标[①]预算总支出分别占各年度财政收入的40.87%、36.51%、36.68%、40.60%和40.56%[②]。为维持城市建设适度规模,根据联合国为发展中国家推荐的投资比例,城市基础设施投资占国内生产总值的比例应达到3%~5%,占国家固定资产投资应达到10%以上[③]。因2018年起国家规定固定资产投资数据不对外公布绝对量,笔者根据《兰州统计年鉴》公布的2018~2020年固定资产投资总额增长数据,测算出2020年固定资产投资总额为1453.16亿元;而2020年GDP为2886.74亿元。据此按其占社会总投资比重(15%)、GDP比重(8%)的最高线反推测算,兰州市2020年城市基础设施投资应为231亿元或218亿元,两种反向测算结果基本持平,可为依据。而笔者统计兰州市同年创新城市建设七类指标支出金额总计为285.6亿元,表明城市建设投资占GDP和财政收入比重远低于这一推荐标准。而有关数据显示,日本1956~1985年经济高速增长的30年间,基础设施投资占社会总投资的比重平均为40%、占GDP的比重

---

① 根据《兰州统计年鉴2021》可收集数据,兰州市创新城市建设这七类指标分别为教育、科技、社会保障和就业、医疗卫生、环境保护、城乡社区事务和交通运输。具体七类指标总支出金额参见本章表5-5统计结果。

② 兰州统计局,国家统计局兰州调查队.兰州统计年鉴2021[M].北京:中国统计出版社,2021.

③ 陈伟光.城市管理亟待解决的几个问题[EB/OL].(2019-08-15)[2022-05-20]. http://sfj.beijing.gov.cn/sfj/index/fzzfjspdfzw/487827/index.html.

平均为8%①。由此判断，政府融资本质上仍是财政融资，无论是政府投融资企业还是投资城市建设发展，其融资思路和方式仍依赖财政直接支持。政府财政投入作为创新城市建设资金的稳定来源渠道，应继续提升财政主导能力并发挥支持作用。

不可否认，兰州市用于基础设施建设的财政融资长期以国家专项拨款、市财政拨款、国有直管公房租金、环卫收费等为主。投融资体制改革后财政融资增加了市政设施使用费、配套费、增容费及城市维护建设税等方式，财政融资渠道和来源得到拓宽。尤其近年兰州市借鉴发达城市投融资经验，加大土地开发整理、收储及运作功能，使城市建设融资与土地经营管理有效衔接。如通过兰州城投公司前期投入城市基础建设配套条件，通过提升土地升值空间以"招拍挂"方式取得土地出让收益，此部分收入经财政归集后，90%返还隶属城投公司的市土地储备中心作为城市建设资金的有效弥补，因而"土地生财"成为投资基础设施建设的主要资金来源。此后，兰州市将国债资金用于城市污水项目并稳定于城市建设中，同时对城市供水设施、污水处理设施、收费路桥等城建存量资产通过资产转让、股权转让、经营权转让等方式进行资产盘活，并有偿出让城市道路冠名权，通过上述方式所获资金全部用于投资城市基础设施建设，城市建设融资整体呈现出单一到多元、简单到丰富的财政融资特征。而财政资金分为中央政府预算内投资和地方政府预算内投资，具体包括专项补助、国债基金，以及各种税费收入。2020年和2021年《财政收支情况》数据显示，2020~2021年全国一般公共预算收入为18.29万亿元和20.25万亿元、税收收入15.43万亿元和17.27万亿元，税收收入占财政收入比例分别为75%和85%，随着中央返税力度逐年提增，不仅增加地方财政收入，也使地方政府发挥税收支持创新城市建设优势作用更为突出。因财政融资主要源于转移支付、财政收入、政府拨款、各种税收和出让国有土地收益，其最大优势在于政府直接投资的稳定性更强，但对于创新城市建设投

---

① 李红.对我国城市建设资金筹集的政策性建议［N］.中国建设报，2010-07-27（6）.

资的纯公共物品,因无法获得其他融入资金而需政府财政持续投入,虽对于回报期较长或缺乏资金流的建设项目财政资金可不考虑回报,但财政资金主要是税收及政府资产经营收入,经济新常态下财政收入增幅实质更为缓慢,在固定公共服务支出无法进一步缩减的态势下,可用于直接投资建设资金仍无法满足创新城市建设发展的需求。

5.3.1.2 债务性(银行贷款)融资形式

债务性贷款融资是兰州市多年来城市建设最主要的融资方式之一。债务性贷款融资主要是从各类银行融资贷款、各级财政拨付专项贷款,以及担保融资的城建资金。因我国相关法律法规禁止地方政府成为借贷方,地方政府一般均通过本级融资平台实现举债融资。债务性贷款融资主要包括国内贷款和国外贷款,国内贷款主要来自国家开发银行、亚洲开发银行和各大国有(股份制)商业银行。目前,已获融资主要用于兰州市城市供水、集中供热、路桥建设、轨道交通、棚户区改造等城市基础设施建设。主要债务贷款机构包括:

(1)国家开发银行债务融资方面。近10年来,甘肃省国家开发银行为兰州新区土地储备整理、供水供热管网建设累计投放资金超过50亿元;2014年,甘肃省国家开发银行作为政府开发性金融机构,牵头建行、交行、进出口银行、浦发银行组建"银团",通过"融智+融资"方式向兰州市轨道交通1号线一期工程一次性承诺127亿元贷款;2014年,甘肃省国家开发银行为兰州市开展水源地工程建设项目提供46.5亿元中长期贷款授信;近年来,甘肃省国家开发银行累计向兰州市政主干道路建设投放各类资金116亿元;2015年,甘肃省国家开发银行对兰州市以外的13市(州)的城市建设共投放贷款140余亿元;至2015年,甘肃省国家开发银行支持南绕城高速建设投放贷款29亿元;至2016年,甘肃省国家开发银行为兰州市棚户区改造累计投放贷款102亿元①。

---

① 李常武,等.开发性金融"贷"动兰州城市发展谱新篇[N].金融时报,2016-03-28(4).

（2）亚洲开发银行债务融资方面。如先期亚洲开发银行提供1.5亿美元贷款建立"兰州可持续城市交通项目"[①]；2011年，亚洲开发银行兰州市城市交通项目贷款总投资30.58亿元，由财政部逐级向下转贷亚洲开发银行贷款1.5亿美元（折合人民币约合9.4亿元人民币），建成西站至安宁堡仁寿山快速公交（BRT）系统，成为兰州市目前利用亚洲开发银行贷款开展的最大城市基础设施建设项目[②]。2016年以来，国家开发银行分别提供第一期212亿元、第二期260亿元和第三期授信141.6亿元专项贷款资金，用于消除城市棚户区和城市危旧房[③]。

（3）商业银行债务融资方面。如2015年光大银行审批通过兰州市水源地建设项目、兰州市轨道交通2号线一期工程建设项目贷款；近3年为兰州市基础设施建设投放贷款110亿元以上[④]；2015年中国银行甘肃省分行两次为兰州市城市基础设施建设融资16亿元，用于兰州市轨道交通1号线一期工程项目建设[⑤]。2017年，兰州银行、浦发银行、建设银行、招商银行和民生银行为兰州市棚改项目建设和基础配套设施建设发放1000亿元中长期棚改专项贷款，切实推动兰州市"十三五"期间棚户区改造工作[⑥]。

5.3.1.3　发行债券融资形式

债券融资主要包括地方政府债券和城投类企业债券两种形式。地方政府债券是指地方政府作为发行主体，以筹集地方公共设施和公用事业资金

[①] 李丹丹. 兰州获亚洲开发银行1.5亿美元贷款建城市交通系统［N］. 上海证券报，2009-12-16.

[②] 中国经济网. 兰州：用好亚行贷款　做好民生服务［N/OL］.（2013-11-08）［2022-5-20］. http：//intl. ce. cn/specials/zxgjzh/201311/08/t20131108_1727505. shtml.

[③⑥] 赵文瑞，魏慧宾. 5家商业银行授信千亿元助力我市17.5万户棚改工程［N］. 兰州晚报，2017-04-17.

[④] 杨志彬. 光大银行兰州分行投放项目贷款65.94亿支持兰州轨道交通2号线一期工程建设［N］. 兰州晚报，2015-10-29.

[⑤] 全球起重机械网. 中行甘肃分行兰州轨道交通放贷8亿元［N/OL］.（2015-10-28）［2022-5-20］. http：//www. chinacrane. net/news/201510/28/97166. html.

为目的,以其信用为基础面向社会发行的债券;城投类企业债券是通过政府企业融资平台进行债券融资,此类债券发行方要承担地方政府城市建设相关职能,并享受相关优惠政策。通过发行债券融资,可拓宽地方政府城建资金筹集渠道,完善并优化基础设施建设资金债务结构,但通过发债进行基础设施建设也可能导致投资过热、重复建设,从而造成资源浪费,产生新的城镇建设宏观调控风险。例如,2016年兰州市地方政府新增债券12.5亿元,用于轨道交通项目4.44亿元、第二水源地建设项目5亿元、省门第一道建设0.18亿元、城际铁路沿线绿化项目0.07亿元、市博物馆改造提升项目0.2亿元、中铺子垃圾处理厂道路及排水工程项目0.13亿元等各类城市建设项目;2018~2019年,兰州市城市投资分别发行定向债务融资金额40亿元和20亿元;2020年4月,兰州市级投资平台发行金额5亿元债券,为兰州市基础设施、市政、引水等重点项目提供资金支持[①]。

5.3.1.4 资源型融资形式

城建资源型融资是指地方政府利用其所掌握的本地资产或公共资源(包括有形资源和无形资源)筹措城市基础设施建设资金融资模式。兰州市近年来通过资源型融资模式开展融资活动主要有三种方式。

(1) 国有土地出让收益主要指政府通过较低价格征收、盘活土地资源为城市建设和发展筹集资本,并在旧城改造及产业结构调整中,积极通过项目包装和城市规划提升土地价值,用招标拍卖等市场化手段最大限度地获得土地收益。根据财政部国库司《2020年财政收支情况》数据显示,2020年全国各级地方政府国有土地使用权出让收入高达84142亿元,同

---

① 李明娟. 兰州城投成功注册40亿元定向债务融资工具[N]. 甘肃经济日报, 2018-11-01 (2).
李明娟. 兰州城投发行20亿元定向债券[N]. 甘肃经济日报, 2019-04-04 (8).
黄帆. 中国银行甘肃省分行发行兰州市级平台债券[N/OL]. (2020-04-15) [2022-05-20]. http://gs.people.com.cn/n2/2020/0415/c183360-33951110.html.

比增长15.9%。当前，兰州市已通过利用土地出让收益填补城市建设资金，促进了城市建设发展，尤其在主城四区土地储备迈入新发展阶段，为充分挖掘土地资源潜力，强化土地要素保障，规划完善强调市场保障增加收益的制度设计。2021年，兰州市已出台《关于加强土地储备有关工作的实施意见》，通过完善市区两级联动储备机制、提高存量国有土地收购补偿标准、优化零星土地利用等措施，为全面推动城市基础设施建设、公共服务设施建设实现高质量发展提供资金支撑①。据不完全统计，2012年兰州市土地出让收益用于基础设施建设投入达25亿元，约占当年城市基础设施建设总投入的40%②；到2019年，兰州市土地出让3168公顷，比2018年增长近1368公顷，同比增长76%，出让收益251.16亿元；2020年，兰州市土地出让781.05公顷，出让收益211.65亿元③；2021年，全年土地出让不减反增，成交134宗房地产开发用地④。由上述数据可见，"以地生财"仍是政府资源型融资的重要方式，而不同发展阶段，实现人口、产业、政策和土地等城市要素均衡配置是城市可持续发展的基础保障，兰州市财政不足通过持续土地出让缓解，表明产业结构转型进展缓慢，会无形增加城市建设成本并产生财政赤字。

（2）特许经营权转让主要指政府按照规定程序，通过公平竞争方式，选择境内外法人或经济组织，授权其在一定时间和范围内对某项公共服务进行经营的权利。从城市公共服务项目可供经营范畴来看，可赋予特许经营权范围主要包括以下方面：一是对市政建设运营的特许，如城市供水、供气、供热、污水处理、垃圾处理等；二是对公共交通

---

① 马艳玲. 兰州市强化土地要素保障 土地出让收入市区两级分配［N］. 兰州日报，2021 - 04 - 20（5）.

② 搜狐网 - 信息兰州. 2019年兰州土地出让总计3186公顷 兰州新区占了一半［R/OL］.（2020 - 01 - 06）［2022 - 05 - 20］. https：//www.sohu.com/a/365540650_100124700.

③ 兰州方程式. 2020年兰州住宅及商业用地出让面积约781公顷 城关区拔得头筹［R/OL］.（2021 - 01 - 01）［2022 - 05 - 20］. http：//news.sohu.com/a/441931298_449009.

④ 网易. 分析2021年兰州市土地供应及成交情况［R/OL］.（2022 - 01 - 17）［2022 - 05 - 20］. https：//www.163.com/dy/article/GTUSPU0U054082R1.html.

经营的特许，如城市轨道交通专营权、出租车经营权等；三是对无形资产利用经营的特许，如冠名权、户外广告发布权等。一般而言，政府采取特许经营模式可减少相应建设投资，对所涉及经营项目无须再行投资补贴，特许经营期限届满后可自然获得该经营项目设备资产。近年来，兰州市政府在城市交通、供水（污水处理）、燃气、广告媒体、垃圾处理等公用行业及景区经营实施特许经营权转让项目，为兰州市公用行业改革市场化运作提供了实质借鉴。例如，2006年转让兰州供水（集团）有限公司部分股权合资经营项目，并授予30年特许经营权，由改制后的新公司在特许经营期内负责兰州市城市供水经营管理，特许期结束后政府回购投资人股权①；2007年开展城市无形资产经营管理试点，陆续出让建投使用的城区过街天桥冠名权；2009年首次对涵盖市近郊四大主城区14条道路冠名权公开拍卖（出让年限为15年）②，虽学界认为公共资源商业化运作背离公共资源性质，难以再现人文地理特征，但上述冠名权拍卖收入均纳入非税收入管理，可用以增加市政基础设施建设投入；2010年通过转让部分股权与中石油昆仑燃气公司资产重组，授予合资公司城市燃气特许经营权，以实现城市公用行业市场化运营③；2010年4月，兰州市政府以4.96亿元中标价将七里河安宁污水处理厂TOT项目30年特许经营权转让④；2015年结合新能源汽车推广应用需求，授予市公交集团旗下可投放500辆出租车特许经营权⑤；2014年甘

---

① 支维墉. 兰州水务溢价下嫁威立雅背后［N/OL］. (2007 - 08 - 06)［2022 - 05 - 20］. http：//wx. h2o - china. com/news/60754. html.
② 朱四倍. 政府责任后移下的"道路冠名权拍卖"［J］. 江淮法治，2009（22）：1.
③ 兰州市人民政府国有资产监督管理委员会. 贯彻落实党的十九大及十九届五中全会精神进一步深化兰州市属国有企业混合所有制改革［EB/OL］. 兰州市人民政府国有资产监督管理委员会网站，(2021 - 07 - 21)［2022 - 05 - 20］. http：//lzgzw. lanzhou. gov. cn/art/2021/7/21/art_20739_1029798. html.
④ 李奇霖，张德礼. 50号文之后，城投融资工具大盘点［N/OL］. (2017 - 10 - 21)［2022 - 05 - 20］. https：//www. sohu. com/a/199486981_715755.
⑤ 国际空港信息网. 首都机场广告公司获取兰州机场T2广告媒体特许经营权［N/OL］. (2014 - 07 - 18)［2022 - 05 - 20］. http：//zixun. 99114. com/90096480_2. html.

肃省公路航空旅游投资集团有限公司与首都机场广告公司签订兰州中川国际机场T2航站楼户内、外广告媒体特许经营权转让合同①；2016年对建筑垃圾资源化利用特许经营权项目采购方式进行转让经营②，同时《兰州市城市轨道交通管理办法》规定可对城市轨道交通实行特许经营；2020年3月，兰州市黄河风情线大景区经营性项目特许经营权公开出让等③。

（3）项目融资是指项目发起人参与市政基础设施及公共服务设施建设，并以建设项目未来的收益或资产转让价值作为抵押获得贷款，从而达到政府为该公共设施建设融资的目的。项目融资是通过以特定项目资产、预期收益或权益作为抵押物而取得的一种无追索权或有限追索权的融资或贷款，其融资实际运作方式包括：建设—移交—运营（BOT）、建设—拥有—运营（BOO）、建设—拥有—经营—移交（BOOT）、建设—租赁—移交（RLT）和移交—经营—移交（TOT）等（见表5-6）。目前，项目融资在城市基础设施建设中应用广泛，兰州市开展基础设施建设项目融资工作始于2006年，主要采取国有股权出让、BT、BOT和TOT等模式。例如，2007年1月，兰州市引进法国威立雅水务公司进行战略重组，转让兰州供水（集团）有限公司45%股权及污水处理项目，威立雅水务公司以17.1亿元收购兰州市供水（集团）有限公司45%股权，双方合资成立的项目公司拥有兰州市自来水30年特许经营权，此股权转让项目首开污水处理市场化经营④；2010年4月，兰州市安宁区污水处理厂采取TOT模式运作，由成都排水公司以4.96亿元中标获得安宁区污水处理厂30年特许经营权，据四川华衡资产评估有限公司评估报告显

---

① 徐晓兵. 建筑垃圾变废为宝资源化利用率接近100%——记者探访兰州首条规模化建筑垃圾处理线［N/OL］. 兰州日报，2016-08-08（1）.
② 佚名. 兰州市轨道交通实行特许经营［J］. 城市轨道交通研究，2017，20（2）：1.
③ 熊园. 兰州黄河风情线大景区经营性项目特许经营权公开出让［N］. 兰州晨报，2020-03-03（A06）.
④ 兰州市人民政府国有资产监督管理委员会. 贯彻落实党的十九大及十九届五中全会精神进一步深化兰州市属国有企业混合所有制改革［EB/OL］. 兰州市人民政府国有资产监督管理委员会网站，（2021-07-21）［2022-05-20］. http://lzgzw.lanzhou.gov.cn/art/2021/7/21/art_20739_1029798.html.

示,30年特许经营权在评估基准日的投资价值为人民币50444.66万元①。同时,通过BOT模式运作城郊建设餐厨垃圾处理厂1座、建筑垃圾资源化利用厂1座、生活垃圾处理厂2座。同期,兰州市在市区招标新建3座污水处理厂(雁滩、西固、盐场)及配套管网设施,雁滩污水处理厂项目中标方为中国有色工程设计研究院——北京恩菲环保公司(联合体),西固污水处理厂由中铁一局中标,其市场化融资模式均为BOT,即由投资方融资建设项目,政府授予一定期限特许经营权,合约期满后污水处理项目无偿移交政府②。通过TOT、BOT模式转让污水处理项目,旨在加快城区污水"全收集、全处理"建设,全面推进城市公用行业市场化改革;2011年,兰州市彭家坪S223道路工程、安宁区费家营地下商业城等城市建设项目均采用BT模式,同年10月,兰州新区管委会通过BT模式签订由太平洋建设承担兰州新区范围内总投资达200亿元人民币的基础设施建设项目③;此后合作建设的兰州市城市交通智能管理系统、安宁区刘家堡综合商业体开发、兰州BRT快速公交建设、城区20座人行过街天桥等项目均以BT项目合作模式引入投资④;2016年,兰州市建设局积极采取政府与社会资本合作模式,筛选投资2200多亿元的城乡基础设施建设项目275个,旨在吸引优质社会资本参与城市设施建设⑤;同时,有多个项目入选国家发展和改革委员会政府和社会资本合作(PPP)项目库,总投资达337.38亿元,其中,引洮供水一期榆中县配套工程项目已开工建设⑥。因此,在坚持"政府主导、市场运作、多元投资、专业经营"原则下,采用BT、BOT、TOT、PPP融资方式是建立多元化投融资体制、完善市场

---

① 李奇霖,张德礼.50号文之后,城投融资工具大盘点[N/OL].(2017-10-21)[2022-05-20].https://www.sohu.com/a/199486981_715755.
② 石玉龙.兰州城建 跃进背后的"BT"推手[N].兰州晨报,2010-11-10.
③ 李繁荣.中国太平洋建设集团将投资200亿开发白道坪[N/OL].兰州晨报,2012-09-29.
④ 郭兰英.华腾投资35亿 兰州将以BT模式管理城市智能交通[N].兰州晚报,2012-06-14.
⑤ 鑫报.投资2200亿,兰州将建城乡基础设施建设项目275个[N/OL].(2016-04-08)[2022-05-20].https://lz.focus.cn/zixun/c55dd797f93955b2.html.
⑥ 王钊.兰州市8个项目入选国家发改委PPP项目库[N].兰州晨报,2016-07-31.

化融资渠道的基本模式,也是积极探索国有土地资产证券化的新路。

表 5-6   项目融资 BOT、TOT 两种主要模式比较

比较分类	BOT	TOT
项目所有权	享有	部分享有或不享有
项目经营权	失去(转交之前)	部分享有或不享有
融资成本	较高	适中
短期融资获得程度	较难	较容易
适用范围	适用于有稳定现金流的城市建设项目(如发电厂、公路、桥梁、铁路、地铁、水厂、管道等)	适用于有稳定现金流的已建成项目(如桥梁、公路、水厂、电厂等)
运行机制	建造—运营—移交①	移交—运营—移交②
风险分配	政府、投资者均有风险	政府和投资者均有一定风险,运营期间投资者风险较大
衍生模式	BT、BOOT、BTO、BOO 等	暂无

资料来源:笔者根据 BOT、TOT 模式及内容整理。

5.3.1.5 城市发展基金融资形式

随着创新城市基础设施建设步伐加快,市场对引入多元化融资模式更趋于理性,政府拓宽城市融资方式和理念创新全面提升。2011 年,兰州市设立开元城市发展基金规模 20 亿元,用于黄河流域兰州市段治理、保障性住房建设、生态修复等环保、节能及民生工程项目③;2013 年,兰州

---

① 此模式是指政府开放本域城市建设和运营市场,吸引外地资金并授予项目公司融资和组织建设特权,建成后由项目公司负责运营及偿还贷款,在特许经营届满时将项目移交政府。
② 此模式是指政府把已运行项目在一定期限内转移给私营机构经营,私营机构以该项目一定期限内现金流为标的,一次性付给政府相应资金用于新项目建设,经营期限届满后再将原项目移交给政府。
③ 佚名.兰州将 20 亿城市发展基金吸引社会资本参与城建[Z].(2011-03-09)[2022-05-20].http://www.lzytgroup.com/W/HdContentDisp-11-791-2015626-187681.htm.

新区管委会与百瑞信托有限责任公司以"平等互利、优势互补、资源共享"为原则,发起设立"百瑞富诚兰州新区城市投资发展基金",基金总规模为500亿元,所募资金用于兰州新区综合基础设施建设、城市项目及民生工程其他投资项目[①];2017年,由兰州市建投发起设立兰州市城乡发展建设基金,首期规模50亿元,主要投向小城镇建设、城乡市政基础建设、城市综合交通、公共服务设施建设,以及政府主导或引导的重大服务设施和重点产业项目[②]。与此同时,兰州市级和县区财政每年列支专项资金用于设立特色小城镇建设发展基金,通过小城镇投融资平台,采取PPP等融资模式多渠道筹措小城镇建设资金,统筹城乡基础设施建设和公共产品服务供给,合理引导商业银行和新型金融机构投资特色小城镇建设,为推进全市特色小城镇和乡村振兴建设提供资金保障[③]。城乡发展建设基金设立运行后,可对全面助推兰州市实体经济发展和产业升级、创新城乡基础设施产业集聚发展具有积极借鉴意义。

5.3.2 兰州创新城市建设投融资模式基本特征

综上所述,兰州市地方基础设施建设投融资以满足资金需求为导向,各类投融资模式均具有明显的体制内特征。而目前在创新城市建设新发展阶段,兰州市地方政府融资模式亦无法脱离体制选择的制约,对于兰州市城市基础设施建设投融资模式特征主要归纳为三个方面。

(1)政府完全具有城市建设投融资领域的主导支配权。从世界范围和我国发达省份基础设施行业发展经验看,本级政府均承担着城市建设的主要责任,因而在基础建设投融资领域也起着重要的主导作用。例如,政府城建管理部门要承担基础设施投资、建设和经营的统筹规划职能,并通

---

① 崔亚明. 兰州新区募集500亿元用于城市基础设施建设[N/OL]. 兰州晨报,2013-05-09.
② 吕晟君. 我市设立城乡发展建设基金[N/OL]. 兰州日报,2017-07-19.
③ 吴少华. 兰州市多举措积极推进小城镇建设[N/OL]. 中国甘肃网,2016-05-03 [2020-05-20]. https://www.sohu.com/a/73029333_119665.

过行政审批的严格程序开展管理监督;政府不仅要为城市道路、绿化环保等非经营性领域投资,而且在涉及义务教育、图书(博物)馆、公园绿化、智慧城市、网络信息、交通智能、绿色屋顶,以及路桥水电气等社会公共产品、准公共产品领域,都由政府主导和财政重点投资进行建设;同级政府财政预算资金会着力保障城市基础设施重点项目建设;政府会采取税收倾斜、产业优惠、财政补贴等宏观政策手段引导民间资本投资新兴城市建设领域。实质而言,在以政府主导城市基础设施投资模式的有效空间内,目前财政资金投资占比仍为最高。但私营和社会资本逐步介入城市服务领域开发建设已成趋势,政府主导型投资模式已由通过行政管理手段弥补市场投资失灵进而转向满足城市建设需求的投资领域。

(2)城市建设融资渠道主要以金融机构信贷资金为主。我国金融市场是以典型的间接融资为主,银行等金融机构体系发达但资本市场直接融资功能较弱,城乡基础建设项目通过资本市场直接融资的途径并不畅通,只能通过银行信贷解决建设资金。兰州城市建设资金除政府财政划拨外,弥补资金缺口最重要的途径还是通过金融机构负债解决,主要是以银行信贷资金为主。同时,因城市基础设施项目融资模式单一,政府不能直接发行债券,而且在城市公共服务领域未能引入更多项目融资方式,也限制了地方政府运用新型金融工具融资的可能性。

(3)地方政府融资平台承担融资责任的作用发挥不足。应该说,政府融资平台的市场属性是以市场化方式运作解决公共服务资金需求的本级政府融资机构,若为政府行政机构配置市场融资法定职能,会因专业属性高和市场无法预估融资风险,而增加政府运作成本并降低效率。因此,为避免政府机构运作效率失灵等市场化问题,基于管理经营专业性和融资模式市场性的监管要求,建立政府融资平台市场化经营机制已成为新常态。但因我国相关法律法规明确规定,地方政府不得直接发行债券,地方各级政府机构也不能成为信贷借贷人,而政府具有担负城市基础设施建设的职能和责任,政府开发建设的融资需求与发挥融资平台市场作用互为一致,因此政府融资平台可通过公司法定程序为政府募集信贷资金公开发行市债券。但如因外部融资环境不佳和政府实质性支持措施落实不力，则会导致流动性和负债压力增大，不仅难以发挥平台融资效能，还需通过获得财政补贴为其盈利提供支撑。但整体来看，各地方政府平台均能发挥融资、投资、建设、经营等一系列系统性功能和作用，平台也可以将旗下优质资产面向金融市场融资，而政府对其投资、建设的城市基础设施项目，一般会通过协议回购方式确保其现金流，因而政府融资平台实则会承担隐性担保作用。因本级政府出于对融资平台城市建设作用的依赖性，融资一旦面临偿债压力或风险危机，政府便会动用财政资金拨款、政府救助基金、土地使用权注入、资产重组处置等财政和金融资源化解本地债务。

第6章 兰州创新城市建设投融资问题及其致因

创新城市建设投资规模大、运营成本高、建设周期长，重大基础设施项目主要由政府发挥主导建设作用。整体来看，尽管兰州创新城市建设投融资平台与信贷机构规模逐年向好，但因国家宏观政策限制地方政府对投融资平台融资担保，本地资本市场发展现状仍未发挥出创新城市建设的积极融资作用，"钱从哪儿来"始终是严重制约城市建设步伐的主要问题，兰州城市建设投融资需求增长与供给短缺之间的矛盾较为突出。

6.1 兰州创新城市建设投融资存在的主要问题

6.1.1 缺乏"一体四翼"创新城市建设总体规划和资金统筹

创新城市建设是集"创新型城市 + 新型城市化 + 新型智慧城市 + 乡村振兴"的"一体四翼"建设目标为统合形成的大综合概念体系，是针对多元维度的创新城市建设，实现整体协调发展和促进可持续建设的系统工程，必须纳入本级政府总体建设规划。同时，作为创新城市建设重要支撑的配套资金安排，也需提前做好投融资规划，尤其针对多项资金需求以及政府发债额度、财政资金投向、项目资金需求量、融资年度计划等预设性规划,均须纳入科学统筹和规划范围。当然,目前创新城市建设项目和资金安排普遍缺乏科学方案,主要原因在于各级政策在建设思路、总体统筹、规划衔接、举债模式等多方面缺乏协调,各自为政的惯性思维阻碍了创新路、开新局的政策优化,在推进新型智慧城市建设的复杂进程中缺乏协同发展理念,导致在项目实施和资金统筹上产生"瓶颈"。

6.1.2 创新城市建设项目资金投入的财政供给严重不足

城市综合项目建设具有周期长、资金需求大等特点,当前财政资金投入和总量不足始终是影响城市建设发展的关键原因。近年来,中央及地方政府借助宏观政策指引加大了城市建设投资力度,但因地方政府财权与事权不匹配,市级政府本身财政资金短缺,如仅依靠财政支持创新城市建设大量资金需求,则会使城市重点建设项目资金投入无法有序跟进,形成城市建设资金投入与需求供给不相匹配,不仅增加政府负债更不利于新发展阶段经济社会发展的稳定。因而需要加强财政资金导向作用,以地方政府信用为保障吸引社会各种资金集聚,以多种金融创新方式为创新城市建设提供投融资支持。当前,兰州市要实现率先跨越发展和实施"一体四翼"创新城市建设目标,所涉及的重点项目建设资金需求量很大,远远超过市域可支配财力和供给能力,而现行的融资模式对财政依存度过高,城市建设绝大部分资金来源仍依靠财政直接投资或融资担保,市级城(建)投融资平台到期贷款本息筹措偿还压力较大,再加上每年需要完成的项目建设等各项开发投资,维护政府资金链安全和项目建设需要的财政负担较重。

6.1.3 地方政府经常性收入无法弥补创新城市建设投资需求

政府财政支出是促动创新主体市场发展最直接、最有效的切入途径。

目前，兰州市创新城市建设项目资金主要源于政策性投资，融资手段单一造成财政负担过重，尤其财政科技支出总量并不大，且近年来科技支出与财政总支出比重呈低位运行趋势。近年来，诸多项目实施和落地，大幅提升城市功能和品位，为发展现代服务业、繁荣城市经济打造了新载体。据统计，虽然"十三五"以来兰州市地区财政总收入保持了较快增长，但扣除医疗卫生、教育、住房保障等各项刚性支出后，地方政府可用于安排城市建设的财力很有限，地方平台融资压力日趋加重，各类城市基础设施建设资金巨大，需求矛盾日益突出。根据历年《兰州统计年鉴》统计数据，2016~2020年兰州市财政科技支出分别为45156万元、67851万元、60572万元、78947万元和76095万元，仅分别占年度一般公共预算总支出的1.06%、1.58%、1.30%、1.73%和1.56%。由此可见，财政科技拨款作为科技创新的政策性资金，更多的是发挥多元资金投向科技领域的引导作用，在财政科技支出体量不大的情况下难以有效满足资金需求，而政策性贷款、银行贷款、债券、信托等融资工具，则会不同程度限制融资规模、成本和使用效率，并不利于创新城市建设项目的统筹规划和资金使用，且严重制约了新型智慧城市建设的健康发展。另外，地方金融机构支持创新城市建设信贷规模偏小，2021年兰州市大口径财政收入同比增长14.08%，达到803.3亿元；全年一般公共预算收入增长12.0%，达到276.71亿元。截至2022年1月末，全市金融机构本外币存款余额9557.33亿元，贷款余额14336.60亿元，存贷余额相差4779.27亿元[①]。如只考虑城市建设资金贷款余额，省级金融机构在兰投放各类项目支持贷款远超兰州市金融机构，本地金融机构资金投向支持城市建设发展。

6.1.4 创新城市建设投融资体系机制仍不完善

当前，兰州市城市建设融资基本承袭"以地方政府融资平台为主体、

---

① 兰州金融信息网.2022年1月兰州市金融运行情况［EB/OL］.（2022-03-01）［2022-05-20］.http：//szfjrb.lanzhou.gov.cn/art/2022/3/14/art_5097_1103217.html.

以土地储备为抵押支持、以土地出让收入为偿债来源、以银行信贷为补充来源"的融资模式,随着对地方融资平台潜在风险高度监控,未来政府平台面临的融资压力愈加巨大,且"以地生财"模式亟须改革已成共识,依靠土地支撑城市建设发展难以为继。根据《兰州统计年鉴2021》数据,截至2021年,兰州市常住人口438.43万人,城市常住人口366.35万人,城市化率为83.56%。而同年兰州市大口径财政收入803.3亿元,如考虑价格指数因素,按照15万~20万元/人标准计算,兰州市城市化建设资金需求已对财政可支出能力造成巨大压力。因目前所构建的城市建设金融投融资机制并不灵活,投融资经营业务单一,尤其城建企业过于依赖传统融资方式,相关金融法规不完善以及缺乏投融资契约精神,市场一旦出现金融风险和市场金融主体放贷后追偿成本过高,使金融机构和金融贷款公司为建设单位提供信贷力度和热情不足。随着实施创新驱动发展战略的投资环境进一步改善,近年来国家对金融机构投资城市建设加大扶持力度,但因城市建设周期长、投融资额度大、投资回报低等局限性,降低了融资主体对金融机构的投资吸引力。而且解决城市建设投资不足的重要途径是吸引民间资本和社会资本投入,但目前这类资本介入城市建设发展尚存在投资生态环境、投资产权界定、市场准入困难、投资信用评估等诸多问题,虽国家颁布系列民间投资城市建设的政策指引和规范性制度,但因政策本身的局限性和操作环境受限,加之投资条件、投资风险、建设周期,以及市场规制等不完全制约要素,难以构建起引导型、创新型的城市建设投融资体制机制。

6.1.5 投融资创新环境难以适应新兴城市建设发展需求

一是金融创新服务环境不佳。当前创新创业服务体系整体发展迟缓,城市科技高效服务平台还未建立,涉及信息、物流、金融、会计、咨询、法律等社会化中介系统建设相对滞后,降低了城市潜在主体创新动能。二是本域投融资主体较为单一。市城投公司、城建、财政部门分别承担土地储备及城建项目筹资、建设和资金监管职能，融资、建设、管理三者职能分离，难以统筹并提高资金使用效率，同时"以地生财"模式会对城市建设可持续发展产生严重影响。三是投融资主体协调联动机制不健全。市级城建投融资平台仍具有准行政性质的投融资机构，主要从事城市土地储备、资产经营、基础设施建设、融资开发，以及燃气、公交、供水供热等经营性公用事业工作，业务工作涉及部门多，协调难度大，相关部门利益交叉、管理条块分割、协调配合难以联动，融资工作效率保障性不足。四是投融资业务违约或代偿风险加大。城建投融资平台所筹资金主要通过国家开发银行及其他商业银行借款取得，单一融资渠道和模式导致还本付息额度有增无减，抵抗融资风险能力和财务风险较难控制。且市级政府运作的城建投融资平台资金风险高度集中，如出现发行债券逾期、债务集中兑付，以及政府出面协调的担保债务逾期等风险，由此产生超高负债率①会加大政府及其投融资平台的债务代偿风险。

6.1.6 创新城市建设资金使用效率和资产盈利能力不高

因目前创新城市建设项目众多，资金投入方式统筹规划不够，存在多方投入、分割使用现象，建设资金预算分配体制透明度较低，尤其对城市基础设施重复建设、因质量返工建设、规划缺陷多头建设等资金缺乏监管，会导致财政支付建设资金使用效率低下。例如，中央或省级补助专项资金下达至项目城市财政，列入城市财政综合预算实行统收统支管理，而资金是否拨付以及拨付到建设单位进度快慢，则看项目城市财政状况良好程度，如因财政统收统支抵扣出现财政亏空而不能按时拨付，即会挫伤项目建设单位积极性。与此同时，城建投融资平台以公益性城市建设项目为

---

① 截至2021年3月末，兰州市建投有息债务余额为929.71亿元。数据显示，2018～2020年末，兰州市建投的负债总额分别为959.67亿元、1037.14亿元和1074.01亿元，资产负债率分别为73.01%、74.60%和74.95%，负债率持续处于高位。

王登海. 借新还旧 兰州建投债务攀升［N］. 中国经营报，2021-11-08（22）.

重点，其资产投入通过市场化经营的盈利能力不强，这些资产构成城建融资的债务主体，由此制约资产保值增值。另外，因融资渠道受限，全市利用外资、民营资本、证券、债券、信托等市场化融资方式较少，虽政府近年已着力开拓此类融资途径，但因城市公共资源未能集中整合，缺乏资本市场化运作经验且受投融资管理体制约束，多元化投融资机制和融资总量短期内难以实现突破。

6.1.7 创新城市建设投融资激励保障难题日益凸显

创新城市建设项目融资需求体量大、时间跨度长，投资者面临长时间建设期的诸多不确定因素，投资利益难以充分保障。加之当前智慧城市建设投资主体较为单一，多为政府部门和金融机构，并未针对其他性质投资主体创新制定激励保障措施，从而影响限制了多元化主体加入的积极性。另外，国家已严格清理整顿地方政府投融资平台，尤其严令禁止银行等金融机构新增公益性项目贷款，并对原有贷款逐一进行重新审核，并严禁"以贷还贷"。因此，当前城建投融资平台"融资难、难融资"问题较为突出。地方政府城建项目计划多为公益性项目，无法获取银行贷款，如存续贷款会使抵押物无法解押或再申请贷款需要增加新的抵押物，则因继续融资抵押物不足导致项目融资极为困难。同时，因已经贷款的重点项目资金不能承诺到位，造成贷款资金无法使用也会影响城建工程进度。

6.1.8 创新城市建设统筹协调保险资金参与热情不高

强化投融资生态环境建设是推进市场创新的"催化剂"。当前，受经济下行压力和疫情防控常态化影响，以及全球贸易战升级对宏观经济和金融市场负面效应骤增，威胁实体经济发展和融资成本偏高的风险因素趋增，资本市场在很大程度上缺乏风险投资和提供资金服务的热情，已对创新发展的投融资环境建设产生严重障碍。而创新城市建设可极大提升保险业发展空间,一方面,因为城市化建设打破了传统社会互助共保模式,使商业保险成为社会公众满足保障需求的新选择;另一方面,城市化率提升伴随着社会财富增长,会全面提升社会层面对理财和商业保险的需求。对于地处西部地区的兰州市来说,虽然保险业不断发展改变着社会生活方式,但商业保险社会保障作用仍未发挥全部作用。因而政府应该承担基本社会保障,而非由市场提供基本社会保障,通过市场机制进一步推进保险资金投入经济发展领域,使险资也能广泛参与到"一体四翼"的创新城市建设进程中,既为商业保险发展扩展需求空间,也可为城建资金财政压力寻求缓解办法,以发挥社会资金对创新城市建设的持续保障作用。

6.1.9 市域创新企业上市平台难以发挥上市规模和融资效应

资本市场作为直接融资平台理应成为创新企业融资发展的助推器。目前兰州现辖 3 县 5 区,以及拥有第五个国家级兰州新区、两个国家级兰州高新区和兰州经济示范区,在甘肃板块的 34 家上市公司中,兰州市上市公司占 22 家,剔除主营业务与城建服务偏离较大的公司外,涉及城建科技创新类企业的直接上市公司仅有 6 家(见表 6-1)。因这几家上市公司融资规模不大,本域其他绝大多数城建企业仍是高度依赖银行信贷融资,而通过前述分析可知,非银行金融机构融资、债券融资,尤其是各类股权融资比重偏低,缺乏有效手段吸引各类社会资本介入城市建设领域,城市基础设施建设融资渠道单一,无法最大化提增投融资集聚效应。

表 6-1   2022 年 1 月兰州涉及城市化建设主要上市公司情况   单位:家

类别	数量	所属行业	业务经营(主营业务)分析
证券分支机构	64	—	交易额1186.59亿元,交易额同比下降3.9%,较上年同期减少49.22亿元

续表

类别	数量	所属行业	业务经营（主营业务）分析
上市公司	22	—	沪市主板10家，深市主板9家（兰州银行于1月17日在深交所上市），科创板1家，H股2家（庄园牧场A+H），"新三板"15家
上峰水泥	—	非金属矿物制品业	建筑材料
亚太实业	—	房地产业	建材
甘肃电投	—	电力、热力生产和供应业	以水电为主的可再生能源、新能源的投资开发
银亿股份	—	房地产业	房地产开发、经营
祁连山	—	非金属矿物制品业	水泥研究开发制造、批发零售，建筑材料批发零售
蓝科高新	—	专用设备制造业	装置工程的设计、制造、加工和安装

资料来源：笔者根据兰州市政府金融工作办公室发布的《2022年1月兰州市金融运行情况》中数据整理而成。

6.1.10 区域金融服务水平滞后于城乡一体化建设需求

金融对区域发展和经济增长会发挥实质性支持作用，但从创新城市建设金融需求上看，目前信贷结构、融资规模、特色产品及服务渠道等方面明显不足，会制约区域城乡一体化建设发展。一方面，金融对农业现代化发展支持不足。创新城市建设根本内涵就是实现城乡一体化发展，解决好"三农"和农村振兴问题；而推进农业现代化是实现乡村振兴的必要前提。但银行金融机构以短期盈利、风险低为信贷目标，而农业信贷项目不确定性风险较大，且当前乡村振兴金融支持政策无明确导向，因而难以保障商业银行对农业振兴的支撑，从而使农业产业升级条件和动力不足。另一方面，金融对乡镇中小企业支持力度不足。当前乡镇中小企业面临融资成本高、融资渠道匮乏的困难，这与乡镇企业规模小、经营管理不健全有直接关系，如遇疫情扩散或经济周期波动等特殊时期，其风险承受能力较弱从而使融资信用成本较高。由于乡镇企业发展模式并不排除非农产业的结合与渗透，实际上还可以向手工业、矿业、商业、旅游业、服务业等特色行业升级转型，这对促进农村人口市民化转移，推进乡村振兴实现百业振兴具有重要作用，因而金融机构不应忽视对乡镇企业融合发展的金融支持。

6.2 兰州创新城市建设投融资的问题致因

目前，兰州市投融资体制建设正处于不断完善和创新发展之中，在经济社会发展各阶段都为创新城市建设发挥了重要作用。但当前兰州市创新城市建设投融资机制存在的现实问题也是客观的，但并非不可逆，必须深挖分析其中的内生性障碍，辩证分析创新城市建设投融资存在的问题及发展滞后的原因。

6.2.1 创新城市建设投融资机制性障碍制约了融资条件

创新城市建设大量涉及基础设施、社会公共产品，以及民生工程建设等问题，均需要地方政府依靠本级财政或各方筹资加以解决，但因现存法律规范、财政制度、政府管理体制等方面问题对地方政府融资条件形成制约，即使有财力，其可充分发挥支持作用的能力也明显不足。一是表现为投融资法律规范约束，这是造成地方政府财政困难的重要原因。其一，我国《预算法》第三十五条第二款规定："经国务院批准的省、自治区、直辖市的预算中必需的建设投资的部分资金，可以在国务院确定的限额内，通过发行地方政府债券举借债务的方式筹措……只能用于公益性资本支出，不得用于经常性支出。除前款规定外，地方政府及其所属部门不得以任何方式举借债务。"此条款不仅对省级政府通过发行地方债券举借债务进行了限定，且明确举借债务只能用于如科教文卫、体育、环保，以及广播电视、行政司法等具有公共产品属性的非生产经营领域。而兰州市作为省会城市不具有发行地方债券的法律权限，即使是省级政府也要在国务院批准的限额内发行地方政府债券，而举借的债务只能用于公益性资本支出，不得用于经常性支出，使投入到城市基础设施建设的资金占比很少。其二，中央人民银行发布的《贷款通则》规定，由国务院银行业监督管理机构批准在中华人民共和国境内依法设立具有经营贷款业务资格的金融机构贷款的人，系指与贷款人建立贷款法律关系的法人、其他组织或自然人。因此，当地政府是不能直接向银行贷款的，只有通过政府管理的国资公司向银行就某具体项目贷款且需符合相关条件。其三，《中华人民共和国预算法》第三十五条有规定：地方政府及其所属部门不得为任何单位和个人的债务以任何方式提供担保。《中华人民共和国担保法》第七条至第九条分别规定了保证人资格和对保证人的法律限定，其中，明确国家机关不得为保证人。因限制了地方政府及其具有准政府机关属性的单位融资担保的能力，可见地方政府无举债权限，不能作为向银行借款的适格主体，也不能成为融资担保机构，由此催生了地方政府投融资平台及政府管理的国资公司向银行举债，但对城市基础设施建设支持力度和作用仍有限。二是表现为财政制度改革的不可持续性，这是造成地方政府发挥财政支持效果有限的根本原因。其一，分税制改革将我国税收统划为中央税、地方税和中央与地方共享税种，虽有利于建立良好的财政预算制度，但因大税种、小税种归属中央和地方的差异，以及大税种的小部分、不易收取的小税种归属地方，致使地方政府税收占比呈下降趋势①。分税制为解决中央税收不足而未考虑地方政府公益性支出，以致显现出地方政府财税收入不足的窘况。其二，转移支付管理体制不利于地方政府获得专项拨款，因中央财政转移支付链条烦琐，易产生财政资金"渗漏"和延迟拨付的情况，如因地方政府缺乏"配套资金"筹措而无法支配财政转移支付资金，也

---

① 例如，2020年全国财政收入约18万亿元，税收收入172731亿元，税收收入占财政收入的94.44%；2020年兰州财政收入7041458万元、税收收入1761515万元，税收收入仅占财政收入的25.02%。

无法完全获得资金自主权和使用权,造成地方政府依靠中央财政资金效果不佳的状况。其三,过度依靠"土地财政"使地方政府财政收入不具有可持续性。当土地财政成为政府主要收入来源时,土地资源有限性即决定了地方政府无法持续通过土地收入维持财政需求。虽国家已允许土地储备领域可先行试点发行土地储备专项债券,以此规范土地储备融资行为,但土地市场收入对于宏观经济运行敏感性较强,当GDP增速放缓或者停滞时,土地收入也不会持续增长,这会对地方政府财政收入形成巨大压力,对应政府性基金收入无法实现融资需求和平衡。

6.2.2 金融支持力度限制了创新城市建设资金信贷规模

财政投入始终是支持创新型城市建设的主要资金来源,但地方政府特别是乡镇基层政府财力薄弱,能投入到创新城市建设和农村振兴发展的资金较为有限,因而依靠市级财政资金投入显然难以满足创新城市建设快速发展需求。尽管目前兰州市城市建设和科技创新投入不断提升,且通过了建立创新示范区的创新金融支持体制机制,但所获效果需有较长期的检验过程,特别是城乡一体化基础条件和经济发展落后的区域,推进城市建设和科技产出的经济增长效始终低于资本投入增长率,短期内资金投入短缺较难取得带动经济发展的预期效能。截至2022年1月末,兰州市本外币存贷款余额23893.93亿元,同比增长5.39%;人民币存贷款余额23713.94亿元,同比增长5.75%,低于全市目标增速9.25个百分点。金融机构本外币贷款余额14336.60亿元,同比增长7.61%,增速较2021年12月低0.47个百分点,较上年同期低0.31个百分点①。有数据显示,兰州市金融机构提供用于城建资金的贷款较为紧缺,远远不足以支持创新城市建设资金供给需求。

---

① 兰州金融信息网.2022年1月兰州市金融运行情况[EB/OL].(2022-03-14)[2022-05-20]. http://szfjrb.lanzhou.gov.cn/art/2022/3/14/art_5097_1103217.html.

6.2.3 未有效构建政策性资金支持引导社会资本共同参与机制

加快推进创新城市建设和发展，政策性资金支持对于创新建设活动可起到重要的引导社会资金流向的作用。当前，兰州市对于科技创新和城市建设企业的政策性金融支持，主要以政府拨款和科技创新专项基金两条线进行资金投放。政府直接拨款是对城市建设和创新企业"直接输血"的资金支持模式，具有资金投放周期长和低成本优势，但一次性投放大笔创新建设资金如缺乏健全的资金监管机制，则易弱化金融资源使用效率；科技创新专项基金则采用市场化、专业化运作模式，通过吸引社会资本扩大资金使用效率，相比而言更具科学化、精细化和高效化特点。但无论政府采取财政拨款、税收优惠、财政贴息、政策激励或其他何种方式给予金融支持，作为政府支持创新企业和城市建设的政策性资金，只能更直接、更有效地发挥引导资金流向的作用，资金投入有限难以满足创新城市建设项目需求。截至 2020 年末，全市财政总收入为 704.1 亿元，税收收入为 176.15 亿元。一般公共预算支出 486.24 亿元，增长 6.5%（见表 6-2）。全市政府性基金支出 267.5 亿元，增长 66.58%；市级社会保险基金支出预算 75.1 亿元①。而 2020 年用于创新城市建设七类指标预算总支出占财政总收入的 40.56%，年度计划投资 1473 亿元的重点工程建设项目②，除政策财政资金外，更多是以政府专项债券、出让国有资源资产和资产证券化等方式来补充城市基础设施建设项目资本金。由此可见，政府引导更多市场主体机构和社会资本进入城市创新领域，激励通过民间资金和外部融资支持城市建设发展已为迫切之举，须打破依靠政府资金投入的传统机

---

① 兰州市财政局. 关于兰州市 2020 年财政预算执行情况和 2021 年全市及市级预算草案的报告（书面）——2021 年 1 月 12 日在兰州市第十六届人民代表大会第五次会议上［EB/OL］. 兰州市财政局网，（2021 - 01 - 25）［2022 - 05 - 20］. http：//czj. lanzhou. gov. cn/art/2021/1/25/art_10272_968845. html.

② 杨昕. 省政府新闻办召开 2020 年兰州市经济发展情况新闻发布会 预计我市全年生产总值增长 1.3% 左右［N/OL］. 兰州晚报，2021 - 01 - 04（6）.

制，引导发挥各方资金优势，构建多元化金融支持体系，为创新城市建设管理提供可持续发展动力。

表 6–2　　2014～2020 年兰州财政收入与财政支出统计

年度	财政收入（亿元）	同比增长（%）	一般公共预算总收入（亿元）	同比增长（%）	一般公共预算总支出（亿元）	同比增长（%）
2014	467.48	18.40	152.33	22.36	280.14	15.61
2015	593.42	26.94	185.19	21.57	344.00	22.85
2016	606.75	2.24	215.48	16.35	424.16	23.30
2017	671.65	10.70	234.2	11.93	434.53	2.44
2018	721.53	7.43	253.32	8.90	465.68	11.35
2019	679.51	-5.82	233.23	-0.10	456.66	-1.93
2020	704.15	3.63	247.13	5.96	486.24	6.48
2021	—	—	276.73	11.98	484.59	-0.34

资料来源：笔者根据 2014～2020 年《兰州统计年鉴》、兰州统计局 2021 年统计公报数据整理计算所得。

6.2.4　创新市场性金融支持模式吸纳城市建设资金机制不畅

创新市场性金融支持模式应贯穿于创新活动各个阶段，这是创新建设必不可少的融资渠道。无论是间接市场的信贷资金支持，还是直接市场的权益融资，均在市场创新的各阶段发挥特殊支持作用。兰州市融资主要以间接市场为主导，市场化间接金融支持已成为城市创新建设的主要途径，对创新城市建设各方面已起到重要支持作用。当前创新城市建设主要建设单位以自有资金为主，以政府资金和银行贷款支持为辅，银行等金融机构除为市场主体直接提供信贷资金外，也可参与风险投资基金交易，参与城市建设企业创新活动。打通通过资本市场获得创新建设资金渠道，建立股市筹资、发行企业债券、建立风险投资金融机制。可协同政府与保险等机构建立"政银保"风险共担机制，为创新城市建设企业提供风险管理途径，分散创新主体市场风险。也可以为创新建设企业提供融资信息与市场交易信息，搭建与市场联系的信息桥梁，降低创新企业信息投入成本。同时可为市场创新主体提供交易结算等全方位金融服务，提高市场创新运营效率。目前，兰州市创新创业融资已长足发展，但科技创新与金融工具结合不够紧密，虽然通过"万企计划""万户小微信用担保贷款"工程，以及新三板"361行动计划"等政府投资行为解决了部分中小企业融资难问题，但创新投资主体较为单一，金融产品与服务品种较少，大多数企业主要融资渠道仍为银行信贷，在政府融资和吸纳社会多元投资方面，引导各类社会资本参与机制和资本参与渠道相对狭窄。

6.2.5 创新城市建设融资渠道狭窄以致推进整体建设进程缓慢

财政投入一直是创新城市建设的主要资金来源，大部分城市智慧化项目资金主要来源于政府预算和企业自筹，而兰州市地方政府特别是乡镇财政收入基础薄弱，市财政收入近年来增长缓慢，政府财政收入增长速度因经济下行压力趋缓。与之相应的是全市科技创新城市化建设资金需求旺盛，由于可投入创新型城市建设资金较为有限，由此带来巨大的资金缺口，仅依靠市乡级自身财政资金投入显然无法满足创新城市建设庞大的资金需求。另外，城市化智慧建设项目本身并不产生资金流动，基本属于消耗性社会保障公益项目，因资金投入额大、建设周期长、成本回收时间长，政府要为其提供财政补贴或者优惠政策，此类项目较难选择承贷单位和落实担保责任，面对还款来源受限，以及社会融资和信贷规模多被控制，各类金融机构投融资意愿不足，因而金融机构对城市化建设项目信贷投入积极性不高。因此，想要缓解"一体四翼"创新城市建设投资不足问题，如不能通过创新政府发债、企业融资债券、鼓励上市新股融资、吸引民间资本投入等多元化投融资体系和途径，仅靠财政自有资金和银行信贷资金投入，也会因受限于巨大资金缺口而延滞兰州市创新城市建设。

6.2.6 未建立政府、金融机构与建设企业风险合理分担机制

科技创新企业在生产投入过程中面临较高资产风险，这对提供投融资支持的金融机构是不可回避的问题。金融支持方需要通过科技创新发展获得投资收益，而科技创新企业在初创期融资需求与金融主体寻求投入收益同样重要，因而创新发展更应匹配多项融资手段以适当降低融资门槛，针对创新主体风险差异，资本体系也要适时作出投融资调整，以使各层次创新主体均可从市场中募集创新发展资金，以助力实现由低等级资本市场向高等级资本市场的转进发展，这一过程可借助优化融资手段和多元金融工具完成，金融机构通过提高金融工具应用能力和适用范围，可为创新主体发展发挥金融服务支持作用。因此，政府须加大管理和监管力度，详细掌握市场主体资金状况，最大程度帮助其降低融资风险，增强其风险承受和识别能力。但因地方政府融资管理机制不健全，债务风控体系不完备，面对投资需求扩张易盲目举借债务或重复建设，由此会产生地方融资规模过度而难以有效掌控的问题，债务融资出现风险时未有明确追偿机制，难以健全融资管控和风险控制体系，最终会损害融资债权人的合法利益。反言之，此种风险不可能由金融机构独立承担，政府应统筹建立金融风险三方合理分担机制，从财政资金中拨付款项以分流城市科技创新企业风险；而创新主体则应通过自身发展消化融资成本和压力，从而引导资本市场发挥多元投融资作用，促进创新城市建设发展。

6.2.7 市级政府财政增长缓慢形成城建资金短缺的同期性循环

无论是中东部省会城市还是西部省会城市，财政收入不仅承担着城市基础设施建设，更重要的是承载着创新城市建设发展的持久动力。按照甘肃省委、省政府"建设幸福美好新甘肃"目标和"做大、做强、做美兰州"的要求，兰州市政府如何统筹规划、量力而出、重点倾斜，将有限资金大部分用于投资回收期长、回报率低的公益性基础设施建设项目，这在财政收入不发达的兰州市仍是一个预期目标，政府投资往往更多倾斜于直接生产部门，既不影响工业增长速度，也不影响产业升级和发展提速，因而兰州市财政收入和分配格局短期内不易得到较大改观，即使将地方政府的土地收益、城建税及公用事业附加全部用于城市基础设施建设，也与当前快速发展的城市化建设资金需求存有较大差距，更何况兰州市地处西部经济发展相对落后的地区，区域资源和地域发展有限，市级每年财政收入增长幅度较低，财政收入年增长率远低于城市基础设施建设资金需求增长幅度，由此会陷入创新城市建设资金短缺的同期性循环。

6.2.8 本域资本市场发展缓慢，无法有效扩展创新城市建设资金融资渠道

兰州市地处西部地区，跻身二线城市，但区域经济发展增效、GDP增长与中东部省会城市相比排名靠后。虽然分税制改革后，兰州市财政收入与本地区经济发展同比增加，但财政收入平均增幅远低于财政支出增长速度，全市财政收支差额显著扩大。2017~2021年，兰州市一般公共预算收入与支出增幅并不匹配（见表6-3），总体表现出区域经济发展能力与财政支持不相配套的矛盾突出。当前，兰州市推进金融体制改革步伐与国家金融战略政策较为同步，但兰州市城市建设主要资金来源仍是依赖财政资金，全市资本市场因存在诸多风险而发展缓慢，利用证券、信托、债券，以及外资或民营资本等市场化融资方式渠道不畅，城市建设所涉及的城建企业"求资若渴"或"融资无门"已成为制约创新城市发展的最大瓶颈。自首次尝试通过兰州市城市投资发展银行15亿元企业债券筹集城市建设资金以后，能获政府支持相继发行私募债券、获得巨额信托资金的次数则是屈指可数。而国际上通行的新型融资模式如股票融资、PPP、产业投资基金等市场化融资方式，目前尚未完全能应用到兰州市基础设施建设项目中，政府在城建领域推动社会资本更大范围、更多样化合作，以及

投融资多元化方面任重道远。同时，因创新城市建设资金规模大、借贷回收期长，普通建设主体难以承受且不愿进行直接投资，而这种资金需求远超本地财政可支配财力范围，政府又对传统融资方式过度依赖，进而形成城市建设资金大部分依靠财政拨款或融资担保模式完成，由此便加重了地方政府财政负担。而地方政府经济发展资金来源有限，为达成投资目标和满足融资需求，在不违背体制与政策限制前提下，通过"集融资、建设、经营及债务偿还为一体"的城市投融资平台协助政府进行市场化投融资建设，但当前各地融资平台普遍资金能力自筹较弱，城市资产经营无法扩展，都会造成城市建设融资需求和渠道无法保障。

表6-3　　2017~2021年兰州市财政收入与财政支出统计

年份	一般公共预算收入（亿元）	同比增长（%）	一般公共预算支出（亿元）	同比增长（%）
2017	234.20	11.93	434.53	2.44
2018	253.32	8.16	465.64	8.45
2019	233.23	-0.1	460.40	-1.1
2020	247.13	5.96	485.73	5.5
2021	276.70	11.97	484.59	0.34

资料来源：笔者根据2017~2021年兰州市统计局、市财政局公布数据整理计算所得。

6.2.9　投融资体制机制与创新城市建设投资需求无法适应性接轨

兰州市在创新城市建设领域和投融资体制改革中进行了诸多尝试，也通过政府支持搭建了城市建设投融资平台和载体。但囿于实力有限，吸引社会资金投入体量仍不能根本上解决城市建设资金短缺问题。应该看到，当前兰州市城市基础设施建设投资主体仍以政府及政府所属企业为主。例如，兰州市城市投资发展有限公司、兰州建设投资（控股）集团有限公司、兰州新区城市发展投资集团有限公司等以及各县区政府所属城市投资发展公司和建设投资公司的投资领域几乎囊括所有城市基础设施和公共设施服务，因依靠政府行政审批和行政管制，基本形成以"政府行政为主导"的基础设施建设审批制度，且从项目论证、立项、招投标到资金拨付各环节行政效果明显，"公开、公正、竞争、透明"的纯市场化运行机制尚不健全，使公共基础设施投融资体制与创新城市建设发展需求无法适应性接轨，广泛吸引社会资金、民营资本涉足城市建设领域不可持续，由此亦产生资金利用效率、服务供给不足问题。加之政府并未向社会企业完全开放城市建设、管理和经营权，较难实现对城市公共资源与社会资本参与的协同运作，尤其在城市公交线路运营权、道路（天桥）冠名权、道路（户外）广告发布权等无形资产特许经营权方面，其城市公益建设项目开发融资主体较难完全享有投资权、经营权和收益权，可见创新城市建设理念应与企业化市场化经营运作模式完全接轨。

6.2.10 城市建设项目投资与预期投资补偿回报相适应机制未健全

随着城市经营发展理念的提出，创新城市建设与管理决策思维的转变可释放强大生命力，如使用"引凤筑巢"方式筹措城建资金已成为投融资重要渠道。事实而言，创新城市建设公益性事业并非都是无盈利行业，反而这些领域的政策指引性强、市场竞争平缓，只需强化资本运筹管理和经营手段，公益性资本支出项目便可获得稳定收益。因而当前应深化按性质区分城市建设融资项目制度体系，政府财政应主要投向公益性融资项目，按市场规则引入社会或民营资本融入经营或准经营性的城建盈利项目。政府可开放投资政策和开发可盈利性项目，凡通过市场公开招标的社会投资项目，政府可通过相关政策和适当补贴保障社会资本收益率，只有从制度和机制上保障社会投资主体收益权，才能最大程度激发和提升创新城市建设资金参与度。虽然兰州市在城市公交、污水处理、城市供水等行业已建立投资补偿机制，但面对创新城市建设的整个公共产品系统，特别在定价机制、购买社会服务、财政补偿机制等方面，应创新多渠道、多种类、多预期的投资回报机制，以打破制约多元资本参与城市建设投融资的瓶颈和障碍。

第7章 兰州创新城市建设投融资机制构建理路

当前,兰州市正处于紧抓"强省会"战略机遇和实现率先跨越发展的关键时期。新发展阶段,城市建设与管理决策急需解决的投融资问题,即在构建多元化投融资服务体系上仍面临诸多困难和挑战,这也成为影响兰州创新城市建设高质量发展的突出障碍。兰州创新城市建设资金规模需求大,要发挥政府引导金融资本介入城市建设的优势,构建功能健全、服务完善、优质高效的投融资机制是关键,良好的投融资机制不仅可为创新城市建设优化资金供给渠道,还能促进资源配置和产业结构调整。因此,在"十四五"时期加快"一体四翼"创新城市建设战略目标下,亟须创新城市建设科技金融体系,构建专业化、市场化投融资体制,推动政府公益性资产向市场资本化资产转变,改变城市建设资金由单一财政投资转向多元化投资、多渠道融资新模式,为兰州创新城市建设提供完善的金融政策体系和营造良好的金融生态环境,这对于金融资本支持创新城市建设具有重要引导作用。

7.1 兰州创新城市建设投融资机遇与维度

加强投融资服务体系建设是推进"一体四翼"创新城市建设,改善基础设施条件和城市人居环境，实现农村振兴和社会公共事业发展的基础保障，更是解决城乡一体化建设资金短缺的关键性举措。"十三五"期间，兰州市在投融资服务体系建设方面深耕细作，为解决创新城市建设融资难问题积累了探索经验。当前，在兰州市全力推进实施区域发展战略、着力打造全省新发展格局的大背景下，甘肃省已开启并大力实施"强省会"战略行动，这为"十四五"振兴兰州市及金融创新发展带来重大机遇。

（1）从国家规划层面看。"十四五"是实现首个百年目标后迈入全面建设社会主义现代化国家新征程的高质量发展阶段，在重点领域关键环节、农业基础、城乡区域发展、生态环保、民生保障等方面发展不平衡、不充分问题仍较为突出，《国民经济和社会发展第十四个五年规划纲要》明确指出，必须把新发展理念全面贯穿发展全过程和各领域，深入实施创新驱动发展战略，完善国家创新体系以及金融支持科技创新体制机制，加快新型现代化基础设施建设，全面推动乡村产业振兴，健全城乡融合发展体制机制，推进以人为核心、以县城为载体的新型城市化建设及创新城市发展新理念新趋势，推进宜居、创新、智慧、绿色、人文、韧性的新型城市建设，健全和拓展城市建设投融资机制，更好发挥财政性资金作用，打通金融资本和社会资本多元化投资渠道，建立期限匹配、渠道多元、财务可持续的融资机制。由此可见，在宏观战略规划指引下，我国已连续出台多项鼓励引导民间投资、支持经济发展投融资措施、金融支持新型城市化建设等一系列政策意见，将会继续和全面深化，进而明确"十四五"时期建立健全多元化投融资服务体系的政策导向。

（2）从创新型城市建设看。《建设创新型城市工作指引》中明确提出，创新科技金融服务模式，构建多元化、多层次的科技创新投融资体系，引导带动社会资本投入创新。

（3）从新型城市化建设看。创新城市化资金保障机制是关键。《国家新型城镇化规划》中明确提出要建立规范透明的城市建设投融资机制。党的十九大以来，推进实施以人为核心的新型城镇化战略，强调要"深化投融资体制改革，发挥投资对优化供给结构的关键性作用"。

（4）从新型智慧城市建设看。新型智慧城市建设是提升新型城市化高质量发展的数字智能化建设工程，也将成为推动国家供给侧改革、新型城市化建设的重要着力点①。《国民经济和社会发展第十四个五年规划纲要》在"推进新型城市建设"规划中已明确，要建设宜居、创新、智慧、绿色、人文、韧性城市，提升城市智慧化水平，拓展城市建设资金来源渠道，建立期限匹配、渠道多元、财务可持续的融资机制。因而要加快建成技术支撑、数据驱动、智能融合、政策保障的智慧市域治理体系，政策保障尤其是金融支持智慧城市建设已是一项长期系统工程。

（5）从乡村振兴现代化建设看。要实现产业兴旺、生态宜居、乡风文明、治理有效、生活富裕的战略目标，必须建立健全城乡融合发展体制机制和政策体系。尤其农户规模化经营、农业产业化发展、农村国土开发建设、乡村社会公共服务、农村振兴等均需要匹配可持续的投融资政策支持。中共中央办公厅、国务院办公厅印发的《乡村建设行动实施方案》也提出要创新金融服务，鼓励银行业金融机构扩大贷款投放，运用支农支小再贷款、再贴现等政策工具，探索银行、保险、担保、基金、企业合作模式，拓宽乡村建设融资渠道。

（6）从全省和兰州市域范围看。国务院下发的《关于进一步支持甘肃经济社会发展的若干意见》中有关财政投入、金融支持、民间资金和社会资本等投融资政策内容明确且针对性强，这与省内其他城市相比具有独特优势。近年来，甘肃省委实施的"中心带动、两翼齐飞、组团发展、整体推进"区域发展战略强化了兰州市"中心带动"功能，客观上要求优先发展投融资服务体系建设。随着《兰州市"十四五"城乡基础

---

① 张华，杨德海. 推动新型智慧城市建设的 PPP 模式探讨［J］. 地理信息世界，2017，24（4）：42 - 47.

设施建设发展规划》《兰州市新型城镇化发展规划（2021—2035年)》相继出台，兰州市将以绿色低碳智慧安全城市建设为引领，按照"一心、两翼、多节点"的城市空间布局，加快构建区域协调发展"共同富裕"新机制，以提高城市建设水平和发展品质。尤其省委省政府部署"强省会"行动战略后，兰州市出台《关于金融支持"强省会"行动的意见》，提出打造"金融之城"，明确要创新适应省会城市发展的多层次、广覆盖、差异化的金融服务体系，因投资拉动仍是推进城市经济增长方式的重要引擎，因而更需要优化完善城市建设投融资模式，以推动金融体系更好地服务兰州市经济社会高质量发展。

7.2 兰州创新城市建设投融资机制总体框架

创新城市建设中的"创新"应为广义概念，对其理解不能仅局限于城市高新技术企业或研发机构的科技创新，还应包括通过技术创新、制度创新和管理创新实现区域经济增长方式转变及城市结构布局调整，通过重新定位城市建设形态加快推进绿色、健康、可持续发展的新型城市化进程。当前，应将兰州创新城市建设作为引领城市形态定位和城市化发展的基础，统筹解决城市建设中条块分割、部门掣肘、投入分散可能带来的矛盾，以此实现区域经济、社会、文化、生态、环保等各方面的协调发展，促使城市经济资源与"一体四翼"创新城市建设要素需求相结合。

7.2.1 构建兰州创新城市建设投融资机制基本思路

立足兰州市金融生态中心建设实际，以"政府主导、市场运作、多元投入、创新发展"为核心，以加快推进"一体四翼"创新城市建设为目标，构建"政府资金为引导、社会资本为主体、银行信贷为支撑、融资平台为保障、其他资金为补充"、实现"决策、管理、执行、监督"相协同的投融资体系。

7.2.2 兰州创新城市建设投融资机制构建基本原则

在构建上述投融资机制中，必须坚持包括但不限于以下六个方面的原则。

（1）政府主导原则。根据兰州市"一体四翼"创新城市建设规划，涉及创新型城市、新型城市化、乡村振兴建设领域的资金流向、重点项目和建设实施方面，应体现政府经济社会发展的决策部署和目标，接受政府部门监督管理。

（2）投融资行为市场化原则。建立健全市场主体法人治理结构，遵循市场经济规则，充分发挥资本市场及各类融资工具市场化作用，按照市场运作方式开展投融资活动，构建政府投融资良性循环业态和资本经营机制。

（3）金融支持与实体经济相融合原则。准确把握区域宏观经济发展态势，加快聚集直接推动区域实体经济发展的金融机构落户，聚焦"重振兰州制造、着力打造千亿支柱产业集群、培育壮大百亿优势产业"战略，强力吸纳并突出金融支持方向和重点，建设"西北金融高地"以促进金融资源集聚，切实提升金融服务实体经济深层次融合发展水平。

（4）全面整合利用原则。打破国有部门分块管理、各主调配的资源界限，建立"集中整合、协同开发、综合运用"的金融资产管理机制，最大限度将城建资源、级差地租及可经营要素转变为城市建设潜力资本，为城市基础设施建设筹集资金、夯实基础。

（5）"借、用、还、管"一体化原则。建立市场化运行机制、偿债机制和监管机制，规范政府融资平台运营，确保资金融通质量和有效利用，打造"可融、可用、能还、能管"的金融风险防范体系。

（6）投融资与防范风险相统一原则。落实城市建设投融资市场主体责任,注重政府公用事业投入与投资效益的市场化规范,保持投融资平台净资产与负债、投入与产出、现金流相对平衡,妥善应对政府隐性债务纠纷,稳健防化投资风险和财务风险转移,强化政府投融资平台与金融机构在信息共享、监测预警、风险处置等方面协同配合,守住不发生区域系统性金融风险底线。

7.2.3 兰州创新城市建设投融资机制功能定位

（1）投融资聚集功能。通过设立政府引导基金、参股创业投资等方式,引入国内外资金设立投融资开发机构,创新完善投融资服务体系,发挥多层次金融市场作用,促进、聚集国内外金融资源,强化保险机构保障服务功能,把兰州市打造成为西北乃至全国投融资总量相对集中的区域金融高地。

（2）投融资主体功能。明确发挥地方金融主体权责和监管协调作用,强化区域协同和开放共享,加大推动科技开发和科技进步投资,发展创新型城市群、都市圈和特色乡镇,充分发挥科技资源替代实物形态资源作用,推动科技企业成为创新决策、技术投入、研发应用的城市建设主体,增强新型智慧城市建设科技要素,实现金融科技资源的高层次、高品质合理配置。

（3）投融资带动功能。强化地方财政稳增长措施,提升政府引导性投入持续增长,构建多元化、多层次科技创新投融资服务体系,创新财政贴息、参股、贷款和担保等投融资功能,建立运行高效、风险可控的政府融资平台,充分发挥风险投资基金、创业投资基金、产业引导基金和PPP合作等资金作用,引导带动社会资本投入创新城市建设。

（4）投融资撬动功能。发挥财税资金撬动作用,通过财政资金注入、土地收益、国有资产存量、政策性信用担保,以及特许经营权转让等方式，充分利用政府资本放大和拉动投融资效应，持续扩大基础设施建设信贷投放，提增创新城市建设金融资源总量，打造区域项目建设新高地。

（5）投融资生态功能。根据创新城市发展体系要素建设需求，在新型城市建设不同阶段申报各类国家或政府扶持资金，促进城市科技要素创新，建立区域城市高质量发展部门协作机制，充分利用国家税收优惠和产业扶持政策，增强城市建设投融资孵化功能，健全政府投融资平台跟踪服务体系，为城乡建设项目提供管理决策、筹资融资、项目诊断、财税管理、风险评估等专业辅导服务等。

7.3 兰州创新城市建设投融资机制政策供给体系

创新城市建设投融资机制是一个由理念转变催生模式转型的新金融业态，更是金融供给实现新型城市化和乡村振兴有效衔接的政策体系，因地制宜打造城市金融、科技金融、乡村金融、绿色金融等具有区域特色的兰州金融业态，是创新"一体四翼"新型投融资方式动态优化的长期目标。在这一战略性、全局性和系统性投融资变革中，更强调政府资本的带动引导和合理调度，创造有利于投融资创新的体制机制和政策支持环境，以促进科技金融、城市建设与乡村产业融合发展，这不仅是实现区域创新发展战略和促进城市化进程的重要内容，也是破解兰州创新城市建设投融资短板的迫切需要，对于全力支持打造乡村振兴省会标杆，有效满足甘肃省黄河流域高质量发展在关键领域、重大项目、薄弱环节的投融资需求具有重要意义。鉴于此，笔者统筹提出完善兰州创新城市建设投融资机制的政策建议及供给体系（见图7-1）。

第7章 兰州创新城市建设投融资机制构建理路

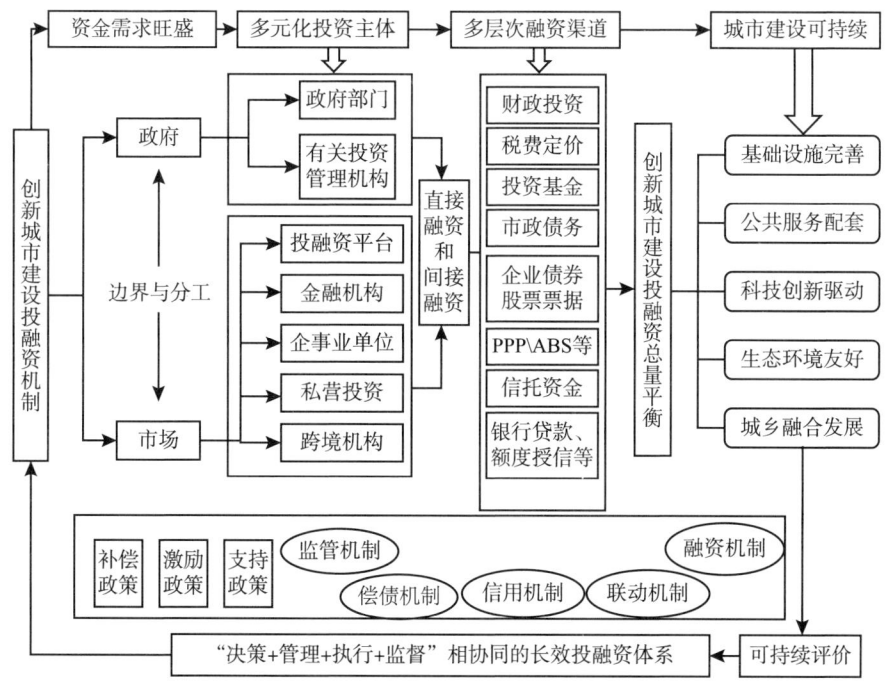

图7-1 兰州创新城市建设投融资机制建构机理

资料来源：笔者绘制。

7.3.1 成立"一体四翼"创新城市建设投融资管理决策机构

针对新发展阶段急需统筹解决城乡建设与管理决策等瓶颈问题，高效服务创新型城市建设、新型城市化建设和乡村振兴建设重大战略需求，发挥政策、资金、人才等多方面统合协调的投融资体系建设优势，成立以兰州市主要领导为领导，市发展改革委、市财政局、市科技局、市住建局、市自然资源局、市生态局、市国土局、市农业农村局、市交通局、市林业局、市金融办、市公共资源交易中心、市项目评审中心、市城投（市建投、兰州新区城投）、银行金融机构等相关部门为成员的"投融资管理决策委员会"，作为政府投融资统筹管理部门，主要针对创新城市建设过程中涉及投融资政策法规制定、投融资规划审定、投融资项目评估、投融资方案审批、投融资市场化运作、投融资监管调控,以及城建投融资平台和市国资控股公司发展等一系列重大事项进行研究决策,切实提升"程序合法、项目公开、资金明晰、动作规范"的政府投融资指导作用,为强化金融支持高质量发展奠定政策基础。

7.3.2 规范健全政府投融资平台主体职能及其运行机制

政府投融资平台是以城市可持续发展为目标的、具有法人资格的融资载体,要创新投融资平台新型组织管理及运行体制,必须确立"结构完善、运作规范、监管到位"的市场主体地位①。整合、健全市级城投(建投、兰州新区城投)投融资平台职能,是发挥政府金融资源开发利用、经营管理,以及城市建设项目实施的关键,因而可从创新投融资体系需求方面界定投融资平台主体地位及其职能。一是政府融资主体职能,须依托政府信用发挥融资平台功能,创新融资渠道和市场运作模式,为保障创新城市建设发展需要,多渠道筹措建设资金;二是政府发债偿债主体职能,须强化与国开行、国有商业银行及本域银行金融机构开展金融合作,全面创新地方债发行、银行贷款偿还的市场运作机制,积极落实资金来源,完善确立责、权、利相统一的发债偿债主体职能;三是创新城市建设主体职能,新发展阶段应按照市委市政府确立的经济发展目标和"一体四翼"创新城市建设规划,加快改善"宜居宜业"的城镇主体格局和功能,大力实施"以城带乡、产业发展、生态宜居、基础设施、公共服务"等城乡一体化建设,以实现创新城市建设和发展需要;四是经营城市主体职能,经政府授权履行本市国有资产、可经营性资产的经营职责,依法行使国有资产转让、处置并确保利益最大化,以实现国有资产和城市资产保值增值。

---

① 舒昌俊,刘华丽,等.城市建设投融资机制创新研究[J].建筑经济,2016(1):22.

7.3.3 构建政府引导、市场协同发力的投融资主体多元格局

经济新常态背景下,现有一般公共预算收入和税收收入递减,加之"以地生财"提增大规模、多领域政府资金投入不可持续。鉴于政府资源有限性与城市建设投资需求无限性之间的矛盾日益突出[①],让有限的地方财政资金撬动充沛的社会资本参与到耗资巨大的创新城市公共设施建设中来,因而要发挥政府投入引导金融资源无限注入作用,促推形成主体多元化、市场协同发力的投融资新机制。

(1)建立国家、省市(县区)政府统筹决策机制,强化创新城市建设重大项目顶层规划,完善投融资方案评估及审批,加强城市建设财政资金统筹安排力度,发挥好政策性金融"四两拨千斤"的示范引导作用。

(2)充分挖掘政府财政投入潜力,通过财政资金补充、城市资产注入、土地收益返还等现有资金渠道,确保聚焦城市基础设施、公共服务设施、智能化基础设施等建设领域精准投资,有效提升财政资产质量和运营效率,重点吸纳统筹市县区相关资金支持全域城乡赋能建设。

(3)发挥多元化主体融资方式丰富融资手段,深入拓展股权投资基金、债权融资、股权融资、省外(境外)融资等多种融资渠道,推动形成股权投资基金、融资租赁公司、地方保险公司、小额贷款公司、融资担保公司等金融机构可融资增量,通过引入多元化融资机制提升直接融资比重,解决融资规模受限的传统瓶颈。

(4)统筹引导组织设立新型城乡专项建设投资基金,例如,归集市场自发基金和财政分散投入的基金设立政府创新城市基础设施建设及公共服务投资基金;以城市科技创新企业资金投入为需求,设立金融科技产业发展基金、新型智慧城市建设投资基金、城市信息产业发展基金等;以推进新型城市化基础设施建设为目标,设立创新城市建设投资引导基金和城

---

① 吴有红. 构建可持续的城市建设投融资机制[J]. 中国发展观察,2020(11):48.

市化投资基金等；基于农业现代化建设和乡村产业转型发展需要更高效、更多元的融资渠道，设立以财政主导的农业综合开发基金和乡村振兴产业引导基金等；同时整合城市化、环保治理、城乡基础设施、农业产业、特色小镇建设等多方面资本需求，专项设立全域城乡基础设施和公共服务发展基金等。通过组建发展基金，可以合理激励城乡一体化建设领域投融资规模，进而发挥基金乘数放大效应，通过推进城乡一体化建设资产的市场化、产业化运作，撬动引导各类社会投资积极参与创新城市新兴项目建设。

7.3.4 规范建立创新城市建设项目分类融资机制

根据创新城市建设涉及项目分类、可经营性及其投资回报属性，可结合各分类项目投融资特点建立相匹配的投融资模式。

第一类是城乡公益性建设项目，如城市道路、园林绿化、防洪排涝、市政公用、基础教育、乡村水电路气等公共服务项目，因具有正外部性无法获得投入收益，也较难进行市场化融资，对此类项目适宜政府主体"有所为有所不为"地进行投资建设，也可通过多渠道提增城市公益性项目资金投入。同时，应完善对承担公益性项目建设、运营维护经营主体的激励保障和减税降费机制，制定涉及土地使用、工商管理、城建税收、环境保护等方面一系列配套优惠政策。

第二类是城乡经营性建设项目，如城市燃气、电力等具有明确定价收费的非基本公共服务建设项目，通过市场经营即可收回投资，政府对此类项目应依法放开招标、建设、运营等市场限制，通过政策优惠、市场运作、投资补偿等匹配机制吸纳社会资本投入，政府财政不再直接进行投融资建设，可采取财政补贴、收费补偿、特许经营等方式吸引投资经营者。如政府先期投入经营性城建项目，可通过转让产权或特许经营权的方式收回资金。

第三类是城乡准经营性建设项目，如轨道交通、城乡热力、污水处理等具有一定经营收入的项目，因建成经营收入不足以覆盖投资成本，对此类项目可采取政府投资和融资平台、建设企业共同投入建设模式，或运用 PPP（公私合营）模式引进社会资本进行建设运营，但须建立投资、补贴、价格的协同机制，以畅通 PPP 项目投资获得合理回报。但因政府 PPP 项目支出每年不能超过本级一般公共预算支出的 10%，因而可引入 BOT（含 BT、BOOT、BTO、BOO）、TOT、PFI、ABS 等多元化融资方式。而对于需要采购机器设备的城市建设项目，可采取设备租赁、融资租赁的方式融资建设。

第四类是新型智慧城市数字智能化建设项目，如城市政务信息化、通信网络、智能交通、智慧医疗、数字化改造，以及智慧农业、数字乡村等智能化城乡建设项目。这些项目是集新基建、新技术、新算力等科技创新融为一体的基础设施建设项目，加快城市科技建设可促推政府由"管理型"向"服务型"转型，在此类项目建设中，政府应充分发挥主导科技金融资金作用，打通并开放政府与企业的合作边界，构建"企业主建、政府主用、社会共享"的投融资建设运营模式。可经政府科技大市场管理平台通过省内外银行、金融、担保、创投机构进行投融资市场化运营，并以兰白科技创新驱动基金为引导，通过"科技贷款增信基金""科技投资基金""科技创新创业引导基金"和"科技孵化器专项基金"为科技创新企业和城市科技基础设施建设项目获得科技融资服务提供支持。加快推进设立"科技产业发展投资基金""城市科技创新建设投资基金""科技创新风险投资基金"等投融资母基金，推进新型智慧城市建设"产业基金＋投资基金＋风险基金"合作模式，撬动引导金融机构和社会资本投向技术创新、智慧城市建设领域。同时，应组建科技金融综合服务平台，为科技企业提供股权融资、债权融资、会计法律、路演推介等服务，市县区科技部门应创新提供专利资助、知识产权代理、知识产权融资抵押等科技金融服务，通过健全科技创新和知识产权投融资服务机制，促推市域科技创新链、智慧产业链、金融资本链有机融合，并带动智慧城市建设发展。

7.3.5 优化创新城市建设各类项目多层次融资保障机制

创新城市建设项目社会外部效益强且商业效益不高，且这一建设过程的资金需求量大、供给期长，因而必须创新建立市场运作、多元渠道、持续供给的资金保障机制，形成多模式、多业态相结合的"结构化"投融资模式。

（1）发行各类市政建设债券融资。目前"城投债""建投债"发行的主体资格、资金投向具有确定性及市政债特征，但因发行条件、债券期限等规定要求，与城市建设在融资规模、运营周期、盈利模式等方面存有差距。而市政债具有财政约束性、项目适用性、周期稳定性、信息透明性等市场特性，可更好解决创新城市建设"土地生财+投融资平台"的政府融资难题，有利于控制地方政府债务风险。因而可借鉴上海市筹集城建资金经验，采取发行城市建设债券、市政建设债券、煤气建设债券、路桥债券等方式进行融资，以贴现未来收益偿还本金利息，加快筹集创新城市建设项目资金。

（2）定期发行科技创新券。为解决科技创新领域基础设施数量少、规模小、集聚度不高等问题，除通过科技立项经费支持外，统筹年发一定规模的科技创新券，用于支持科技创新企业向技术供给方购买技术服务、使用大型科研仪器设备等。

（3）设立风险投资引导资金。建立以财政投入为引导、企业投资为主体的风险投资公司或基金机构，支持城市建设企业融资发展。

（4）设立融资租赁和资金信托计划。由市政府委托城建投等融资平台，发起设立投资于城乡市政公用事业领域的产品或资金信托计划，所筹资金用于城市基础设施配套项目、智慧城市建设项目、城市数字化改造项目、农业产业发展项目等。

（5）扩大中期票据发行额度。支持城建投等融资主体联合商业银行、信用社、财务公司等金融机构，承销中期城市建设票据，弥补城市中长期建设发展资金的不足。

（6）拓展资产证券化市场融资。支持城建投融资平台以项目所拥有资产为基础，以项目资产可预期收益为保证，通过资本市场筹集建设资金。

（7）探索试点基础设施领域不动产投资信托基金（REITs）①。基于国外REITs在交通、能源、市政、大数据中心等基础设施领域的应用实践，以及我国已授权进行试点，当前全市可在公路交通、生态环保、城市建设、保障性租赁住房、仓储物流等城市基础设施领域储备优质资产，经REITs项目库规划及符合项目确权、经营模式、市场运营、内控制度和融资用途等质量要求，推进试点发行REITs优质项目，积极拓展投融资渠道。

7.3.6　建立城市资产和资源注入相结合的联动投入机制

目前应通过财政资金补充、城建资产注入、土地收益返还等形式，扩大投融资主体资产规模，有效提高资产质量和运营能力。

（1）将现有城市建设资金、竣工验收的可经营性城市资产统一划归投融资主体，对承担城市公益性项目投资、建设和运营的投融资主体给予工商、税收等方面的优惠政策支持。

（2）创新城市土地储备经营机制，结合2021年兰州市出台的《关于

---

① REITs（Real Estate Investment Trusts）是基于优良底层不动产、获得稳定投资回报的资产证券化产品。2020年4月30日，国家发展和改革委员会、中国证监会联发《关于推进基础设施领域不动产信托基金（REITs）试点相关工作的通知》，标志着国内公募REITs正式起步；2022年5月11日，国务院常务会议提出鼓励发行基础设施REITs新要求，标志我国基础设施REITs试点工作进入"鼓励发行"与"盘活基础设施等存量资产"新阶段。此前，我国习惯运用包括银行借款、其他金融机构借款、BOT、PPP、发行债务类基金等基础设施建设融资均为间接融资方式，项目资金都是债务性资金。而REITs是一种直接融资方式，发行不动产投资信托基金REITs，有利于实现动能转换、有利于项目长期运营、有利于减少刚性兑付，REITs把不动产资产加工成持有份额，让社会资金容易持有。REITs每年按份额分红，份额具有进入资本市场流通便利的特点。REITs是具有重要意义的金融创新。

加强土地储备有关工作的实施意见》,进一步完善市区两级联动储备机制,建立土地收储开发、优化土地利用、存量土地收购与城市规划建设相结合的联动工作机制,完善市县区政府统一供应、统一规划、统一收储、统一开发的新型土地储备制度,支持投融资主体以开发合作、项目合资等多种方式引进各方资本投入,通过专业化集约化模式所产生的土地增值收益全部供给城建项目。

(3)完善城市公用资产注入机制,定期将公用停车场、地下商业街、国有产权房等各类城市资产注入投融资主体,并对市区广场、道路桥梁、天桥墙体、空间建筑、公共交通、路灯灯箱等市政设施冠名权和广告经营权竞价出让,通过授权经营或出让所获资金用于城市基础设施维护支出。

(4)发挥资源要素集聚扶持力度。政府可在税收、贷款、技术入股、人才引进、产业扶持等方面进行全方位扶持,积极鼓励民间资本参与新型智慧城市重大信息化工程建设[①]。

7.3.7 构建城市科技创新资金稳定投入的政策支持体系

政府财政科技作为支持创新城市建设的金融工具和政策手段,通过行政赋能,在增加资金投入、增强有效供给、扶持科技创新、引导公共平台等方面,为创新智慧城市建设发挥着不可或缺的金融支持作用,当前应改变主要依靠政府主导的建设模式,形成有利于促动科技资金稳定投入的政策支持体系,引导社会资本积极参与市域新型智慧城市建设。

(1)构建财政科技投入稳定增长机制。研发投入是衡量城市创新能力和经济竞争力的核心指标,兰州市始终把加大科技投入、促进科技进步作为推动城市经济发展的重要引擎,从 2016~2020 年兰州市 R&D 经费、

---

① 张劲文. 关于创新智慧城市建设投融资模式的思考 [J]. 中国经贸导刊, 2019 (22): 75.

一般公共预算科技支出比重看（见表7-1），总体上，全市财政科技支出占全市 GDP 比重呈平缓递增趋势，但投入强度仍处于较低区域。要制定政策法规发挥引导监督作用，将财政科技增长率与财政经常性收入和财政支出增长率同比衡量，同时引入包括财政、科技企业、风险投资等多元社会资金科技创新投入体系，完善科技投入增长的制度性机制。

表7-1　2016~2020年兰州市 R&D 经费、一般公共预算科技支出　单位：亿元

类别	2016年	2017年	2018年	2019年	2020年
R&D 经费支出	40.95	46.91	52.37	63.92	61.21
一般公共预算科技支出	4.52	6.79	6.06	7.89	7.61

资料来源：笔者根据2016~2020年《兰州统计年鉴》公布数据整理。

（2）完善支持技术创新的政府采购政策体系。着力发挥政府技术采购导向功能，制定和实施技术优先采购政策，建立科技创新产品认定标准和城市项目建设标准，在自主创新产品范围内可优先纳入政府智慧城市建设采购目录，为科技创新成果提升市场空间和投资回报率，提升市域科技研发成本补偿及再投资能力。

（3）完善促动科技成果转化政策体系。财政投入扶持可提高科技创新成果转化效能，要制定直接经费资助和其他优惠政策，建设具有城市智能化、数字化技术公共技术平台，推进城市数字化、信息化基地建设，同时建立城市科技成果转化风险投资基金，优先支持智慧城市建设高技术转化项目。

（4）引导建立多元化金融投资政策体系。推进科技创新城市建设需要注入金融"活水"，充分发挥金融投资机构集聚政策效应，积极发展天使投资、风险投资（VC）和私募股权（PE）等股权投资，促推对智慧城市建设科技关键要素和技术创新资本投入，以减少政府主导性和扶持性基金，拓展金融服务科技创新的广度和深度。

（5）优化有利于科技创新税收环境。税收优惠政策对于激励科技创

新和技术进步具有重要支撑作用，尤其面临经济下行和疫情反复的态势，兰州市应结合经济社会发展状况，实施"减税降费"政策并向科技创新主体倾斜，建立智慧城市科技行业普惠制税收优惠体系，加大城市科技创新产业或个人所得税优惠，对于主持和参与智慧化、数字化城市建设企业或科技创新人才，制度完善的财政支持和激励保障政策，可以充分调动科技创新主体服务兰州市创新型城市建设的积极性。

7.3.8 完善创新城市建设投融资主体偿债保障机制

（1）科学制定城市建设中长期投融资规划，依据建设需求、金融支持程度等条件纳入城市建设项目总库，对符合融资质量、市场运营要求的重大基础设施、社会公用事业项目出库建设，须经"投融资管理决策委员会"召集论证，并结合公众在线参与等方式科学审定。

（2）优化投融资主体债务结构，严格预防和控制项目投融资风险，可运用财政提留、土地出让、城市经营收益性等资金设立城建项目偿债基金，形成以盈利项目为载体、以偿债基金为来源的与城市建设需求相适应的投融资主体偿债保障机制，预警防控潜在项目投融资风险。

（3）建立政府财政与投融资主体风险共担和合理补偿机制，以缓解因政策调整、规划变更、价格滞后对市政公用事业产生的风险压力，如企业主体为满足民生利益需求建设低于成本的，以及为完成国家政策统筹、政府公益项目而承担指令任务的，政府应通过公共财政渠道进行合理补偿。

（4）统筹建立投融资主体信用机制、投资合理退出机制，降低投资供给及运营风险，保证投融资主体顺利筹资并投入建设，提高各方参与创新城市建设的有效性。同时，强化财政、监督、审计等部门依法履行监督职能，集合行业机构、社会组织和城市公众各方监管力量，持续营造公正透明的投融资环境。

7.3.9 完善与乡村建设行动相配套的农村金融服务体系

在乡村振兴战略背景下,《乡村建设行动实施方案》已明确提出实现乡村建设新进展和人居环境新改造,因而在农村乡居环境、生活设施、社会保障,以及农业产业金融支持方面,亟须完善和加强农村金融服务质量体系,鼓励、促推和缩短乡村建设取得新实施。

(1) 全面完善农村金融服务功能和体系,大力提升农村金融服务空间,建立农村金融支持弥补发展机制,保证农村金融服务体系可以覆盖市场需求,强化对农村人居环境、基础设施、公共服务、社会保障、休闲农业、家庭农场等方面的金融支持力度。

(2) 健全农业产业链贷款融资体系。通过农业产业链建设作用助推一二三产业融合发展,构建"互联网+"线上线下平台,农村金融机构要为乡村农产品、旅游生态产品销售经营提供高效融资服务,适时创新农村多元化信贷产品。

(3) 创新支持绿色农业发展的金融体系。乡村振兴促进产业兴旺是关键,金融支持是落实乡村振兴战略的重要因素。推动绿色农业产业、农村创新创业和农业现代化发展都离不开金融支持,因而要以政府为引导,通过设立农业产业项目、绿色农业债券、农业产业基金实现并满足金融需求。

(4) 提升农村金融运行效率和监管机制。通过权责划分,引导促推农村金融机构服务分工,提升服务协作、有效互补的农村金融市场运行效率。同时,完善相应组织监管体系,保障正规金融组织机构服务效益,强化农村金融服务市场约束机制,使其提供的金融服务与金融产品更适宜市场迫切需求,以发挥金融支持乡村振兴可持续发展的核心保障作用。

7.3.10 构建创新城市建设资金监督管理体系

为防范创新城市建设的资金投入不聚焦、资金效率不高,甚至金融资源浪费等问题,强化资金运筹管理和提高使用效率,当前亟须建立完善的城市建设资金监管体系(见图7-2)。

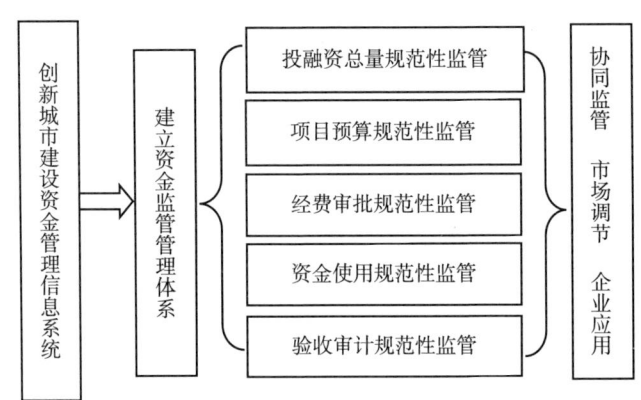

图7-2 创新城市建设资金监管管理框架

资料来源:笔者根据创新城市建设资金监管运行情况绘制。

(1)健全城建资金监督管理机制,通过市场主导提升金融资源配置能力,发挥市场协同制衡、信息披露及银行金融机构监督调控作用,切实提高市场主体资金运用以及资金监管透明度。

(2)政府管理部门应实施"有形"监管弥补市场失灵,强化政府、机构、企业三方协同监督职能,明确金融监管部门、金融机构和建设企业监管权责,形成协同监管、市场调节、企业应用的相互制衡资金控制机制。

(3)强化资金收支信息系统监管,建立城市建设资金管理数据库系统,对投融资总量、项目预算、经费审批、资金使用、验收审计等各环节开展规范性监管,通过建立健全信息披露制度,增强创新城市建设项目资金透明度,明确资金支出使用主体责任。

第 8 章
兰州创新城市建设投融资金融风险传染效应

完善城乡基础设施是新型城市建设的先行措施,系统规划并组织"宜居、宜业"的城乡综合配套及公共基础设施建设属于地方政府事权范畴。在加快"一体四翼"创新城市建设投融资背景下,兰州市有限的地方财力已无法满足建设领域所需的庞大资金需求,因而地方政府融资必要且不可或缺。当前控制地方政府债务和防范金融风险已成为促推区域经济发展的首要任务,防范化解地方政府债务风险取决于政府债务治理能力,系统分析兰州市地方政府投融资债务风险及其影响系统性风险的作用机制,对于防化政府债务违约风险和市域金融风险具有重要参考价值。

8.1 创新城市建设投融资地方政府债务

8.1.1 地方政府债务及其辨析

当前,学界关于地方政府的债务问题研究缺乏统一体系,主要原因在于研究口径、采用数据及信息披露机制还未形成规范标准,由此使对地方政府的债务划分存在较大差异。从诸多学者的理解来看,主要存在以政银合作协议、银行中长期贷款、城镇固定资产投资贷款等估算地方政府债务（杨灿明、鲁元平，2015）、城投债务规模即代表地方政府债务规模（钟辉勇、陆铭，2015）、以审计署统计数据衡量地方政府债务规模（张子荣，2018），以及将地方政府负有偿还责任、担保责任、救助责任的各类债务纳入政府债务规模（史亚荣，2018）等统计口径。但《国务院关于加强地方政府性债务管理的意见》分别强调了政府性债务、政府债务和政府或有债务等债务类型。也有学者指出，地方政府性债务并不等于"地方政府债务"，地方政府性债务由地方政府债务、隐性担保债务两部分组成①。因而对地方政府的债务内涵、性质及债务组成应作不同区分，本书从概念维度予以厘定。

其一，从地方政府性债务视角看，其是地方政府及部门（机构）、经费补助事业单位、融资平台公司等直接借入、拖欠，或提供担保、回购等信用支持，因公益性项目建设形成的债务。此类债务负债主体包括地方政府及所属机构。根据《国务院办公厅关于做好全国政府性债务审计工作的通知》，审计署对地方政府性债务审计范围包括四类：一是地方政府负有偿还责任的债务，即地方政府及部门（机构）、经费补助事业单位、公用事业单位、融资平台公司和其他相关单位举借，确定由财政资金偿还的债务。二是地方政府负有担保责任的债务，即地方政府提供直接或间接担保而负有连带偿债责任的债务。例如，地方政府为融资平台公司、经费补助事业单位、公用事业单位和其他单位举借提供担保的债务（地方政府举借以非财政资金偿还的债务也视为政府担保债务）。三是地方政府可能承担一定救助责任的债务，即融资平台公司、经费补助事业单位和公用事业单位为公益性项目举借，且地方政府未提供担保并由非财政资金偿还的债务。四是通过新的举债主体和举债方式形成的地方政府性债务。

其二，从地方政府债务视角看，其是以政府名义发行债券，拖欠工资、社保或工程款，以及回购所形成的债务，偿债来源只能是税收和可变

---

① 刘尚希. 正确认识地方政府性债务［N］. 光明日报，2013-08-23（11）.

现的国有资源，这种偿债责任是无条件的。

其三，从隐性担保债务视角看，地方政府在法定限额外，通过融资平台、政府和社会资本合作（PPP）、政府购买服务等，直接或承诺以财政资金偿还等方式举债融资的债务。例如，政府投融资平台通过 BOT 等方式引入民间资本进行市政公共建设，由此形成的债务即属于政府负连带责任的隐性担保债务。因是否承担偿债责任具有不确定性，也称为或有债务，这部分债务已构成地方政府性债务的主体，但地方政府承担偿债责任是有条件的。

基于上述分析表明，地方政府债务是一个大概念系统，广义上可将其理解为涵盖地方政府债务、政府隐性债务、信用债务和其他债务的地方政府性债务；狭义上则可理解为主要以发行债券、拖欠或回购所产生的地方政府债务。由此而言，相关成果在引用全国地方政府债务余额时通常以财政部数据为依据，所称地方政府债务余额基本以一般债券和专项债券余额为依据①，这种归口实质上应属于政府发行债券的"地方债"，而非广义上的地方政府性债务范畴。当前学界对地方政府的债务所作出的模糊表达或不精确厘定，主要缘于地方债务来源的多样性、隐蔽性和分散性，以及统计口径各异和信息披露不健全所致。因而学者们对涉及地方政府债务扩张、地方政府债务影响、地方政府债券、地方政府隐性债务、地方政府债务问题等领域的研究，应首要厘定或明确各自的债务组成范畴，以免陷入数据引用与问题研究的不协调不周全，从而难以形成各自研究的规范体系和科学结论。

---

① 例如：从财政部统计数据来看，截至 2019 年 12 月，全国发行地方政府债券达到 4.36 万亿元，全国地方政府债务余额 21.31 万亿元（史亚荣、赵爱清，2020）；财政部数据显示，2020 年全国地方政府债务限额 28.81 万亿元，截至 2020 年末，全国地方政府债务余额 25.66 万亿元（张旭东，2021）；财政部预算司的数据显示，截至 2021 年 1 月末，全国地方政府债务余额 260208 亿元，全国地方政府债务余额相比上年同期大约增长 15.5%（杨鋆，2021）。财政部公布 2021 年 12 月地方政府债券发行和债务余额情况，截至 2021 年 12 月末，全国地方政府债务余额 304700 亿元，控制在全国人大批准的限额之内。其中，一般债务 137709 亿元，专项债务 166991 亿元；政府债券 303078 亿元，非政府债券形式存量政府债务 1622 亿元（财政部，2022）。

8.1.2 地方政府债务及范畴厘定

综上所述,本书应对论及影响系统性金融风险的地方政府债务作出明确界定,此问题与本书研究主旨紧密相关。从业界对地方政府的债务称谓及债务投向看,审计署认定四类地方政府性债务范围并曾公布数据显示,这些债务资金流向主要为交通运输、市政建设、土地收储与保障性住房等。学界也有认为地方政府债券即市政债券(municipal bond),其所筹集资金主要用于道路、桥梁、隧道、地铁、供水、供气、废物处理等城市基础设施和社会公益性项目建设①。各级地方政府设立融资平台的目的是承担部分投融资任务,融资平台大量的新增融资是地方政府债务持续增长的主因,其所形成的债务绝大多数用于道桥建设、土地整理等地方基础设施②。而在新预算法实施后,地方政府融资模式逐渐转向"土地财政+隐性债务",地方政府债务主要投向对房地产价值发挥资本化效应的基础设施建设领域,因而政府债务的风险主要源于政府信用背书和隐性担保的高杠杆风险③,而地方政府通过融资平台公司等渠道变相举借的大量政府隐性债务,对金融风险的影响更多表现为直接效应④。由此可见,学界总体上是将用于市政公益建设的地方政府债券和城市基础设施建设的政府投融资平台的隐性债务,纳入地方政府的债务范畴和风险考量的,这也是政府债务管理的主要矛盾及传导区域金融风险的重大隐患。也有学者将地方政府融资平台债券等债券债务划入"地方政府债券"范畴(毛捷、徐军伟,2019),以明确地方政府债券即是以债券形式存在的、由地方政府发行或

---

① 李倩茹. 我国发展市政债券问题研究 [D]. 大连:东北财经大学,2015.

② 粟勤,熊毅. 债务压力下我国地方政府融资平台转型 [J]. 江西社会科学,2021 (7):70-77.

③ 马树才,等. 地方政府债务影响金融风险的传导机制——基于房地产市场和商业银行视角的研究 [J]. 金融论坛,2020 (4):70-77.

④ 尹李峰,姚驰. 地方政府隐性债务影响金融风险的空间溢出效应研究 [J]. 浙江社会科学,2022 (2):14-26.

存在隐性担保等可能的"地方债"（杨鋆，2021）。因而基于地方政府的债务范畴及维度分析，可得出如下结论：一是政府发债显性债务和政府投融资平台隐性债务是地方政府性债务的主体和主要构成；二是这两种债务产生和投向都是以城市基础设施及社会公用设施等市政建设为前提；三是地方政府公开发债和政府隐性债务扩张产生金融信贷挤出效应，增大了引发区域财政风险向系统性重大风险转变的隐患和可能性。

当前，在"一体四翼"创新城市建设投融资需求背景下，为满足创新型城市、新型城市化、新型智慧城市、乡村振兴在城乡基础设施、城市改造更新、城市环境治理、城市公用设施，以及加快城乡一体化等领域项目建设资金需求，兰州市地方政府通过发行债券和担保举债融资尤为必要，而政府投融资平台作为实施经营城市战略、引导金融和社会资金参与创新城市建设的重要载体，必然发挥"融资、建设、开发、经营"及金融增信主体作用，由此产生的债务风险是否会加重系统性金融风险的影响机理，这对于研究区域金融风险防控以及经济社会发展显得尤为重要。有鉴于此，本书所论述的"地方政府债务"是特指地方政府发行债券、政府投融资平台发行债券，以及政府隐性担保所形成的债务，主要包括供给"一体四翼"创新城市建设投融资需求的地方政府债券（地方债）、城建投债（准市政债），以及政府隐性债务（通过投融资平台、政府和社会资本合作、政府购买服务等方式举借，并直接或承诺财政资金偿还的债务）。以此界定债务范畴既可稳健分析、合计度量地方政府债务余额，也与学界探讨影响区域金融风险传染效应时划定的债务范畴相契合，也符合本书提出兰州创新城市建设投融资政府债务风险的研究意旨。

8.2 兰州创新城市建设地方政府债务风险成因

有学者认为，分税制改革、政府融资约束和城市化建设是产生地方政府债务的主要原因。城市化建设与兰州"一体四翼"创新城市建设一脉相承，因而兰州创新城市建设举债融资有利于区域经济发展和社会民生，但如果纯粹依赖融资收入过度负债则会引发债务风险，甚至财政金融危机。为满足城市基础设施建设及投融资需求，在新《中华人民共和国预算法》（以下简称《预算法》）颁布实施和《国务院关于加强地方政府性债务管理的意见》颁布前，兰州市开展基础设施项目建设历经了国债转贷、代发代还、地方政府自行发债试点、自发自还试点等举债模式；2015年后，新《预算法》实施，允许政府发行债券，并纳入债务限额管理。因而，可基于兰州市地方政府债券、地方政府城投债，以及政府隐性担保债务等维度进行风险考量。

8.2.1 基于创新城市建设地方政府债券（地方债）维度

近年来，随着兰州产业层次提升以及创新城市建设推进，同时受新冠肺炎疫情和经济下行压力影响，兰州地区生产总值虽保持增长但增速明显放缓。从2021年兰州市整体财政经济状况看，全年实现GDP总量3231.29亿元，在27个省会城市中GDP总量与增速排名均靠后；财政自给率为57.22%（一般公共预算收入和支出分别为276.71亿元和483.61亿元），在省会城市排名第20位，较靠后。同年，兰州市在全省各市州土地出让收入排名中居首位，这表明兰州市"以地生财"的依赖性较高。以全市2020年地方债为例，全年债券发行额124.86亿元，其中，专项债券、一般债券资金投向符合预期，均属于"一体四翼"创新城市建设项目领域（见表8-1）。2019~2021年，地方政府债务余额持续上升；而2019~2020年兰州市财政收入仅增长-5.82%和3.63%；2020~2021年增幅分别为18.2%和12.5%（见表8-2）；有统计显示，2020年兰州市债务率为134.76%，在省会城市中排名靠前。截至2021年末，兰州市政府法定债务余额726.36亿元，已超过同级财政收入，且比超一般公共预算收入的162.5%[①]，可见兰州市

---

① 兰州市财政局. 关于兰州市2020年财政预算执行情况和2021年全市及市级预算草案的报告（书面）——2021年1月21日在兰州市第十六届人民代表大会第五次会议上［EB/OL］.（2021-01-25）［2022-05-20］. http：//czj.lanzhou.gov.cn/art/2021/1/25/art_10272_968845.html.

地方政府近年负有偿还债务比率偏高，债务负担相对较重，且偿付压力和风险也逐年提升。

表8-1　　　2020年兰州市政府发行债券及资金投向情况表　　　单位：亿元

项目/总额	类别/金额	层级/金额	资金使用情况
政府债券/124.86	专项债券/98.06	市本级/43.38	主要投向轨道交通、物流、医疗、教育、文化旅游等领域
		各区县/54.68	主要投向兰州新区、污水处理、易地搬迁、改扩建、自来水扩建、棚户区（城中村）改造、生态创新城建设等领域
	一般债券/12.72	市本级/5.14	老旧楼院改造、综合教学楼、脱贫攻坚项目等领域
		各区县/7.58	学校维修改造、黄河楼建设项目、黄河河道健身步道、主城区积水点改造等领域
	抗疫特别国债/14.08	市本级/3.13	疫情防控及核酸实验室建设、医院综合楼、异地新建和减免企业房租、污水处理等领域
		各区县/10.95	农村饮水提升、乡镇道路等基础设施工程建设及各区县抗疫相关领域

资料来源：笔者根据兰州市财政局《关于兰州市2020年财政预算执行情况和2021年全市及市级预算草案的报告》数据整理。

表8-2　　2019~2021年兰州市地方政府债务限额及余额预算情况表

年度	GDP总量（亿元）	一般公共预算收入（亿元）	财政自给率（%）	负债率（债务余额/GDP，亿元）	债务率（窄口径，债务余额/一般公共预算，亿元）	债务余额（不考虑隐性债务，亿元）	一般债务（亿元）	专项债务（亿元）
2021	3231.29	276.71	57.22	22.50	262.5	726.36	140.71	585.65
2020	2886.74	247.13	50.90	22.40	261.2	645.60	124.02	521.58
2019	2837.36	233.23	51.10	19.30	234.2	546.22	114.53	431.69

资料来源：笔者根据兰州市财政局公布2019~2021年地方政府债务限额及余额预算、网络平台等数据整理。

8.2.2 基于创新城市建设地方政府城投债维度

作为西部地区的省会城市之一，兰州市经济总量较低且结构单一（可代表全省现状），长期以来市域产业对石油化工等重工业经济贡献度依赖较高，加之地方财政有限，经济发展尤其是在城乡基础设施建设等领域中主要依靠城投平台融资支持，因而创新城市建设项目融资可持续性取决于市辖城投平台的经济实力。虽以地方融资平台发债口径分析政府负债率具有代表性，但因债务信息披露的不透明性以及少数未发债城投企业债务无法统计，通过公开可获得资料量化市级负债率也较困难。地方融资平台作为主要举借主体，其所承担的政府性债务占比以及所披露的发债数据应能表征和政府债务近似度。因而可从以下五个方面进行债务风险分析。

（1）从城投平台隶属关系看（见表8-3），在兰州市（含兰州新区）现有10家市级城投平台中，7家城投平台的实际控制人为兰州市国有资产监督管理委员会，兰州市新区有3家城投平台的实际控制人为兰州市财政局，其股权层级和隶属关系认定均属地方政府投融资平台。

（2）从市级城投债务集中度看，目前10家平台持有42只债券（债券规模242.25亿元），市级平台规模分化较明显，而兰州建投、兰州城投与兰州投资主要承担兰州市债务压力，三家资产规模占比72.8%、债务余额占比达78.95%[1]。

（3）从资产负债率看，兰州建投、兰州城投、兰州投资、兰州轨道交通的资产负债率均高达72%~80%左右，除两家城投平台未发行债券外，其余8家城投平台平均资产负债率为67%，说明市级城投整体负债规模和偿债压力较大，风险系数较高[2]。

（4）从城建投非标担保违约及刚性兑付债务看，主要关注存续债金

---

[1][2] 根据兰州市财政局、兰州市金融办及相关资料计算整理，仅作为研究假设数据。

额最高的兰州城投和兰州建投。截至2021年9月，两家平台合计刚性债务超过1500亿元，资产负债率分别为72.45%和73.32%，因负债率持续处于高位及刚性债务沉重，短期债务覆盖程度不足。由于兰州城投担保非标债务（保险债权投资计划）违约、兰州建投刚性兑付债务问题引致评级下调和估值调整①。此类信用风险危机除显著提增市域融资压力外，也会引发对其他城投平台连锁反应，导致城投风险增大并破坏整个区域城投融资环境，因而财政实力不佳并偏重个别平台、市域债务分配不均导致融资压力骤增，是引发非标担保违约和兑付债务问题的主因，并从某种程度上已显现出了区域债务危机雏形②。

（5）从市级政府负债水平和债务风险看，以2021年（城投平台有息债务余额+地方债存量）/GDP和（城投有息债务余额+地方债存量）/全市综合财力③，分别计算衡量市级负债率和偿债率（偿债率衡量地方政府直接负债率）可知，兰州市负债率、偿债率分别达136%和1584%。其中，负债率高过2021年各省平均窄口径负债率（地方政府债务余额/GDP）32.6%和60%警戒线，表明融资风险全面攀升；而偿债率较2017年（超过2000%④以上）虽有所下降，但仍处于严重高位且债务风险较大。同时以负债率和偿债率与市域综合实力评分进行回归分析，均呈正相关关系，相对市域综合财力，兰州市负债率显著超出综合实力对应的承受范围，偿债率相对综合实力偏差最多表明偿债能力严重不足。

---

① 张晓迪. 千亿债务压顶，兰州两家融资平台被下调评级展望［N/OL］. 新浪财经，2021 - 12 - 31［2022 - 05 - 20］. https：//cj. sina. com. cn/articles/view/6192937794/17120bb4202001qjcs.

② 雪球. 1889个地方融资平台债务风险评级［Z/OL］.（2017 - 10 - 13）［2022 - 05 - 20］. https：//xueqiu. com/4760054939/93703110.

③ 本书计算以GDP代表地方政府经济实力，以一般公共预算收入代表地方政府综合财力（一般公共预算收入主要源于地方税收，可代表地方政府实际财政实力，亦是偿还债务的直接资金来源）。

④ 全国共有6个地级市负债率超过100%，其中，兰州市超过150%；全国共有5个地级市偿债率超过1000%，其中，兰州市超过2000%。在全国地市级政府地方融资平台中，兰州市位列首位与其他7个省会城市被认为具有较高债务风险（参见1889个地方融资平台债务风险评级 https：//xueqiu. com/4760054939/93703110）。

表8-3　　2021年兰州市城投平台公司（DM口径）总资产、
　　　　　存量债务余额及资产负债率统计①

城投平台（发行人）	实际控制人	主体评级	总资产（亿元）	存量债券数（个）	流动负债（亿元）	有息债务（亿元）	债务余额（亿元）	短期债务比（%）	资产负债率（%）
兰州市城市发展投资有限公司	兰州国资87.39%、9.71%，国开基金2.9%	AA+	1178.02	19	310.17	764.79	109.00	0.19	72.45
兰州建设投资（控股）建设集团	兰州国资90%、省财政厅10%	AA+	1478.45	11	307.62	852.54	66.25	0.21	73.32
兰州投资（控股）集团有限公司		AA+	2389.94	3	476.08	1361.73	16.00	0.17	72.5
兰州国资投资（控股）建设集团有限公司		AA	237.13	0	105.5	73.34	0.00	0.3	69.75
兰州市轨道交通有限公司	兰州国资72%，省财政厅8%，国开基金20%	AA	459.91	4	—	329.93	23.50	0.15	80.49
兰州西站综合交通枢纽工程建设管理有限公司	—		32.00	1	—	—	7.60	0.1	48.44
兰州交通发展建设集团有限公司	兰州国资97.87%，国开基金2.13%	AA	168.14	3	23.57	67.65	11.90	0.23	58.37
兰州新区城市发展投资集团有限公司	兰州新区城建基金54.06%，兰州新区财政局21.57%等	AA	988.28	1	365.06	206.28	8.00	0.35	59.85

① 因相关数据披露不全且可得性差，本表分项数据经由不同网络平台组合整理而得，因数据具有动态性所参照时间不同，最迟截至2021年9月。本表所统计数据仅作为研究假设的依据，而非正式参考数据，如存在疏漏不实或与官方数据有出入的地方，不承担引用和解释说明责任，谨此致歉。

续表

城投平台（发行人）	实际控制人	主体评级	总资产（亿元）	存量债券数（个）	流动负债（亿元）	有息债务（亿元）	债务余额（亿元）	短期债务比（%）	资产负债率（%）
兰州新区商贸物流投资集团有限公司	兰州市财政局 100%	AA	—	0	—	—	—		
兰州新区投资控股有限公司	兰州市财政局 100%	AA	—	0	—	—	0.00		
合计	—	—	6931.87	42	1588	3656.26	242.25		

资料来源：笔者根据兰州市财政局、兰州市金融办公室公布的相关数据整理。

8.2.3 基于创新城市建设地方政府隐性债务维度

前面分别以市域发债、城投平台口径分析了负债率。事实上，城投平台公司负债都与地方政府存在相应关系，例如，政策通过平台融资项目的工程欠款，政府城投平台设立或城投债发行前以土地、政府补贴等方式注入资产，以及各城投平台的对外担保债务等，而类似资产注入和较高担保比率不利于城投债券的正确评级与定价。据不完全统计，兰州城投、兰州建投获得资产注入分别为109.46亿元和18604亿元；而2018～2020年所获政府补贴分别为15.1亿元和19.5亿元（见表8-4）。截至2020年末，政府已经通过发行置换债券对兰州城投负有偿还责任债务累计置换109.9亿元；截至2021年3月末，兰州建投存量一类债务已由政府债券累计置换178.9亿元、公司偿还15.2亿元[①]。而因时间条件、合规性、不显性，以及政府与平台资源混同等因素影响，无论政府资产注入还是平台融资债

---

① 中泰证券. 甘肃城投全梳理 [R/OL]. (2022-03-24) [2022-05-20]. https://doc88.com/p-10887842006980.html?r=1.

务归于政府债务，抑或政府为国企市政贷款提供担保，地方政府举债约定财政资金偿还、政府投资基金、PPP 合作、政府购买服务（为建设工程融资）、直接借入、承诺收益、信用回购等方式，所形成的政府隐性债务实质上很难划分，加之政府债务置换和债务化解使这部分债务更难准确统计，因而当前城投公司的转型要求是企业市场化运作、在不新增地方政府隐性债务的目标下进行基建投融资业务[①]，兰州市也提出按照"清理存量、严控增量、化解风险、确保平衡"的基本原则积极化解隐性债务风险。

表8-4 兰州市核心城投平台公司资产注入、政府补贴统计梳理

年份	资产注入方	兰州城投	兰州建投
2006	兰州市国资委	22.01 亿元（将兰州城投、兰州公交、兰州供水、兰州热力等公司截至 2005 年末国有净资产投入）	—
		2.93 亿元（将兰州燃气化工截至 2006 年末国有净资产划拨）	—
2016	兰州市国资委	—	60 亿元（出资组建）
2017	国开发展基金/兰州市国资委	8.42 亿元（国开发展基金公司以专项建设基金形式增资扩股）	18544.47 亿元（将兰州建投环保节能公司国有股权划转）
合计		109.46 亿元	18604.47 亿元
2018	政府补贴	4.8 亿元（占当年净利润的 786.9%）	5.9 亿元（占当年净利润的 155.3%）
2019	政府补贴	5.7 亿元（占当年净利润的 308.1%）	7.2 亿元（占当年净利润的 192%）
2020	政府补贴	4.6 亿元（占当年净利润的 285.7%）	6.4 亿元（占当年净利润的 238.8%）
合计		15.1 亿元	19.5 亿元

资料来源：笔者根据《甘肃城投平台梳理》公布数据整理。

---

① 王永菲，冉学东. 2021 年兰州城投债务化解顺利，组建"新兰投"迈出转型发展关键一步［N/OL］. 华夏时报，2021-12-22［2022-05-20］. https：//www.chinatimes.net.cn/article/113453.html.

8.3 兰州地方政府债务影响系统性金融风险作用机理

从前面地方政府负债率、窄口径债务率分析可知，兰州市近年来的政府债务偿还压力较重，由此产生的地方政府债务对创新城市建设提供了有力支撑，但债务风险也会通过以下传导机制影响系统性金融风险。

8.3.1 创新城市建设地方政府债务风险引发财政金融风险

一般而言，完善市场经济体系中的地方财政危机与金融风险不具有相互传导性，金融行业保持独立运行地位不受行政干预，政府不承受金融机构风险，也不向其转嫁财政危机风险，政府与金融之间相关性很低。但因特殊国情和金融支持地方建设需求，当前地方政府财政收支矛盾需要通过金融资金弥补，如金融机构不良信贷集聚重大风险时，也需地方政府承担救助义务。由此可见，地方财政与金融机构的政策目标都是基于资金调控而实现，因而地方财政风险必然会传导作用于金融领域产生金融风险。由此地方财政收入对政府偿债能力产生最直接影响，因而政府债务累积会与地方财政产生危机联系。例如，2018～2019年兰州市财政收入分别增长7.43%、-5.82%和3.63%，一般公共预算总收入分别增长8.90%、-0.10%和5.96%[①]，而同期兰州市政府债务增长明显超过政府财力和经济水平增速，如因财政偿债压力引发财政风险必然影响财政收支稳定，其间地方财政危机会逐步加重财政赤字，而弥补赤字最有效的途径则是政府举债，从而加重即期或中期债务压力，由此引发地方财政与金融机构的恶性循环效应，举债累积到受限额度后所增加的流动性会增大市场通胀压力，从而促推金融风险扩散和蔓延。

---

① 参见第6章表6-2。

8.3.2　创新城市建设地方政府债务风险引发金融机构风险

地方政府债务风险会引发商业银行信用风险和流动性风险，进而影响兰州市区域性金融风险。其一，地方政府债务会与金融机构产生风险联系。因上述地方债和城投债均以政府作为信用背书，市域商业银行因此会对政府信用和项目评级实现上调，金融机构面对政府主体较难获得项目资金评估数据，政府通过投融资平台借此发债会因审批管理失范而较易获得信贷资金，而金融机构对政府"慷慨施贷"必然产生企业"惜贷"挤出效应，政府债务占比较高的单一性风险会削弱防控能力，为引发地方政府债务风险造成隐患。其二，地方政府融资平台会与商业银行产生风险联系。通过前面的论述和分析，政府经由市级城投公司获得贷款基本面向创新城市建设各项目领域，此类项目建设周期、维护费用、投入收益等无法预知，而城投公司以政府为信用背书，通过政府对市政建设项目贷款提供担保、举借约定财政资金偿还等方式获得贷款，由此产生负有担保责任的政府隐性债务不利于银行流动性。城投平台公司因存在"隐蔽举债"情况，融资平台部分贷款合同并未明确说明资金用途，也未纳入公开预算，存在严重信息不透明问题而蕴含更大的风险①。其三，地方政府债务结构引发金融机构信用风险。从兰州城投平台债务结构可知，市级平台融资渠道多以银行贷款为主，从兰州城投和兰州建投 2 家核心平台看，存续债金额占兰州城投债的 83.4%②，非标融资占比均在 11% 左右。因银行强化流动性强的现金、短期贷款、同业贷款和债券股票等资产配置，而政府融资平台贷款期限较长会产生银行资产结构错配风险，加之非标资产的金融交

---

① 尹李峰，姚驰. 地方政府隐性债务影响金融风险的空间溢出效应研究 [J]. 浙江社会科学，2022（2）：14-26.
② 池光胜，陈雨田. 固定收益主题报告：甘肃城投平台梳理（下）[R/OL]. (2021-10-28) [2022-05-20]. http://vip.stock.finance.sina.com.cn/q/go.php/vReport_Show/kind/lastest/rptid/688728091951/index.phtml.

易结构嵌套交叉且交易链条较长，监管难度和潜在金融风险进一步增大，如因刚性债务逾期偿还[①]或非标担保违约，融资平台债务违约形成的地方政府隐性债务风险，会引发金融机构信用风险并发展为商业银行流动性风险。

8.3.3　创新城市建设地方政府债务风险引发影子银行风险

地方政府债务风险会引发影子银行经营和流动性风险，进而影响兰州市区域性金融风险。其一，地方政府债务风险会引发影子银行风险。地方财政收入是影响政府债务偿还的主要资金来源，如政府债务出现财政支持缺口，政府为填补资金缺口、满足地方事权的投资职能需求，可能转向城投债务或信托、融资租赁、PE等隐蔽融资渠道，而影子银行则通过信托或城投债参与融资平台贷款，影子信贷属于短期产品且具有高杠杆风险，由此产生的期限和风险错配会增加影子银行流动性风险。其二，影子银行经营风险引发区域性金融风险。影子银行与地方政府通过信托产品互为联系，这种高风险投资需要政府注资或提供担保，因影子银行与银行类金融机构关联性较强，银行表外业务资金通过其增加杠杆可流入政府融资建设项目，因而地方政府债务风险会通过"金融加速器"作用引发区域系统性金融风险[②]。

8.3.4　创新城市建设地方政府债务风险引发规模结构风险

（1）地方政府债务风险会诱发规模性风险。因"一体四翼"创新城

[①]　例如，兰州建投2021~2023年每年债务兑付本金分别为114.61亿元、203.30亿元和81.23亿元，面临债务集中兑付风险。
王登海. 借新还旧 兰州建投债务攀升［N］. 中国经营报，2021-11-08（B14）.
[②]　陈玫羽. 我国地方政府性债务风险对区域性金融风险的影响研究［D］. 西安：西北大学，2020.

市建设项目领域和资金需求量巨大,尤其从近年兰州市级财政预算重点看,仍是围绕推进城市基础设施发展、推动产业结构优化升级、支持实施城乡惠民保障工程、推进实施乡村振兴建设等方面,关键要落实"兰州制造"发展、创建和谐社会,以及教育、科技、社会保障、农林污水、交通环保、城市建设等资金支出①,因而,未来在项目建设限额发债时,会考虑到各城投在兰州市创新城市建设中的地位突出,在持续加强专项资金拨付和财政补贴力度的同时,以及兰州市经济发展的同时,对城投融资需求也会更为紧迫。而统计数据显示,当前融资平台形成巨额负债资产,如不考虑相互间的关联交易,截至2021年兰州市级城投平台合计背负有息债务3656.26亿元(见表8-3),已超过当年全市GDP总量(3231.29亿元)的13.2%。而当年兰州实现一般公共预算收入(276.71亿元)仅占其全年经济总量的8.6%,因兰州市全年财政自给率(57.22%)处于较低水平,同时,2021年全年公共预算收入(276.71亿元)中,非税收入占比达27%,说明兰州市财政对非税收入依赖度较高②。财政收入有限及负债较重导致基建资金缺乏,同时受《关于进一步规范地方政府举债融资行为的通知》《财政部关于坚决制止地方以政府购买服务名义违法违规融资的通知》政策影响,兰州市政府原抵押大量资产后的融资债务愈为严峻,会存在引发政府债务规模性风险的可能。

(2)地方政府债务风险会引发结构性风险。从兰州市地方债和城投有息债务看,截至2021年底,政府债务余额达4382.62亿元,即地方政府债务超过同年财政收入近3倍,可见兰州市政府偿付债务比率偏高③。

---

① 兰州市财政局. 关于兰州市2020年财政预算执行情况和2021年全市及市级预算草案的报告(书面)——2021年1月21日在兰州市第十六届人民代表大会第五次会议上 [EB/OL]. (2021-01-25) [2022-05-20]. http://czj.lanzhou.gov.cn/art/2021/1/25/art_10272_968845.html.

兰州市财政局. 2022年政府预算公开 [EB/OL]. (2022-01-13) [2022-05-20]. http://czj.lanzhou.gov.cn/art/2022/1/13/art_10272_1088441.html.

② 根据《兰州统计年鉴》、兰州市财政局、兰州市金融办公室发布数据,以及其他相关资料计算整理。

③ 笔者根据表8-2、表8-3及同年财政收入等相关数据整理计算。

另外，在政府债务中，债务率（专项）也越过红线值，表明债务结构潜在风险很大，由此需要平衡优化债务结构。从现有市级城投平台股权结构看，具有单一性国资控股特征，而市级城投平台融资风险主要源于隐性债务、不良信用、信贷规模、政策决策和内控体系等，因而亟须优化资源配置并健全多元化法人治理结构，以防出现规模风险、结构风险，以及隐性债务风险问题。

综上所述，政府城投平台参与投融资或者驱动地方经济发展，虽政府举债投资可拉高GDP，但不同时期较难平衡市场与风险总效应，如能使投资创新城市经济发展正效应抵消举债融资风险负效应，则政府融资行为不会加剧，反而利于缓解系统性金融风险。

第9章 系统性金融风险生成机理与传导机制

从现有研究来看,由于金融风险的复杂性,学界对于金融体系系统性风险生成及其原因,均基于不同原理和视角进行了差异化解释,反映出学界对系统性金融风险传导的不同主张和态度,更凸显出系统性金融风险传导途径与演进过程的复杂性。全面掌握系统性金融风险的生成机理是防控系统性金融风险的重要前提,系统性金融风险的生成不仅普遍具有共有性,其成因更具有个体特殊性,可基于金融体系内部风险源和外部风险源维度分析系统性金融风险传导机制。

9.1 系统性金融风险及其内涵界定

金融全球化背景下,防止发生系统性金融风险是各国金融监管工作的永恒主题。虽然国际金融机构及域内外学者对于系统性金融风险的普遍关注是从自由化、全球化所催化的金融危机动荡实践中得以深悟或量变的,但国际清算银行(Bank for International Settlements,BIS)于20世纪70年代即已关注系统性风险,并指出"仅加强单个金融机构的监管不足以维护金融稳定，应该关注整个金融体系的风险"①。就此而言，"系统性风险"既非新概念也不是新问题，只是应对微观意义上的系统风险（systematic risk）与宏观意义上的系统性风险（systemic risk）作一本质区分。前者是指证券市场中不能通过分散投资加以消除的风险，又称为不可分散风险或市场风险；而后者是指基于整个金融宏观系统大部分或所有组成部分的风险相关性及可能性，其可覆盖银行系统、金融市场或金融结算体系等相关领域，即宏观意义的系统性风险。因学界对系统性风险研究更侧重银行体系风险生成的微观基础与动态相关性，这一概念也多被用于银行等金融业传染效应分析，加之金融体系发生系统性风险的可能性要显著高于其他经济和社会体系，因此系统性金融风险在2008年国际金融危机后则引起全球金融监管关注。

近十多年来，因学者分析、讨论金融体系系统性风险维度多元且存有差异，目前学界和监管部门并未对"系统性金融风险"概念作出明确的界定。基于全球金融监管的反思，2009年国际货币基金组织（International Monetary Fund，IMF）将系统性金融风险定义为"因为全部或部分金融体系遭到损害而引起的金融服务崩溃所带来的风险，会对实体经济产生严重的负面影响"②；同年，欧洲央行（European Central Bank，ECB）将系统性金融风险定义为"金融体系极度脆弱，金融不稳定事件大范围发生，危及整个金融体系的正常运行，使经济增长和社会福利遭受巨大损失的风险"③；泽维尔·弗雷克萨斯等（Xavier Freixas et al.，2017）在其所著的《系统性风险、危机与宏观审慎监管》一书中将系统性金融风险定义为"是对金融系统造成损害的风险，这种损害会对整个经济产生强烈的负面影响"④；同时王锦阳等在《中国银行业系统性金融风险研究》一书中，综合学者研究成果，将系统性金融风险定义为"由经济周期、外部冲击等

---

① 张晓朴. 系统性金融风险研究：演进、成因与监管［J］. 国际金融研究，2010（7）：58.
② 方兴起. 防范系统性金融风险是金融监管的永恒主题［J］. 福建论坛，2018（1）：12.
③ 朱波. 中国金融体系系统性风险研究［M］. 成都：西南财经大学出版社，2014：11-12.
④ 泽维尔·弗雷克萨斯，等. 系统性风险、危机与宏观审慎监管［M］. 王擎，等译. 北京：中国金融出版社，2017：14-15，35.

风险因素诱发的诸如金融机构倒闭等尾端风险事件经传染和扩散导致部分或全部金融体系受到损害，以致金融服务大范围中断并造成实体经济严重破坏和动荡的风险"①。

综上可见，国内外学界均未对系统性金融风险给出统一表述和界定，一方面，说明现有理论研究与行业实务对系统性金融风险认识仍存在局限性；另一方面，更表明了系统性金融风险蕴含的复杂性。但上述定义均强调了系统性金融风险的共性特征：其一，系统性金融风险覆盖了金融体系的全部或重要组成部分的风险；其二，系统性金融风险的负外部性会使单个金融市场或金融机构遭受的损害后果引致产生整体金融市场连锁风险反应；其三，系统性金融风险具有的传染性会将金融体系风险溢出到实体经济，并由其承担共同后果；其四，系统性金融风险所传播引发的系统性危机风险表明，单个金融机构稳健性不足以保障整体金融系统的稳定。就以上共性而言，系统性金融风险本质上应是宏观意义上的系统性风险在金融体系内关联性与依赖性所内生的整体崩溃性风险。因此，无论是从金融功能、风险传染、危害范围还是从冲击实体经济视角界定其义，均应基于系统性金融风险的宏观性、内生性、外部性、传染性和顺周期性给出概括，以明晰金融安全视域下系统性风险的本质内涵，进而为厘定金融体系系统性风险生成及其动态传递规律、搭建系统性金融风险分析框架奠定逻辑基础。

9.2 系统性金融风险的生成机理

全面掌握系统性金融风险的生成机理是防控系统性金融风险的重要前提。2008年，美国次贷危机触发了对全球金融监管的省思，域内外学者均对系统性金融风险生成机理和成因等问题进行了理论探索，相关学者基

---

① 王锦阳，刘锡良. 中国银行业系统性金融风险研究 [M]. 北京：中国金融出版社，2020：14.

于不同视角所得出的解释和理由存在不同的差异。以海曼·明斯基（Hyman P. Minsky）、克雷格尔（J. A. Kregel）为代表的金融脆弱性学派认为，经济周期和金融安全边界的变化使金融体系本身存在一定内在风险；以乔治·阿克尔洛夫（George A. Akerlof）、道格拉斯·戴蒙德（Douglas W. Diamond）为代表的信息经济学派则从信息不对称和投资者理性行为视角解释了金融体系系统性风险的传播；而大多数学者则认为，金融体系系统性风险是产生到爆发间逐渐积聚的过程。英格兰银行（Bank of England，2009）从时间维度、横截面维度两个视角分析了系统性金融风险的来源，前者即宏观冲击随着时间不断积累引起金融系统失衡的风险，后者即金融体系内各机构的相互关联和共同行为引发的风险。徐荣贞等（2017）在《金融生态视角下系统性风险研究》一书中系统总结了系统性金融风险生成的理论基础，分别从市场失灵、分利联盟、信息经济学、委托代理和囚徒困境等理论视角（见图9-1），分析了资源配置低效或无效、通过公共权力谋取私利、信息不对称及非完全性、金融参与方利益冲突和追求自身利益最大化、金融活动参与者无法共谋和寻求各自有利选择等是形成系统性金融风险的理论和现实基础[①]。

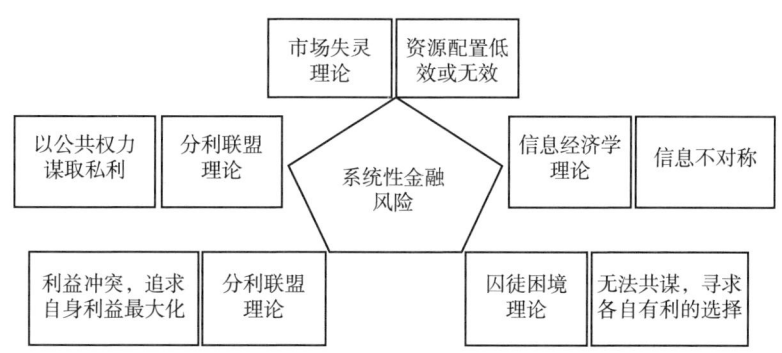

图9-1 系统性金融风险生成理论

资料来源：徐荣贞，等. 金融生态视角下系统性风险研究［M］. 天津：南开大学出版社，2017：23.

---

① 徐荣贞，等. 金融生态视角下系统性风险研究［M］. 天津：南开大学出版社，2017：23.

从本质看，系统性金融风险是通过系统各部分间传导的单一事件引发整体金融系统功能丧失或者崩溃的可能性。因系统性金融风险特征无法准确界定和衡量，因此从特定区域或宏观金融危机产生的破坏性后果中较难推导出引发危机的具体根源。系统性金融风险生成不仅具有普遍共有性原因，更具有个体特殊性原因，因而上述生成理论也较难解释某单一金融系统是缘于内外部、主客观、单一综合等多阵列何种因素引发最终风险的可能性。但从系统性金融风险隐患是因经济结构和经济增长不协调及金融体系脆弱性所造成①、系统性金融风险达到一定限度即能够转化为金融危机的全局性金融风险等②观点分析，笔者认为，系统性金融风险可从经济、金融的各方面和各层面破坏整个金融体系稳定性，最终表现为银行、货币、债务、资产泡沫化等各类危机所引发的宏观经济损失和社会不稳定，本质诱因包括但不限于宏观经济周期性波动、金融市场结构性缺陷、金融机构内生脆弱性、市场主体非理性行为、金融自由化，以及金融市场监管覆盖缺失等方面，而由金融风险蔓延、溢出和传染所引发的金融机构运营困难与倒闭、资本外流及货币贬值、价格信号失灵，以及金融市场崩溃，则会全面诱发系统性金融风险。

在相关研究基础上，笔者通过对比总结可知，当前对系统性金融风险生成观点更趋分类化。一方面，系统性金融风险是金融系统内部机构倒闭危机形成的金融体系传染而生成的金融危机，因而金融体系内部基础性风险是其形成和产生的内因，具体表现主要包括：金融机构系统风险及其内在脆弱性、金融信息化造成的局部风险失控、信贷集中化产生远期利益风险、金融创新的利益冲突风险、社会风险聚焦与传播等方面；另一方面，系统性金融风险是金融体系与实体经济紧密关联无法规避的外部效应所触发的整体金融经济领域损失的可能性集合，因而实体经济风险变化影响整体金融稳定的外部诱因是主要根源，具体表现主要包括：各类突发事件所形成的外部冲击、宏观经济过度杠杆化所产生的不稳定因素、全球化金融

---

① 罗贤忠. 论宏观调控中的系统性金融风险与防范 [J]. 金融与经济, 2007 (12): 86 – 87.

② 张博. 系统性金融风险的防范与控制 [J]. 理论导刊, 2005 (1): 20 – 22.

风险的传播与渗透、宏观经济周期波动风险、金融风险调控与监管政策失误等方面，基于此总结的系统性金融风险生成机理如图9－2所示。

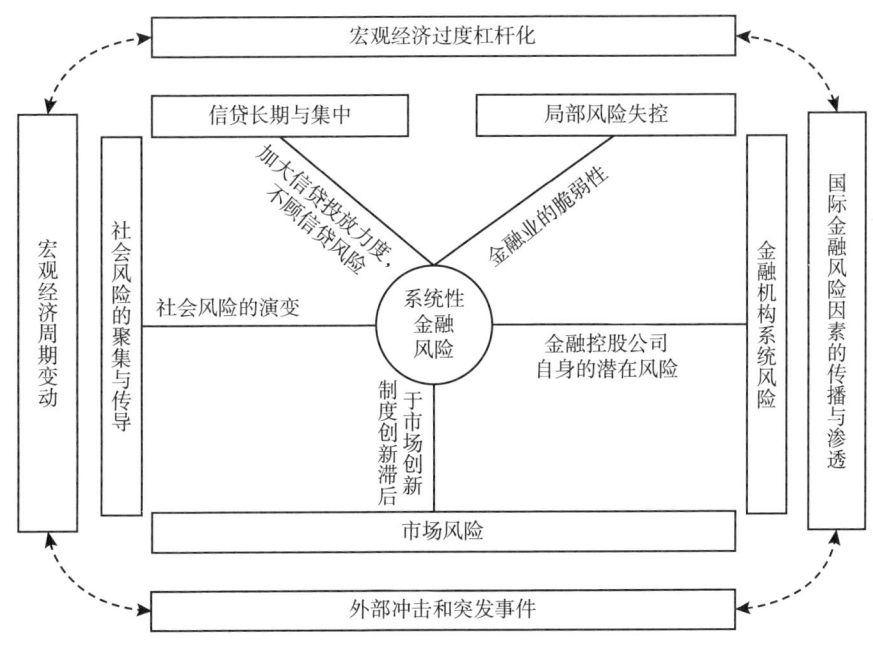

图9－2 系统性金融风险内外部生成机理

资料来源：徐荣贞，等. 金融生态视角下系统性风险研究［M］. 天津：南开大学出版社，2017.

9.3 系统性金融风险的传导机制

系统性金融风险是宏观与微观主体、内部与外部因素、特殊与普遍原因等相互叠加的集中风险饱和所引发的，其最初由单一体风险演绎为金融系统整体危机的原因，已有研究从多方面进行了阐释和探讨。

（1）基于金融机构资产负债数据关联视角对金融体系系统性风险的传导机制进行探讨。有学者使用荷兰银行间同业拆借市场数据构建了银行间风险暴露模型，考察银行倒闭对其他商业银行和整个银行体系的风险传染效应；也有一些学者基于加拿大银行系统内单家银行贷款规模、风险暴露和场外衍生工具交易等数据，分析单家银行对整个银行体系系统性风险的贡献①。温博慧（2009）则认为金融体系系统性风险产生的原因最终可归结为资产价格波动。

（2）基于系统性金融风险发展阶段的研究，借鉴戴维斯和卡里姆（Davis & Karim，2009）的金融危机进程研究，从"累积—爆发—扩散"三个阶段分析了系统性金融风险动态演进机制②。

（3）基于金融机构间是否发生业务往来，从关联风险与非关联风险两个维度对系统性金融风险传导机制进行研究③。

（4）基于金融机构的资产负债表、盯市计价的交易计价规则、投资人恐慌心理传播等途径的传导机制研究④。

综上研究的不同视角和维度，反映出学界对系统性金融风险传导的不同主张和态度，更凸显出系统性金融风险传导途径与演进过程的复杂性，笔者仅从系统性金融风险传染性特征的主要表现形式，对微小冲击演变为整体危机的传导机制展开分析，以奠定金融体系风险防范和监管的逻辑基础。前面已述及，系统性金融风险生成机理较为复杂，从历次系统性金融风险发生看，既有金融市场失灵与监管缺失责任问题，又有公司治理失效体制机制因素，也发轫于金融机构脆弱性和宏观经济冲击的内外部根源。基于此，本书综合金融系统性风险传染路径，从金融体系内部风险源和外部风险源两个维度分析其风险传导机制。

9.3.1　金融体系内部风险源传导机制

（1）金融机构间的风险传导。金融国际化、自由化发展，因金融机

---

①③　朱波. 中国金融体系系统性风险研究［M］. 成都：西南财经大学出版社，2014：29.
②　张晓朴. 系统性金融风险研究：演进、成因与监管［J］. 国际金融研究，2010（7）：60 - 62.
④　徐荣贞，等. 金融生态视角下系统性风险研究［M］. 天津：南开大学出版社，2017.

构间紧密业务联系产生复杂关联结构会加速体系内系统性风险聚集和传播。例如，金融支付结算系统将所有银行整体纳入金融网络，而单一金融机构网络债权债务关系会通过多边清算系统复杂支付程序快速涉及全网金融机构，由此产生单个或系统性重要金融机构流动性危机，因金融业互动性与联动性极强，此危机会迅速演变为整个金融系统崩溃的可能性。

（2）金融同业市场间的风险传导。金融同业市场是由同业拆借、电子票据、货币、债券、外汇、黄金、证券、期货等市场构成的金融交易场所，也是系统性金融风险传播最直接、最快捷的途径。因国际游资频繁进出流动，加之金融产品价格与利益交易相关性、市场交易主体竞争性，混业经营或相互交易产生的债权债务关系会无形放大金融机构破产效应，极易引起银行体系中局部风险蔓延，进而产生"多米诺效应"并传染到银行等金融体系。

（3）金融机构与金融市场间的风险传导。金融机构的产品创新会因与金融市场的强互动关系作用于整个市场，所引起的资产价格波动或溢出效应会通过市场体系作用于金融机构而引发集体波动，其间任一子市场波动均会引发传统金融业务银行的损失，如出现市场挤兑金融机构则会通过金融资产去杠杆化规避损失，由此会加剧金融资产缩水和信贷紧缩，并陷入危机传导的恶性循环中，使整个金融体系以及社会流动性全面萎缩并最终引爆系统性金融风险。

9.3.2 金融体系外部风险源传导机制

以金融体系外部为风险源的风险传导是金融体系与实体经济互动关系、信息传染所产生的相互传导。

（1）资产价格波动的传导。金融市场交易的金融资产是以实体经济为价值载体的，其资产价格变动是以实体经济波动为反映的，实体经济任一业态调整对盈利水平的影响，将会直接传染金融系统信贷质量，并对银行资本利润形成冲击，金融体系由此遭受的损失又会通过市场渠道反作用于实体经济，由此所导致的金融资源错配不仅会打击损害实体经济发展，并会严重削弱金融实体经济功能。

（2）信息传染引发的传导。此途径风险传染并非与金融机构业务相关联，而是因信息不对称使投资者预期提取资金的可能性增加，因中小投资者缺乏处理银行信息的能力和意愿而采取"跟风策略"，由此使极小范围正常提款放大为挤兑行为，这种"羊群效应"会加速银行系统性风险传播在预期行为与信息交互作用下使单一银行困境向外界扩散，最终导致金融体系系统性风险的爆发。

第10章 兰州系统性金融风险识别与致因分析

一般理论认为,来自金融体系内部基础性风险的形成因素是产生系统性金融风险的内因。学界对于系统性风险识别主要从金融市场和金融体系内外部传导、金融机构集中度风险外部监管、金融风险预警体系等方面进行分析。随着对金融体系风险的重要性认识,如何精准识别兰州区域系统性金融风险产生原因,已成为实现"金融之城"风险防控的重点关注问题,须基于多维度判断和指标体系监测,对兰州市区域系统性风险进行识别、评判,从而通过建立有效机制对区域风险进行控制、阻止和消除。

10.1 系统性金融风险识别的理论证成

学者普遍认为,金融机构内在脆弱性、局部风险失控、信贷集中化、社会风险聚集、外部冲击事件、宏观经济杠杆化、国际金融风险传播渗透、宏观调控政策失误,以及经济周期性变动等都是传导风险产生的根源。随着对金融体系系统性风险的进一步认识,如何精准识别金融体系系统性风险传导已成为学界重点关注的问题:张维(2004)提出金融监管部门应从十个方面识别传导风险:(1)金融机构不良资产比例是否逐渐增高？资本金是否严重不足？部分金融机构是否出现支付危机？（2）金融机构的财务会计、统计数据是否失真？账外账、假报表是否较多？所有这些是否已干扰金融机构诚信度？（3）区域性相当数量的金融机构是否亏损？全国性金融机构亏损是否较大？信托机构、信合组织机构这方面问题是否尤其严重？（4）政策性金融是否有较多不良资产？是否形成较大的亏损？非金融经济主体单位是否乱集资，乱发各种债务凭证和乱办金融业务？企业债务不能按期兑付是否引起和扩大了风险？（5）双边或多边经济金融往来中，外债比例是否增高？外债风险是否开始显露？（6）资本市场违法违规行为是否严重？其是否已波及银行，尤其是波及中小金融机构的信贷资产？市场监管不力、银行业监管不力是否已造成部分金融机构发生风险？（7）资本市场稀缺资源是否不能合理开发利用？金融效率低下是否已严重阻碍了金融业的成长？（8）金融工具稀少、资金流动效率低、金融监管失效或过度压制是否造成整个金融业运行质量不高？是否已促使历史积淀风险问题显现出来？（9）金融业投融资水平低下，是否已对金融增量持续健康增长构成威胁？是否已到了全面整治的临界点？（10）市场信用是否发生普遍缺失？评估、会计、审计和律师是否已成为"分利联盟"的团队？虚假包装和假证明是否已造成一个国家或一个区域发生信誉危机。并认为以上风险都有可能传导形成系统性金融风险，初始阶段可能是"可承受风险"，其发展阶段可能为"变异临界风险"并临近于系统危机，其后期阶段可能成为"不可承受风险"，即已达到全面系统风险阶段[①]。魏国雄（2010）认为监管部门防范系统性风险重点应加强对银行金融机构集中度风险的外部监管，不断向银行金融机构提示集中度风险，督促银行金融机构建立严格的集中度风险防控机制[②]。贾拓等（2012）认为应从宏观经济、地区经济和地区金融三个方面分别构建金融风险预警模型。金融风险识别系统主要由警源挖掘、建立金

[①] 张维. 论系统性金融风险的识别与控制 [J]. 金融理论与实践, 2004 (3): 9–12.
[②] 魏国雄. 系统性金融风险的识别与防范 [J]. 金融论坛, 2010 (12): 5.

融风险监测指标体系、建立风险预警系统、金融体系整体风险四部分组成[①]。

综上所述，系统性金融风险在其达到一定临界值时，会通过链式过程、爆炸式过程，以及扩散性机制、外部性机制、内生性机制和顺周期性机制进行传导[②]，形成对宏观经济环境和金融系统双重压力，并产生诱发金融风险的持续传导力，最终引发金融系统性风险，进而严重影响实体经济发展。学界对于系统性风险识别主要从金融市场和金融体系内外部传导、金融机构集中度风险外部监管、金融风险预警体系等方面进行分析，对于完善风险识别机制丰富了研究基础。但因金融机构的系统性风险聚集与传导根源复杂多变，学界分析维度和关注视角存在差异势所必然。尤其在当前经济高速发展和金融新常态环境下，很多金融问题和风险都被赋予了隐蔽性，而某一区域金融系统性风险识别必然涉及当地投融资体制、金融环境、信息不对称、银行机构内部控制，以及互联网金融、金融科技、金融监管程度等全方位要素，也无法通过已有识别理论得出完全适于单一区域的传导风险识别模式，而需因地制宜，建立不同机构、不同区域系统性风险传导的过程识别机制，以有效实现对系统性金融风险的控制、消除和阻断。

10.2 兰州系统性金融风险的识别

作为甘肃省会城市，兰州市域金融改革创新发展已成为推进全省金融体制改革、防控系统性金融风险的主阵地。近年来，兰州市积极探索金融改革和创新发展，获批并出台《兰州新区建设绿色金融改革创新试验区实施方案》《兰州市打好防范化解金融风险攻坚战实施方案》《兰州市促进

---

① 贾拓. 区域系统性金融风险的识别与防范[J]. 上海金融，2012（12）：102.
② 徐荣贞，等. 金融生态视角下系统性风险研究[M]. 天津：南开大学出版社，2017.

现代金融业发展扶持政策（试行）》《关于开展政策性金融统筹支持疫情防控和企业复工复产工作的通知》等一系列金融创新工作方案；在金融改革方面，围绕推进兰白自创区、兰白试验区一体建设、兰西城市群建设，积极抢抓新时代推进西部大开发形成新格局的政策机遇，强调服务实体经济、政策性金融"当先导、补短板、逆周期"，推动金融业高质量发展理念，通过"招行引资"引入新型金融机构，提出打造创新引领"金融之城"，以及上市公司、新三板挂牌公司的增加，都体现出兰州市金融改革持续发展动态和创新成效。"十三五"期间，全市共完成直接融资1627.84亿元（不包含政府专项债券），兰州庄园牧场、甘肃银行等3家企业在主板上市，甘肃陇萃堂、兰州金川新材料科技等10家企业在新三板挂牌，全市22家上市企业占全省上市企业总数的62.86%。上市后备企业（18家）、新三板挂牌企业（15家）、省股交中心挂牌企业（170家）均列全省第一位①。

"十三五"期间，兰州市各金融机构发展迅速，金融业已经成为拉动全市GDP增长的重要产业，2020年金融业占第三产业比重达22.8%，成为兰州市三产占比最高的产业②。截至2022年1月末，全市金融机构本外币存款余额9557.33亿元（见图10-1），同比增长2.05%；全市金融机构本外币贷款余额14336.60亿元（见图10-2），同比增长7.61%；全市金融机构本外币债券投资余额1881.45亿元，同比下降0.41%，较年初减少7.83亿元；股权及其他投资余额1099.67亿元，同比增长4.90%，较年初增加51.34亿元③。

---

①② 薛晓霞."十四五"抢抓机遇，将兰州打造成创新引领的"金融之城"［N/OL］.兰州日报，2021-02-10［2022-05-20］.http://baijiahao.boidu.com/s?id=1691242103160934117&wfr=spider&for=pc.

③ 兰州市人民政府金融工作办公室.2022年1月兰州市金融运行情况［EB/OL］.（2022-03-14）［2020-05-20］.http://szfjrb.lanzhou.gov.cn/art/2022/3/14/art_5097_1103217.html.

第10章 兰州系统性金融风险识别与致因分析

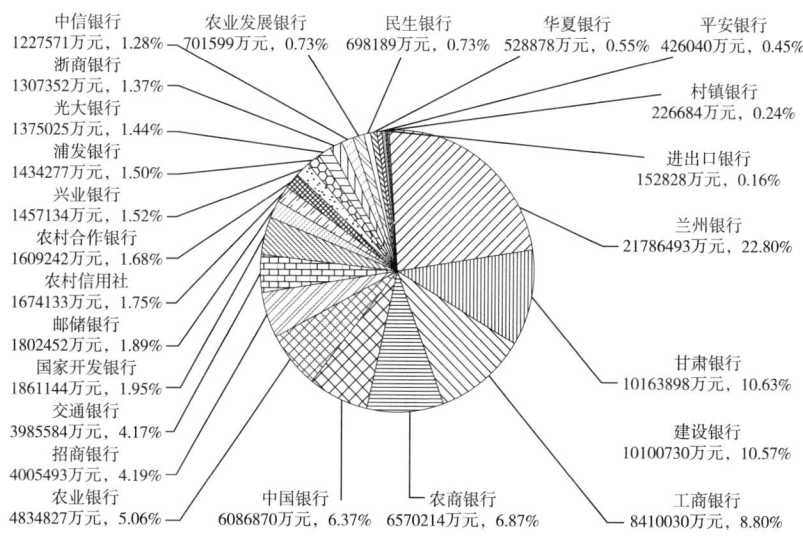

图 10-1 全市银行业金融机构本外币各项存款余额及占比

资料来源：兰州市人民政府金融工作办公室.2022年1月兰州市金融运行情况［EB/OL］.（2022-03-14）［2020-05-20］.http://szfjrb.lanzhou.gov.cn/art/2022/3/14/art_5097_1103217.html.

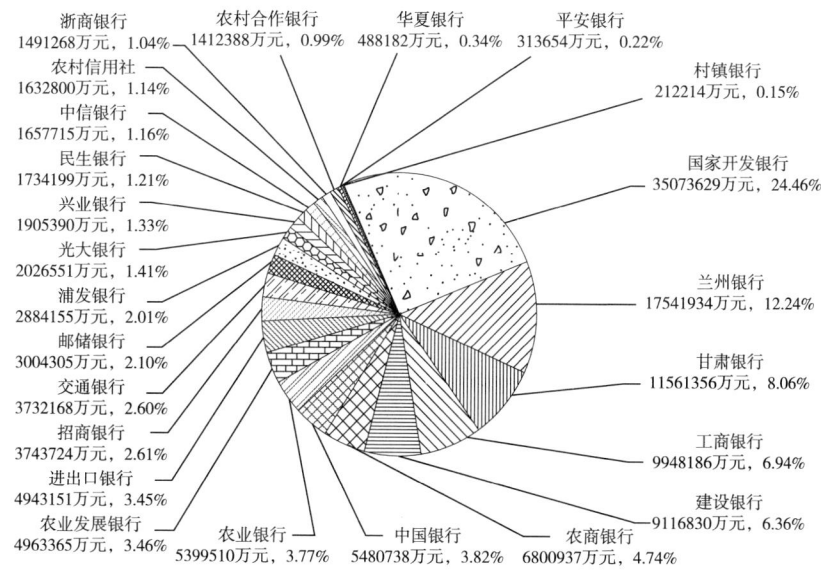

图 10-2 全市银行业金融机构本外币各项贷款余额及占比

资料来源：兰州市人民政府金融工作办公室.2022年1月兰州市金融运行情况［EB/OL］.（2022-03-14）［2020-05-20］.http://szfjrb.lanzhou.gov.cn/art/2022/3/14/art_5097_1103217.html.

在经济新常态背景下，兰州市主动抢抓战略机遇，全面落实服务实体经济、防控金融风险、深化金融改革"三大任务"，为推动全省金融工作取得新成效发挥堡垒作用。但在助推金融业转型升级、多层次资本市场发展、强化金融服务供给背景下，要实现要素驱动、投资驱动转向创新驱动，在推动产业发展、项目建设、脱贫攻坚和小微企业过程中，区域性系统性金融风险也会逐渐显现。兰州市作为全省经济发展的排头兵，任何金融风险都可能成为影响甘肃省经济持续健康平稳发展的隐患，为消除这些隐患，必须要准确识别和评估各种金融风险，有针对性地分析并提出系统性金融风险的有效防控方案。

10.2.1 全市银行业信贷供给的金融风险

兰州市金融体系为银行主导类型，各商业银行均以间接融资方式配置金融资源，全市工商企业、第二、第三产业直接融资渠道窄、占比小，其主要资产来源以贷款为主，因而对全市银行业金融风险识别与分析需以银行贷款为重要参考依据，我国颁布的《关于推进并完善贷款风险的分类通知》也明确了通过贷款识别金融风险的权威性①。从兰州市2020年10月的社会融资规模结构看（见表10-1），全市融资主要以人民币贷款为主（占比达60.1%），其次是政府债券融资（占比为16%），最后是企业债券融资（占比为9.8%）。因全市融资主要方式仍依赖银行贷款，且贷款来源主要以国家开发银行、兰州银行、甘肃银行、工商银行、建设银行、兰州农商银行、农业银行、中国银行等国有银行和本地银行为主（如图10-2），因市域银行经营管理同质化现象突出，投融资过度依赖信贷供给会导致金融结构失衡，本地银行机构支持实体经济发展的高杠杆在短期内会对商业银行的正常运营造成威胁，尤其是市域特征强、地区风险集中度高和抗风

---

① 我国银监会颁行的《关于推进和完善贷款风险分类工作的通知》，明确实施贷款质量五级分类并将实施范围扩大到所有银行业金融机构，其根本目的即为促进银行业金融机构加强信用风险管理，全面、准确地识别、反映和监控信用风险。

险能力较弱的地方性银行,其资产流动速度降低,资产质量必将受到限制或在流动过程中出现损失。

表 10-1　　兰州市 2020 年 10 月社会融资规模存量统计数据

社会融资结构分类	融资规模存量(万亿元)	占比(%)
社会融资规模存量	281.28	—
其中：对实体经济发放人民币贷款余额	168.92	60.1
对实体经济发放外币贷款(折合人民币)	2.31	0.8
委托贷款	11.12	4.0
信托贷款	6.94	2.5
未贴现银行承兑汇票	3.79	1.3
企业债券融资	27.53	9.8
政府债券融资	44.95	16.0
非金融企业境内股票融资	8.06	2.9

资料来源：瑞泽市场调查. 兰州市场调查公司发布 2020 年 10 月社会融资规模存量统计数据报告［R/OL］.（2020-11-15）［2022-05-20］. http://www.182315.com/news/detail-179.html.

10.2.2　地方政府债务（融资平台）的金融风险①

近年来,各地政府将举债融资进行基建投资方式作为"扩大内需、稳增长保民生"的重要手段。目前,中央为控制地方政府债务风险,实施了"天花板"限额管理,但地方政府部门通过融资平台发行政府债券、直接借入或以提供担保、回购等信用方式形成的债务余额规模逐年上升。因银行信贷是地方政府融资的主要方式和用于弥补赤字的主要来源,当地方预算收入及政府财政转移支付资金不足以偿还融资债务,政府只得再向银行贷款或向金融市场举债,使地方政府债务率（债务余额/综合财力）不断攀升,政府偿债压力催生银行信贷风险急剧提升,继而加大了宏观经济运

---

① 关于地方政府债务风险以及影响系统性金融风险传染机理论述,详见本书第 8 章。

行的风险。根据2021年统计数据显示,兰州市地方政府债务余额726.36亿元,列全省各市州第一位;城投有息债务余额3656.26亿元,总债务/总收入接近10倍,总债务/GDP达135.6%(见表10-2),总体上表明兰州市政府债务负担较重。因全市财政收入主要靠国家转移收入,运用财政资金化解地方债风险能力显然不足,而地方政府融资平台债务资金主要以土地、项目抵押的银行贷款或调拨资金为主,未来随着债务余额、偿债压力不断累积和升高,这种融资渠道、担保抵押物的单一性和局限性必然产生潜在违约和转嫁风险,由此引发市域系统性金融风险的隐患不容忽视。

表10-2　　　　　2021年兰州市各经济财政债务排行榜

年份	GDP总量（亿元）	一般公共预算收入（亿元）	政府性基金收入（亿元）	总收入（亿元）	地方债务余额（亿元）	城投有息债务余额（亿元）	总债务（亿元）	总债务/总收入（倍）	总债务/GDP（%）
2021	3231.29	276.71	187.57	464.28	726.36	3656.26	4382.62	9.44	135.6

资料来源:笔者根据兰州市财政局公布的2021年地方政府债务限额及余额预算、网络平台等数据整理。

10.2.3　全市房地产行业的金融风险

房地产行业主要从开发融资、产业关联风险、贷购抵押、投资预期等方面对系统性金融风险产生影响。统计数据表明(见表10-3),2018~2020年,兰州市房地产开发共投资达1692.01亿元,同比增长趋稳;同时,近3年住宅投资、商品房销售面积比例逐年增长。数据显示,2019年房地产投资占固定资产投资比重约为40%,由此表明兰州市房地产市场火爆程度不减,但其催生的房地产贷款和房地产抵押贷款占全市信贷总额的比例居高不下,银行个人按揭贷款高杠杆化风险也不断升级,如房地产市场"泡沫化"和波动幅度放大,此行业失去对投资者吸引力,政府土地财政收入减少、银行系统坏账率上升会加速资产泡沫积累,由此引发的巨大风险隐患必将对全市金融系统、经济发展造成严重后果。

表 10 – 3　2018～2020 年兰州市房地产开发投资、商品房销售面积汇总表

年份	房地产开发投资（亿元）	增长（%）	住宅投资（亿元）	增长（%）	商品房销售面积（万平方米）	增长（%）
2018	586.62	35.74	307.72	12.19	668.79	-8.84
2019	552.42	-5.83	36.83	12.71	712.16	10.65
2020	552.97	0.10	41.99	14.00	848.82	16.10

资料来源：笔者根据 2018～2020 年《兰州统计年鉴》数据计算整理。

10.2.4　民间金融及其非法集资的金融风险

民间金融是金融市场的重要补充形式，主要包括民间借贷（小贷公司）、民间集资以及众筹、网络借贷（P2P）等互联网金融等形式，随着此类融资行为规模迅猛扩展和监管缺位，民间融资扰乱社会金融秩序的弊端突显。据兰州市警方通报：兰州市是非法集资诈骗案的重灾区，发案数占到全省总数的 76%，而全省又成为全国的"重灾区"[1]。经公开发布信息梳理，近年来，兰州市民间借贷市场规模和数量逐年增加，因监管缺失及非规范经营，民间借贷市场非法吸存、集资诈骗等纠纷及发案数逐年倍增。经笔者统计溯源分析，对兰州市现有非法融资方式主要可归集为：企业（民间）融资、传销网络、融资中介、集资公司、民间高息借贷、投资公司非法揽储（以开发金矿、投资股权、炒黄金期货、投资房地产等承诺回报方式）、非法吸收公众存款、集资诈骗等模式。近年影响较大的案件有：兰州"优德公司"非法吸存案（涉案 490 余万元）[2]、兰州科达房产非法集资案（涉案超 8 亿元）[3]、"兰州创意国际商贸城"非法融资案

---

[1] 中国甘肃网. 兰州 50 家公司"跑路"涉案 8 亿　甘肃成"重灾区"[EB/OL]. (2015 – 01 – 08) [2021 – 04 – 11]. http://gs.cnr.cn/gsxw/gngj/20150108/t20150108_517350266.shtml.

[2] 许沛洁. 兰州：非法吸收公众存款 490 余万元　男子被判有期徒刑三年十个月 [N/OL]. 中国甘肃网—兰州晚报, 2019 – 10 – 10 [2022 – 05 – 10]. http://gansu.gscn.com.cn/system/2019/10/10/012237970.shtml.

[3] 兰州中院. 兰州中院：一起涉案金额高达 8 亿余元的非法集资案件，正式宣判![EB/OL]. 甘肃法院网, (2018 – 10 – 26) [2022 – 05 – 20]. http://www.chinagscourt.gov.cn/Show/9878.

(涉案超3亿元)①、兰州九鼎非法集资案（涉案190余万元）②、兰州弘泰集团非法集资案（涉案5.4亿元）③、兰州连发50家投资公司跑路案（涉案超8亿元）、"今朝汇元珠宝"（涉案1.09亿元）和"汉方食品"案（涉案5000多万元）④，以及"商务楼宇"金融欺诈营销⑤、甘肃钰盛项目公司⑥、甘肃西部贵金属经营公司⑦、甘肃兰州"唐冠系"公司⑧、兰州"千木灵芝"⑨等众多非法吸储调查案件。由此而见，未经监管部门批准擅自向社会公开融资已然普及，兰州市民间融资市场变相（非法）集资、融资诈骗等案件高发，并呈现出预谋化、组织化、智能化和网络化趋势，究其主因在于：信贷收紧使实体经济依赖民间借贷的"短贷长用"维持运营，投机借贷资金涌入房地产（采矿业）等行业产生违约和坏账结局，中介机构以投资理财名义非法集资推波助澜等。而非法集资案频发表明不少企业和项目资金链已断裂，被迫借助高成本违规融资手段维持运转，此间不断聚集的借贷风险可能引发更大范围的民间借贷危机。

---

① 吴黎华. 兰州曝出3亿元"非典型"集资巨案 20亿地产陷股权纠纷［N/OL］. 经济参考报, 2013-08-09［2022-05-20］. http://jjckb.xinhuanet.com/2013-08/09/content_460703.htm.

② 焦太霞. 非法集资190余万无法归还 兰州两男子领刑［N/OL］. 中国甘肃网—西部商报, 2017-05-18［2022-05-20］. http://gansu.gscn.com.cn/system/2017/05/16/011703763.shtml.

③ 许沛洁. 涉案金额5.4亿 弘泰集团非法集资案在兰州市中级人民法院宣判［N/OL］. 中国甘肃网—兰州晚报, 2018-10-31［2022-05-10］. http://gansu.gscn.com.cn/system/2018/10/31/012046730.shtml.

④ 王进. 兰州50家公司"跑路"涉案8亿 甘肃成"重灾区"［N/OL］. (2015-01-08)［2022-05-10］. http://gs.cnr.cn/gsxw/gngj/20150108/t20150108_517350266.shtml.

⑤ 兰州市政府金融办. 市处非办召开打击非法集资等非法金融活动分析研判会议［EB/OL］. (2020-10-20)［2022-05-20］. http://szfjrb.lanzhou.gov.cn/art/2020/10/20/art_5098_948800.html.

⑥ 张秀芸. 甘肃钰盛项目投资有限公司涉嫌非法吸收公众存款罪被立案侦查［N］. 兰州晨报, 2021-02-27 (6).

⑦ 张秀芸. 甘肃西部贵金属经营有限公司涉嫌非法经营［N］. 兰州晨报, 2020-09-26 (6).

⑧ 张秀芸. 在甘肃"唐冠系"公司 投资受损的群众 兰州公安喊你来报案［N］. 兰州晨报, 2020-08-13 (6).

⑨ 王成军, 张秀芸. "千木灵芝"涉嫌非法吸储［N］. 兰州晨报, 2019-11-28 (6).

10.2.5 非法网络"套路贷"及 P2P 借贷机构的金融风险

从兰州市互联网金融发展现状看,其发展速度快、公司良莠不齐,且产品种类繁多、业务错综复杂,而公司间相互关联程度高所引发的互联网金融风险传染性也较高。一是非法网络"套路贷"产生民间借贷市场金融犯罪风险。例如,2020 年兰州市特大网络套路借贷案,即通过陆续注册 20 余家空壳公司,利用信息网络等多平台"借新还旧""以贷还贷"诱骗借贷恶意垒高债务达 126 亿元,被害人数多达 47.5 万余人,催收非法债务金额 124 亿余元①,通过网络空间"软暴力"严重扰乱互联网金融管理和民间借贷经营秩序。二是 P2P 的借贷机构潜在互联网金融风险。P2P 网络借贷是互联网金融风险主要高发地,其最初是以信用借款为主,并快速扩张为地域借款模式,但因平台高息自融、蓄意设立资金池、挪用侵占资金、提现风险集中爆发而转向规范监管专项整治,目前已基本实现全国 P2P 机构数量归零。而自兰州市"今金贷"非法吸存案立案后,为推进 P2P 网贷风险专项整治和化解风险,全省确定 28 家 P2P 网络借贷公司(兰州市注册 24 家)退出机制(见表 10-4)。但随着全市域内网贷机构数量、借贷规模和参与人数"归零",存量清退与兑付问题风险化解仍是后续的重点问题。网络投资者、民营银行网络客户会向民间金融机构或中小银行申请赎回,这在一定程度上扰乱了民间金融机构、民营银行投资计划和市场金融秩序;民间金融机构与银行间业务频繁,为民间金融风险更大范围地传播提供了可能;互联网金融线下门店布局呈现增长趋势,因处于监管的真空地带会存在越线经营,尤其是网贷整治后对可能衍生的小贷、助贷或金融科技类持牌公司应加以规范,潜在的资本安全、个人财务信息风险不容忽视,新金融业态下衍生的金融风险监管机制亟须完善。

---

① 赵志锋. 诱骗借贷恶意垒高债务达 126 亿元 兰州中院开庭审理一起特大"套路贷"案[N/OL]. 法制日报,2020-07-15 [2022-05-10]. http://www.legaldaily.com.cn/legal_case/content/2020-07/22/content_8255310.htm.

表 10-4　甘肃省（兰州市）P2P 网络借贷风险专项整治市场退出机构

退出途径	P2P 网络借贷公司
变更、注销或吊销登记	（1）甘肃富景网络借贷信息中介服务有限公司 （2）甘肃大青山网络借贷信息中介服务有限公司 （3）甘肃锦源网络借贷信息中介有限公司 （4）甘肃茂源网络借贷信息中介服务有限公司 （5）甘肃金宇煌网络科技有限公司 （6）甘肃横行天下网络借贷信息中介服务有限公司 （7）甘肃尊煌网络借贷信息中介有限公司 （8）甘肃鋆汇网络借贷信息中介服务有限公司 （9）甘肃金创普惠网络科技有限公司 （10）兰州鹏达网络科技有限公司 （11）甘肃恒辉网络信息服务有限公司 （12）甘肃脉脉网络科技有限公司 （13）甘肃行长贷科技有限公司 （14）甘肃镕耀网络借贷信息中介有限公司
依法吊销营业执照	（15）甘肃大众金融服务有限公司 （16）甘肃省中小企业金融超市股份有限公司 （17）兰州秀秀网络科技有限公司 （18）甘肃嘉盈网络信息服务有限公司 （19）定西卓领网络借贷信息中介服务有限公司 （20）定西银钻网络借贷信息中介服务有限公司 （21）定西汉州网络借贷信息中介服务有限公司 （22）定西中臻网络借贷信息中介服务有限公司
公司自主良性退出	（23）甘肃公航旅金融服务有限公司（陇 e 贷） （24）甘肃省文交文化科技股份有限公司（陇艺金服） （25）甘肃普惠金融信息服务有限公司（甘肃惠融通） （26）甘肃陇能兰新互联网金融信息服务有限公司（陇金汇） （27）甘肃国信金融信息服务有限公司（汇贷天下）
涉嫌犯罪立案查处	（28）甘肃金畅网络科技有限公司（今金贷）

资料来源：甘肃省 P2P 网络贷款风险专项整治工作组．关于公布甘肃省 P2P 网络借贷风险专项整治市场退出机构名单的公告 [N]．甘肃日报，2019-12-19（8）．

10.2.6　影子银行非规范化发展的金融风险

金融市场改革创新催生了传统银行体系之外从事信贷职能的影子银行的发展，主要包括信托、典当行、担保公司、小额贷款公司等非银行金融机构。目前，兰州市存在的影子银行体系主要包括：银信理财产品、第三方支付和民间借贷。银信理财产品主要是指商业银行将理财募集资金委托证券、信托等金融机构进行投资,通过同业存款、信贷类资产、货币市场工具、票据资产及其他资产或金融工具获取相应收益;第三方支付是具备实力和信誉保障的独立机构通过与各大银行签约的方式,提供与银行支付结算系统接口的交易支持平台。目前,兰州市第三方支付机构不超过10家[1],主要业务包括预付卡发行与受理、互联网支付、固定电话支付、移动电话支付、银行卡收单等类型;民间借贷主要是一些小额贷款公司、典当行、地下钱庄等。据调查显示,全省民间借贷资金主要源于个人,仅10%的民间融资来源于专业中介机构,贷款以无担保、信用融入方式为主,由此产生的信用违约会增大后继金融风险。总体来看,当前影子银行并未纳入正规银行监管体系内,其不仅具有组织结构、运作模式和风险特征方面的特殊性,而且具有极快的业务创新节奏。影子银行为商业银行信贷资产"表内业务表外化"提供支持,商业银行在为影子银行体系的期限或流动性转换提供资金支持的同时,也会投资影子银行体系的各类金融产品,此种关联交易加大了金融风险传染的可能性[2],因影子银行与传统金融体系并未建立起严格的风险隔离机制,一旦出现危机则极易传导到银行体系甚至金融体系内部,会对金融体系平稳运行产生系统性风险。

10.3 兰州系统性金融风险的致因分析

通过总结既有研究,学界对系统性金融风险成因理论主要包括:非对称信息下的囚徒困境理论、委托—代理理论、公共选择理论中的分利联盟理论等[3],但引用上述理论解释某一区域金融风险根源存在非对标的局限

---

[1] 例如,三维大数据物联网智能制造产业园项目承载的重要功能就是万支付结算中心,该中心是依托"甘肃一卡通"在兰州新区建设的本土自有的首个第三方支付平台。

[2] 张乾,刘海申. 商业银行与影子银行融合的风险问题——以甘肃省为例 [J]. 青海金融,2015(10):31.

[3] 宋杰. 我国系统性金融风险产生的可能性及其预防 [J]. 商业时代,2008(32):65-67.

性。从风险引发因素的全面性审视，某个区域的系统性金融风险应是宏观与微观、普遍与特殊、外部与内部、组合与单一各序列因素的集合转化，仅从某个视角或单一原因解释兰州市系统性风险致因难免会以偏概全，从而忽视新金融业态下金融市场风险累积的新常态和新趋势。因而笔者认为，厘清某个区域系统性金融风险的原因，既要深入宏观理论的综合解释，也要剖析微观具体的特殊因素。兰州市系统性金融风险的生成既有普遍共有原因也有区域特殊原因，在金融宏观调控作用下，可归结为经济结构与经济增长不协调所致；在区域微观背景下，则体现为金融制度供给缺陷引发金融体系脆弱性原因所致。具体而言，兰州市系统性金融风险的致因主要在于金融宏观调控政策波动及失误、金融资源配置的市场化缺陷、金融机构内生的脆弱性、金融工具创新的竞争一体化、抗风险治理机制低效及区域金融监管机制不畅等方面。

10.3.1　金融宏观调控政策波动及失误

在市场经济条件下，金融宏观调控是政府为实现宏观经济目标运用宏观金融政策工具对金融市场运行实施的系统调控。虽然通过金融手段可调节金融市场供需关系以达到预定目标，但带有强烈行政色彩的调控措施会加剧金融资源约束和金融结构错配，尤其因调控政策波动或失误会引发流动性过剩、房地产泡沫和资产价格风险。权威数据显示，2020 年兰州市固定资产投资、基础设施投资、房地产开发投资、工业投资、制造业投资分别增长 3.4%、15.7%、0.1%、26.0%、24.4%[①]；2019 年兰州市金融机构债券投资、股权及其他投资余额同比分别增长 19.98%、32.42%[②]。随着后疫情期兰州市经济增长提速，各类社会投资、股票及房地产等资产价

---

① 兰州市统计局. 2020 年兰州市国民经济运行情况［EB/OL］.（2021 - 02 - 03）［2021 - 05 - 22］. http：//tjj. lanzhou. gov. cn/art/2021/2/3/art_4853_969899. html.
② 兰州市政府金融办. 2019 年兰州市金融运行情况［EB/OL］.（2020 - 02 - 14）［2021 - 05 - 22］. http：//szfjrb. lanzhou. gov. cn/art/2020/2/14/art_5097_948849. html.

格持续攀升，区域内物价水平则存在上涨压力，而部分信贷资源流向部分行业会导致该行业投资过热，这种长期依赖投资拉动的经济增长模式会加剧经济结构的不合理性，在经济转型和稳增长期如遇政策紧缩调整，会使前期项目投资逐步演化为不良资产，而资产价格缩水会进一步引发因借贷关系形成的金融资产风险，金融机构则成为宏观政策调控的风险承担者，由货币政策波动、调整或失误所积累诱发的金融风险会扩展至域内市场，因而兰州市既要摆脱对投资性增长经济发展的依赖，又要防控紧缩性政策对货币供给过度化的系统性冲击。

10.3.2 金融资源配置的市场化缺陷

建立市场化金融运行机制是发挥金融资源配置基础性作用的重要保障。随着兰州市金融体制改革逐步推进，市场配置金融资源份额逐渐增大，但金融资源配置的市场化要求与当前金融机制存在现实矛盾。按照2020年兰州市银行业金融机构本外币存（贷）款余额及占比排序，兰州银行、甘肃银行、建设银行、工商银行、兰州农商银行、中国银行和农业银行仍是域内商业银行体系的主体，但这些银行机构商业化改革进程缓慢，现有金融业务改革措施仍是原金融组织机构格局基础上的扩展或调整，而对于核心关键、制度创新层面的实质性改革推进迟缓。如推动利率市场化改革、资本市场培育体系、构建市场化商业银行产权制度、建立有效的银行经营内控机制等，因此较难建立适宜市场经济条件下的纯粹的金融供给体系，现实中会存在金融资产业务规模与控制金融风险、金融发展与分业经营等诸方面矛盾，因缺乏市场竞争能力弱化了银行信贷投放能力，从而对兰州市主体商业银行发挥金融资源配置作用产生了局限和制约，使区域经济形势存在停滞或倒退风险。

10.3.3 兰州金融机构内生脆弱性

银行业金融机构固有的高杠杆、期限错配特征会产生金融机构内在脆弱性。高杠杆表明金融机构资产经营是以较少资金开展较大资本量交易的高负债经营，一旦出现经济波动或不利情形即会引起单一银行机构经营困难并遭受损失，相关风险扩散效应会对金融体系产生巨大冲击。据兰州域内三大银行机构信息披露显示，2020年末，兰州农商银行负债总额947.90亿元；2021年末，兰州银行负债总额3713.32亿元；2021年末，甘肃银行负债总额3264.48亿元，分别占各自当期资产总额的90.49%、92.75%和91.06%①，加之受不良贷款质量影响，如不持续优化资产负债结构、健全资产质量管控机制和加大不良资产处置力度，在高负债经营下极易引发单个金融机构或市场化金融体系高风险传染效应。而期限错配会产生金融机构的风险缓释期限短于风险暴露期限，当前贷款长期化与存款短期化态势愈加显现，商业银行"短存长贷"使银行资产负债期限错配程度加剧，如果金融体系期限错配超越承受界限，极易引发流动性事件和风险冲击。

10.3.4 金融工具创新的竞争一体化

在互联网新金融业态和金融体制下，金融工具创新（innovation of financial instruments）是金融业务的重要发展趋势。当前，金融市场的金融工具已从较单一的存款、现金、债券、股票、商业票据等演变为多目的、多形式、多系列的多种类构成。例如，为套期保值、减少或转移利率波动风险所创新的浮动利率债券、浮动利率贷款、利率上下限保险、远期利率协议等金融工具；为增加金融资产流动性、降低融资成本所创新的贷款股权对换交易、股权贷款等金融工具；为金融投资者增加投资机会所创新的可转换股票贷款、可转换股票债券等金融工具。上述金融创新工具存在高收益、高风险、虚拟性等特点，使银行业的金融创新不仅具有金融创新工具交易风险，也使金融机构面临全新的经营风险，主要表现为利率风险的

---

① 相关数据由笔者分别根据兰州农商银行、兰州银行、甘肃银行发布的业绩报告统计所得。

增加、负债的增加、清偿力风险的提高等。当前普遍存在银行金融机构同业竞争加剧，因资金成本上升引起利息收入下降、服务成本增加，从而引致边际利润率下降和资本积累放缓，尤其在某一区域市场内盲目推出同质化金融品种，最易产生金融产品营销滞后并限制金融创新品种的拓展。目前，兰州市银行金融机构主要开展银行信贷业务，金融产品多以存款投资、理财产品、贵金属、代理保险为主，金融业务运营机制不够成熟。整体来看，仍注重推出汽车、消费、住房等高端贷款品种而忽视中低阶层需求的金融品种创新，仍存在新金融品种效益最大化而忽视市场客户需求，以及过度追求金融创新而忽视"买方市场"营销，由此产生难以权衡创新品种利弊、创新品种结构单一、金融产品同质化的现象和问题突出，还未树立起"调整金融品种结构、创新金融产品服务品牌、建立营销核心业务管理机制、适应同业竞争市场激变"的新金融创新发展理念，这与兰州市着力构建新发展机遇、新金融业态相适配的信贷政策和产品结构体系仍存在较大差距。

10.3.5　兰州本地银行业抗风险治理机制运行低效

整体来看，兰州域内银行业务发展空间较为狭窄且竞争力不强。据公开数据显示，兰州农商银行（2020年末）、兰州银行（2021年末）、甘肃银行（2021年末）资产规模分别为1047.50亿元、4003.41亿元和3585.05亿元，各自剔除同期947.90亿元、3713.32亿元、3264.48亿元负债总额后[①]，域内三家主要银行单体净资本规模较小，制约了大型优质

---

①　兰州农商银行. 兰州农村商业银行股份有限公司2020年年度报告［R/OL］.（2021-09-06）［2022-05-20］. https：//lanzhou.gsrcu.com/.
中国经济网. 兰州银行去年净利15.7亿　计提信用减值损失38.4亿［N/OL］.（2022-04-28）［2022-05-20］. http：//finance.ce.cn/stock/gsgdbd/202204/28/t20220428_37540205.shtml.
金融界. 甘肃银行：2021年业绩稳健增长　转型升级持续推进［N/OL］. 新浪财经，2022-03-31［2022-05-20］. https：//finance.sina.com.cn/roll/2022-03-31/doc-imcwipii1545731.shtml?cref=cj.

项目借贷空间，而面对中小企业开发信贷产品与国有银行相比在服务、信息和资本等方面处于劣势，金融创业和发展空间相应受限。而从兰州市金融业深化公司治理结构改革及其运行机制分析，兰州市银行机构虽已普遍建立公司治理结构，如兰州农商银行建立健全决策、执行、监督、激励约束等相互监督制衡的"三会一层"法人治理结构；兰州银行架构的以股东大会、董事会、监管会和高级管理层为治理的组织结构；甘肃银行形成以兰州为轴心、以市州和县域为辐射的营业体系，以及权责清晰、制衡有效的法人治理结构和内部组织架构。近些年，上述各家银行机构在组织结构和运作机制上变化较大，但在金融治理和实践操作上仍存在一些问题，如现代政银关系下的治理架构"形具神缺"，使"三会一层"监督制衡流于形式，从而与"各负其责、协调运转、有效制衡"的治理要求相差甚远，并未从实质上改变原有的管理低效问题；因未搭建起科学合理的股权结构，"一长独大"的个人意志掌控了关键经营管理决策权，独立董事、监事会并未有效发挥监督制衡作用，内部控制现象依然存在，风险防控职责和运行边界模糊，风险治理架构和长效管理机制与现代金融体系法人治理结构并不匹配等问题的存在使兰州市金融业不能有效发挥风险管理策略、风险偏好和风险限额管理机制，从而降低了对各类风险有效识别、评估、监测、报告、控制的抗风险治理效能。如2020年4月甘肃银行挤兑事件，实质反映出因不良信贷率超高引发的对银行把控和化解风险能力的担忧，同时也与经济周期和自身经营治理存在缺陷有关联。

10.3.6 兰州金融市场尚未构建起完善的监管机制

当前，兰州域内银行业正实施以调整信贷结构为目的，积极布局零售银行向互联网转型的发展战略，通过加快新技术的创新应用，围绕"用户、交易、信用"三大基础数据，优化和提升业务流程、体验和效率，全面推进以行业应用、电子商务、互联网、大数据为一体的场景化金融应用平台，打造集支付、理财、信贷、电子商务、大数据金融等于一体的互联网金融生态体系①，因兰州地方金融新业态和金融生态环境具有区域差异性和不平衡性，尤其在金融机构准入、设立及退出机制方面，均由监管部门直接负责而缺乏对监管机构的有效制约，同时也存在监管运行机制不完善等问题②，这对金融科技背景和创新业态下的金融监管都提出了更高要求，因目前并未构建起特别完善的监管制度应对创新监管问题，现有金融市场监管方式已不适应"技术化、数据化、混业化"的风险监管需求，也难以适用同一监管方式、监管标准对兰州金融市场服务创新进行衡量和判断。

---

① 王凌云. 兰州银行：金融场景化开放平台 [EB/OL]. (2021-04-30) [2021-05-30]. https：//www. sohu. com/a/463862770_100278905.

② 郭娜，等. 系统性金融风险的识别防范措施研究 [M]//发挥社会科学作用 促进天津改革发展——天津市社会科学界第十二届学术年会优秀论文集（中）. 天津：天津出版传媒集团天津人民出版社，2017.

第11章
兰州系统性金融风险监管及考量因素

防止发生系统性金融风险是金融工作的永恒主题,防控治理兰州市系统性金融风险是保障全省金融平稳健康发展的重要基础。《中华人民共和国国民经济和社会发展第十四个五年规划和2035年远景目标纲要》中明确提出统筹推进防范金融风险建设的总思路:推动形成全面开放新格局,完善现代金融监管体系,补齐监督制度短板,健全风险全覆盖监管框架,提高金融监管透明度和法治化水平。很显然,这一金融法治战略思想提出了强化金融安全的目标和任务。因此系统性金融风险监管已对传统监管模式提出了重大挑战,当下如何消解兰州市系统性金融监管的局限与弊端,亟须从兰州市系统性金融风险监管正当性以及考量因素中寻求解决之策。

11.1 兰州系统性金融风险监管正当性省察

系统性金融风险具有全面性、体系性、共振性的风险特征,其冲击性与破坏性远胜于单体金融风险。如前所述,在金融创新与竞争背景下,兰州市域内银行系统正面临信贷结构调整与互联网经营战略的特殊转型期,而长期以来,兰州市经济发展与本土金融市场存在积极协作与互动关系，尤其表现为实体经济与银行贷款余额拟合度高、经济增长与银行放贷呈正相关关系。据统计，2020年兰州市生产总值（GDP）增长2%左右，与同期消费者物价指数（CPI）上涨0.5%正比关系差距不大。因GDP、CPI两项指标对银行体系具有明显冲击，若新增1个单位的GDP，需要7个单位的新增债务予以支持，相应企业利润和居民收入也大幅回落，即对应着银行体系来自实体部门融资回报的大幅下降[①]。因此，现阶段兰州银行体系盈利存在三个结构性变化：一是明显偏高的宏观杠杆率挤压了源自实体部门的融资回报空间；二是银行体系的同业往来比重出现趋势性下降，对实体部门融资速度加快的同时，也拉升了金融机构间同业往来的套利空间；三是面对兰州市域内银行机构对外融资结构的变化，使银行系统新增债务有效性大幅下降，严重影响银行体系的盈利模式，而上述三个方面也是事关兰州域内银行体系能否持续健康发展的核心问题。

而与传统银行业务相比，目前兰州本地银行经营风险持续在股票、债券、理财产品、房地产、外汇和互联网金融等市场领域渗透并放大，加之区域内金融同业扩张必然会对金融秩序造成严重干扰，如产生"金融空转""金融资源脱实向虚"的趋势，不仅"金融支持实体"持续性受阻，其银行系统产品交易与经营样态的多元化会催生和打破风险传导区域限制，继而会促使爆发系统性金融危机的可能性大幅提升。因此，在新金融业态下，防范化解兰州市系统性金融风险已成为其区域金融监管的永恒主题。从发展趋势看，系统性金融风险监管已对传统监管模式提出了重大挑战，当下如何消解兰州市系统性金融监管的局限与弊端，仍需从系统性金融风险监管正当性考量中寻求解决之策。

首先，系统性金融风险监管是以"市场经济的周期性"为本位的监管模式。对任何一个实行市场经济的国家来说，市场经济周期性地出现资产

---

① 张涛. 宏观杠杆率映射出的银行体系变化与问题 [EB/OL]. (2021-08-10) [2021-10-09]. http://finance.sina.com.cn/zl/china/2021-08-10/zl-ikqciyzm0630599.shtml.

膨胀与负债紧缩所带来的系统性金融风险是不可避免的①。随着国内经济由高速增长换挡转向中高速增长,兰州市 GDP 增速已由 2010 年的 12.8% 递减至 2020 年的 2% 左右,这是市场经济存在周期性经济下行的经济表现,加之全市产业结构转型与新旧动能转换,会使企业融资条件放松而过度消耗金融资源,由此将产生银行体系资产回报下降和资产质量恶化的风险,进而导致体系规模大、网络虚拟性强、业务涉及面广的系统性金融风险的上升。而银行资产交易效率提高会削弱风险防控的内部传染性,因此从实体经济周期角度分析规制金融风险拐点,正是系统性金融监管异于传统金融监管模式的根本所在,以此本位构筑系统性金融风险监管模式已成为提升金融安全效率的基本经验。

其次,系统性金融风险监管是以防控"流动性紧缩"为中心的新监管生态。布鲁纳尔和梅尔泽(Brunner & Meltzer)认为货币存量增速减少可导致银行业危机,突发性货币紧缩会使银行维持流动性而低价出售资产,由此增加银行筹资成本并危及偿付能力而引发破产危机②。通过对数次国际金融震荡和经济衰退原因分析,总结得出银行和货币政策是威胁系统性金融安全的关键因素,并使防控货币紧缩成为国际金融监管的核心内容。但因国际金融组织、一国或某区域较难建立统一等效的流动性维持标准,也尚未形成固化的防控模式、成熟的规制机制和有效的监管体制。而金融一体化背景下,系统性金融风险防控最重要的是体现国与国、系统内外部、域内外的有效协同,在政策监管上不仅有国内法律制度,也涉及国际金融组织、欧盟、西方国家对金融风险监管的立法规定和不同态度,尤其在监管适用上缺乏国际协作的实践探讨,也无法将代表性国家的防控政策作为唯一选择和参考。鉴于此,为防范市场流动性紧缩对信贷市场冲击而形成危机扩散,需弥合在系统性金融风险监管上的国别区域、监测预警、信息共享等方面差异,加强域内外金融监管协作与机制共享是根本途径,

---

① 方兴起. 防范系统性金融风险是金融监管的永恒主题 [J]. 福建论坛(人文社会科学版), 2018 (1): 14.

② 董青马. 开放条件下银行系统性风险生成机制研究 [M]. 北京:中国金融出版社, 2010.

在此趋势下构筑系统性金融风险监管新业态未来可期。

最后，系统性金融风险监管必将推动金融体系监管新业态的立法转换。系统性金融风险监管体现了域内外防控设计与协调机制的结合，是立法技术在金融监管治理中的运用；其所引发的监管理念、框架、方式和内容上的重大变革，是推进系统性金融风险全新监管范式转换的关键因素。当下，因对系统性金融风险监管体系的前瞻性、有效性犹未可知，如因监管方式僵化欠缺监管实效，或因协作不畅引致风险传染，又或因监管策略粗暴扼杀金融创新，凡此种种，必将阻碍金融监管系统改革和金融安全战略目标的实施，因而经济新常态下需要通过立法手段与技术规范构建系统性金融风险监管体系，由此诱发的全新监管范式其本质仍以立法协作为圭臬，以实现监管实时性、系统性、协调性和可替代性为目标。在此前提下，如何强化内外联动机制、发挥系统协作合力、完善监测信息共享、统一风险监管标准、实现审慎监管协调，强化主动监管和实施穿透式监管，正是颠覆性风险防化立法技术与金融科技创新的应有之义，更是推动传统金融风险监管手段与模式亟待转换的根本原因。

11.2 兰州系统性金融风险监管的考量因素

兰州系统性金融风险产生是整个金融体系内外部环境条件共同作用的结果，也是对经济增长减速、流动性紧缩、管制过度与监管不力等因素交互作用的反映，而系统性金融风险监管问题是构建兰州市域内金融风险防御体系的基础，在金融开放新业态下，构筑、完善兰州系统性金融风险"防火墙"须重点考量以下因素。

11.2.1 设定监管目标

金融行为最早体现为个体自治行为，在金融经济发展为整体经济之后,单个主体的金融风险就演化为整个社会的系统性金融风险[1],因此,兰州市金融监管机构明确监管原则、监管规范的首要前提即是设定监管目标。如监管目标不明确、不合理或缺乏调整性,势必阻碍系统金融风险监管体系、监管规范的构建与实施,也无法达成本域金融管理、金融行为和金融活动等主体利益均衡的目的。就兰州市系统性金融风险监管而言,本地监管机构的总体目标在于通过对本域金融行为治理,有效防化风险传染,完善监管协作体系建设,提高兰州市金融系统的稳定性。

具体而言,一是防范兰州市国民经济运行变化对本地金融体系产生的系统性冲击,经济新常态下,应防止经济较高增长期的对冲风险在经济下行期显现放大,更应严控金融体系顺周期性效应下产生的系统性风险。二是防范兰州市金融体系自身逐步累积、演化的系统性风险。当前,兰州市域内涉及的银行业金融机构数量逐年增加,金融机构间因业务经营联系性较以往更为复杂,市内潜在地流动性、房地产泡沫、影子银行、地方债务、过剩产能、资产负债等风险,会在不同机构、市场、行业和区域间产生内外共振效应,继而导致传染并放大系统性风险空间。三是防范外部风险溢出/贷款人效应传导风险,这是新常态下兰州区域系统性风险监管的终极目标。例如,本地市场化主体(机构)因对银行市场(或产品)判断失误引发实体投资或敞口风险、债务融资风险通过溢出/贷款人效应转化为承兑风险、股权投资风险被转移为商业银行不良资产、银行信贷与实体经济活动错配、兰州市经营主体(或资金)因跨市场信贷关系传导的风险,以及跨区域投资风险、金融交易安全隐患、经营欺诈行为等,客观上会增加兰州市金融市场遭受外部冲击的可能性,继而诱发区域系统性金融风险,这也是强化兰州市系统性金融风险监管的重要原因。

---

[1] 刘少军. 准金融"机构与业务"监管的法理研究[C]//金融改革与银行法治建设——中国银行法学研究会2013年年会,2013.

11.2.2 革新监管理念

实践表明,系统性金融风险的具体确定性、防化滞后性和规制不完善性,难以适应新常态下发挥货币政策创新、稳定金融体系运作和强化审慎监管的需求,这是由金融风险内在本质特征所决定的。鉴于兰州市区域传统金融风险指标失灵及风险诱因的双重性,尤其是同样的外部经济金融冲击对类似区域的影响反差明显,因而应基于兰州市金融体系风险变量、区域宏观经济、市场金融改革的全局性、系统性考量,改变以传统金融为中心的"命令—控制"型监管模式①,调整、确立"功能性、行为性、适应性"监管思维,实现由传统的被动监管向"纵向'央地金融监管协调、属地监管主体责任'、横向'打通部门协作+金融信息共享+协作立法衔接+协调改革同步'"的"矩阵式"纵横监管与金融生态自发调整的协同监管转进,通过发挥"穿透式"综合监管效能,强化对银行等金融机构的监管力度,全方位提升兰州金融监管机构风险管理水平以及兰州区域金融生态恢复力,通过强化域内外风险管控治理能力,有效识别系统性金融风险传导途径,监测并构建重要的系统性金融机构预警体系,以克服金融系统脆弱性和有效应对域内银行体系潜在的内外部风险,增强兰州市区域金融风险免疫力,从而守住不发生系统性金融风险的底线。

11.2.3 创新监管方式

在金融一体化背景下,深入研究兰州市系统性金融风险的产生根源、主要类型、风险结构,以及防化措施呈现的多元性、复杂性和非规则性。倘若仍局限于金融监管部门提出的金融风险改革发展策略,仍寄期望于对

---

① 此模式主要表现为监管机构预先制订行为规则,监管对象开展金融投资及交易行为需遵从法定规则。详见张永亮. 金融监管科技之法制化路径 [J]. 法商研究, 2019 (3): 130 – 131.

既有政策法规和防控措施的修补完善，缺乏对现行风险体系的本源性和颠覆性创新，不能确立组织机构稳健、金融交易良性、金融权益保障的监管体系及核心价值体系，则既无法满足金融体系安全战略要求，也难以完成防化风险监管政策有效对接、风险监管全流程覆盖，以及金融权益维护保障的目标。从系统性金融风险监管发展理路看，监管主体对金融机构实施监管，应以创建并维持不超越创新且服务于创新的良性监管生态，因此设定何种监管模式要从监管时机、创新限制、竞争影响等方面予以全面权衡。从前述系统性金融风险分析可知，以顺周期性、流动性风险为特征的传播风险是引发区域性系统风险危机的重要原因。而借鉴系统性风险监管，应以健全金融监管体系为切入点，完善事前、事中、事后的监管衔接、信息互联互通共享、跨部门协同监管机制，创新宏观审慎监管的逆周期性、流动性风险等主要监管策略，强化信用监管、大数据监管、包容审慎监管等新型监管方式，强化规范防控兰州市系统性风险金融行为及其监管内容、协作模式、标准路径的监管标准，最终建构区域系统性金融风险监管的内外协同治理机制。

第12章 兰州系统性金融风险防控监管机制

兰州金融体系稳定是保证省域经济平稳健康发展的关键，而强化金融监管是防控兰州不发生系统性金融风险的重要保障和手段，尤其在互联网金融科技背景下，如何创新发挥新金融监管机制是防范区域系统性金融风险的首要问题。习近平总书记在金融工作会议上明确指出："要把主动防范化解系统性金融风险放在更加重要的位置，科学防范，早识别、早预警、早发现、早处置，着力防范化解重点领域风险，着力完善金融安全防线和风险应急处置机制。[①]"面对新金融业态，我国金融体系复杂度、创新度和开放度进一步增强，兰州市区域经济周期性、结构性、制度性矛盾叠加，当前正处于克服经济下行压力、经济发展稳中有增并向高质量发展迈进的关键期，兰州要实现建设成为"一带一路"区域金融中心的"金融之城"，迫切需要构建支撑"创新城市建设、服务实体经济、防控金融风险"的金融安全监管体系。

12.1 完善兰州金融创新系统驱动发展目标体系

兰州金融业已成为支撑全市经济发展的重要支柱产业之一，也成为三

---

① 中国纪检监察杂志. 习近平出席全国金融工作会议并发表重要讲话 [J]. 中国纪检监察杂志，2017 (14)：1.

产占比最高的产业。"十三五"期间，兰州市金融业保持快速长足发展。全市完成直接融资1627.84亿元。2020年末，小微企业贷款余额2489.06亿元（占各项贷款余额的18.9%），同比增长5.76%；2020年兰州市金融业增加值431.51亿元（占地区生产总值和三产增加值比重分别为14.9%、22.8%）。从金融产业结构和业态分布看，兰州市目前基本形成以"传统金融机构为主体、新型金融业态为创新、地方金融从业机构为辅助"的区域性现代金融组织体系，随着金融服务支持地方经济发展水平能力不断提增，促进国民经济快速健康稳定发展应是防范系统性风险的根本，而完善金融服务体系和提升金融产业竞争力则是主动防控金融风险的根本保障。对此建议如下：一是在当前金融与经济、科技领域深度融合背景下，应提升兰州金融服务实体经济能力、发挥"稳增长、调结构、促转型、惠民生"的重要支撑作用，并成为引领兰州市金融系统发展的政策原因及市场动力；二是政府应发挥合理的、差别化的指导调控，强化金融系统驱动发展分类规划和顶层设计；三是全面推进兰州市金融业驱动发展的战略目标体系建设，尤其要制定传统金融机构向差异化金融业态转型发展的战略目标；四是引领兰州金融机构增强稳固"发展为基础、质量为重点、市场为方向、效益为核心"的经营理念，通过分类打造金融业务面向市场、坚持"营销+零售+信贷"市场定位，充分拓展发挥金融"造血"功能，提增综合竞争力和抗风险能力，持续强化金融避险功能，以期削减区域金融行业竞争风险。

12.2 明晰优化兰州地方金融监管权责配置体系

自2017年全国金融工作会议及党的十九大以来，中共中央、国务院连续出台金融发展规划和文件方案，赋予地方政府金融监管事权，并就"健全金融监管体系""压实地方金融监管责任、强化属地风险处置责任"作出顶层部署。兰州市现有金融机构100余家，小额贷款公司、融资担保公司、典当行等地方金融从业机构180余家①，有力弥补了兰州市正规金融信贷覆盖不足，虽然满足了中小企业融资需求，但过度扩张会在一定程度上弱化和扭曲传统信贷渠道，增加地方金融体系的不稳定性和调控难度②。因影子银行与纳入正规金融监管的银行机构运作特征不同，兰州市非银行金融机构数量（见表12-1）及经营状况极易诱发兰州市金融系统风险，尤其面对兰州市地方金融乱象（如线上非法集资、众筹跑路风险）、风险集聚、传统金融监管制度缺陷，在甘肃省获得地方金融监管事权、承接转移的地方金融监管工作后，由地方政府参与本地影子银行监管，则可有效弥补现行垂直监管范围有限、资源不足的缺陷，兰州市作为省会城市，应为防控全省系统性金融风险发挥主体作用。因而应以"7+4"类金融机构和"两非"领域金融监管范围为重点，构建防控"'传统金融+金融科技'双重风险、维护兰州市金融消费者权益、服务兰州市实体经济发展需求"的地方金融监管权责配置体系。对此建议如下：一是创新兰州市金融系统监管理念，保持稳定的金融监管原则和监管模式，使监管效能服务于金融市场实际，避免过度干预金融经营业态；二是明确兰州市地方政府金融监管职责边界，避免各级监管部门和行业自律监管职能重叠，提升监管服务能力；三是完善兰州市地方金融监管组织体系，优化监管分级权责配置，丰富监管职能和手段；四是明晰兰州市金融监管事项范围和分工，通过有效指导兰州市金融机构业务方向，为地方经济发展提供金融支持动能；五是建立金融风险监管绩效问责机制，为提升兰州金融风险防控能力与监管治理效能奠定责任基础。

---

① 金秦乾."十四五"期间，兰州将打造"金融之城"[N/OL]. 每日甘肃网，2021-02-07[2022-05-20]. http://gansu.gansudaily.com.cn/system/2021/02/07/030272857.shtml.
② 王擎，白雪. 我国影子银行发展与银行体系稳定——来自省际面板数据的证据[J]. 财经科学，2016（3）：1-11.

表 12-1   2022 年 1 月兰州市非银行金融机构数量统计

类别	数量（家）	额度	业务经营情况分析
证券分支机构	64	交易额 1186.59 亿元	交易额同比下降 3.9%，较上年同期减少 49.22 亿元
上市公司	22	—	沪市主板 10 家，深市主板 9 家（兰州银行于 1 月 17 日在深交所上市），科创板 1 家，H 股 2 家（庄园牧场 A+H），"新三板" 15 家
小额贷款公司	104	贷款余额 65.73 亿元	大部分小额贷款公司未正常开展相关业务，处于只收不贷状况
融资担保公司	14	责任余额 48.48 亿元	正常经营融资担保公司 14 家，累计担保代偿额为 4.45 亿元
典当行	47	典当余额 8.55 亿元	典当总额 160768.92 万元，同比增长 13.5%，业务结构多集中在动产及房地产

资料来源：笔者根据兰州市政府金融办发布的《2022 年 1 月兰州市金融运行情况》统计整理。

12.3　强化推进兰州金融基础设施建设体系

金融基础设施是金融市场稳健高效运行的基础保障，是宏观审慎管理和强化风险防控的重要抓手。习总书记在 2019 年 2 月主持中共中央政治局第十三次集体学习时指出，"要加快金融市场基础设施建设"；央行等六部委于次年 3 月联发《统筹监管金融基础设施工作方案》，强调要 "加强重要金融基础设施的统筹监管"①。在党和国家全面提升金融基础设施发展战略安排背景下，如何完善兰州市金融基础设施建设适应金融高质量

---

① 卫保，张飞龙，王越. 区域金融基础设施建设研究 [J]. 西部金融，2021 (7)：76-79.

发展，强化补齐"金融之城"建设短板及监管要求，这是"十四五"时期兰州市金融领域助力实体经济发展的重要保障。结合当前兰州市金融基础设施问题现状及其发展困境，要全面探索市域金融基础设施建设新思路，推动形成"布局合理、治理有效、先进可靠、富有弹性"的金融基础设施体系。对此建议如下：一是完善兰州市金融基础设施管理体系建设。兰州市要以加大市区金融机构信贷服务供给为引领，深化推进兰州市金融管理体制改革，强化完善金融组织结构，明确优化市区金融基础设施监管目标，理顺跨市场、跨机构、跨业务的监管范围和界限，落实各部门监管职责，推动形成全市职责清晰、分工明确、合作统一的金融基础设施监督管理体系。二是提升兰州市金融支付结算基础设施建设。驻兰金融机构应创建满足普惠金融、绿色金融、数字金融产品的安全支付体系，提升互联网通信技术业务规模，扩展非现金支付便捷度与覆盖面，完善小额货币供应和自助服务体系，优化金融机构投资理财安全交易系统。三是加大兰州市金融基础设施综合运营建设。全面规范金融机构（业务）市场准入、信贷供给、治理运营、信用体系、担保机制、反洗钱、金融投资保护等金融基础设施制度建设，促动本地银行征信、税务、公检法、公共信息平台等部门数据共享，强化全域金融资金流动与风险监控，建立金融消费纠纷多元解纷机制，通过促动金融基础设施建设共筑兰州区域金融风险"安全网"。

12.4 健全政府投融资债务预警化解机制

从严监管政府投融资行为，防范化解地方政府债务风险和系统性金融风险已经成为当前我国的重要战略部署[①]。地方政府财政体制对投融资债

---

① 梅建明，戴琳，吴昕扬. 中国地方政府投融资改革70年：回顾与展望[J]. 财政科学，2021（6）：35.

务风险产生催生刺激作用，政府投融资债务不仅对城市发展确定合理新增负债额度带来困难，其中隐含的财政金融风险也为"一体四翼"创新城市建设以及创新投融资方式埋下隐患，当前应通过完善财政体制引导约束地方举债行为，同时健全政府债务预警化解机制，以防避投融资债务风险及其传染。对此建议如下：一是完善兰州市地方政府债务监管机制。要建立政府债务监管职责体系，克服地方政府投融资举债的隐蔽性，发挥独立监管作用，确保债务真实规模的准确性，兰州市域可以试点跨区域监管，使地方债务通过真实的硬约束机制实现有效监管。二是通过跨域合作强化政府债务管理效能。缺乏城市建设项目和投融资中长期规划是地方政府因不理智举债而产生债务纠纷的主要原因，尤其是债务管理理念陈旧没有清晰认识。因而强化政府债务跨市域合作机制，可防避和更易发现资金用途不合理、债务管理隐患问题，开展市域债务管理合作也可对一些特殊公共基础设施和公共服务建设项目进行转移分担，从而减轻本地政府举债压力。三是强化地方政府债务预警防控机制。要建立大口径债务数据统计和债务信息披露制度，通过完善明确的数据证明，构建政府债务数据监测、债务评估和风险预警机制，建立债务风险指标体系和预警阈值，以准确判断和强化政府隐性债务预警工作。四是完善政府债务纠纷化解机制。继续防化市域金融机构风险传导和安全检测，健全严格内查内控制度，降低不良贷款率确保资金良好的流动性。要建立省市金融监督部门、企业和金融机构合作机制，及时协调保障内外部融资渠道通畅。要会商防控因刚性债务规模大、负债经营和代偿风险高产生的债务风险，通过政府专项拨付、财政补贴、外部融资等方式，及时处置化解债务危机。五是构建区域良好的金融生态和支持发展体系。要保持金融市场与投融资体系的整体平衡性，避免非理性举债产生高成本融资，充分发挥政府和地方法人金融机构引导作用，强化政府主体责任和投融资环境，建立政治生态清朗、市场渠道健康、风险处置得当的金融生态环境。

12.5 建立兰州系统性金融风险预警防范体系

系统性金融风险是金融系统面临的最重要也是最严重的风险之一,业界对现阶段系统性金融风险不断积累这一趋势已形成共识①,任何系统性金融风险的来源、生成及其传染都与经济社会、金融环境密不可分。前已述及,兰州市金融体系内部基础性风险形成因素是产生系统性风险的内因,在金融机构产品创新与多元合作条件下,兰州市各银行推出的智能金融服务(如智能服务机器人、指静脉存取款、现金循环机、智能柜台等)、互联网金融产品(如手机银行、网上银行、电话银行等)、金融信贷产品(如汇商通、公务贷、税易融、薪易融、循环贷、车位贷、消费贷等)、金融代理业务(如贵金属、保险等)、金融理保存款(如年年利、满年利等)等金融产品,虽然加强了金融子行业间的联系,但金融产品同质化与混业经营趋势会使原有风险隔离机制逐渐失效,从而引发兰州市金融子行业间的风险传染。另外,由于新冠肺炎疫情不间断暴发,促使实体经济损失通过资产价格波及金融体系,并与金融体系损失互为影响产生风险螺旋,此种联动性预示着兰州市金融体系与实体经济、兰州市区域金融子市场间(以外汇市场、股权市场、证券市场、保险市场及银行同业拆借的货币市场为主)风险传染性将渐次增加。因此,强化风险预警防范是防避系统性金融风险潜在传染的可控变量,当前须基于多维度判断和指标体系监测进行风险识别和评判,通过有效机制对兰州市区域系统性风险进行控制、消除和阻止。对此建议如下:一是建立符合兰州市域金融发展的系统性风险识别体系。兰州市金融风险特征及传染方式或多或少会体现出本区域差异,但识别系统性风险的数据、机理、工具和方法等关键要素基本

---

① 刘金霞. 我国系统性金融风险预警与防范研究的回顾与展望 [J]. 金融理论与实践,2017(9):92-99.

相同。当前要充分挖掘风险识别工具并增强综合使用能力,准确把握和判别系统性风险触发因素,及时识别风险信号及传染渠道,通过完整体系有效提高风险识别效率和决策处置能力。二是构建兰州系统性金融风险测度相适应的指标体系。通过 Probit 模型将系列金融经济指标纳入核算,以全面测度系统性金融风险及其概率,全程监控兰州市系统性金融风险应对识别能力并预警其风险。三是推进兰州金融压力状况指标体系建设。选取金融活跃度、金融规模、关联度、不可替代性/金融基础设施建设情况、复杂性等金融压力状况指标,综合金融压力指数并实时测量兰州市系统性金融风险程度。四是构建兰州系统性金融风险预警指标体系。通过兰州市经济金融数据遴选警源指标、警度指标并设置阈值,对引发兰州系统性金融风险的潜在传染因素进行预警,尤其要将兰州市金融市场重要性提升、金融服务实体经济关联性、金融混业经营趋势等纳入预警指标体系。五是构建兰州金融系统重要性金融风险预警体系。将强化宏观审慎监管作为兰州市构建风险预警体系的重要补充,重点防控在甘在兰的"中农工交建"国有银行、"中招浦民兴"商业银行资产质量和流动性风险,为确保兰州市不发生系统性金融风险夯实基础。

12.6 强化兰州金融系统数据开发和共享体系

当前,各驻兰州市金融机构大力发展科技金融,全面创建"信息畅通、数据共享"金融工作新机制,以期提升金融资源与实体经济金融需求适配度。在积极创新金融服务模式背景下,无论是系统性风险触发因素,还是识别系统性风险的方法和模型,均需以大量数据分析为前提,更是监管机构作出监管判断并采取措施的重要基础。而建立兰州市系统性金融风险有效识别的关键在于提升金融数据质量,当前亟须强化兰州市金融系统数据开发和共享体系建设。对此建议如下。

(1)加强和完善兰州市金融数据收集、分析工作机制。加强数据收集和分析工作对于识别系统性风险的有效性具有重要作用，要全面提升兰州市区域金融数据统计频率和数据准确性，制订定性分析与定量分析标准，尽可能缩小数据分析工作存在的区域差距性。

（2）规范建立全面、协作、统一的兰州市金融业综合统计体系。发挥兰州市政府金融工作办公室联合协同作用，建立兰州市金融数据联席统计制度，市金融管理部门、金融监管机构、银行机构、非银行金融机构定期召集统计核报业务经营数据，通过拓宽金融统计数据覆盖范围和获取渠道，共同分析全市金融发展情势，解决重点领域投融资问题并强固风险防范底线。

（3）构建兰州市金融大数据收集、处理和共享信息平台。在兰州市金融业综合统计体系建设基础上，建立包含兰州市宏观经济与实体经济信息的全过程、全链条金融大数据平台，强化诸如不良贷款率、货币流动性、信贷证券化、本外币存贷占比、本外币存贷余额增速、股（债）权融资、非银行金融业务等数据收集处理、互通共享功能，以助力监管部门及时掌控评估兰州市金融业运行态势。

（4）探索完善兰州市金融系统风险信息发布和沟通机制。要组织专业力量进行系统测度和分析研判，定期发布除金融运行情况外的兰州市金融系统风险信息，合理引导市场主体、社会公众投融资预期，通过规避非理性动态影响实现市场沟通，并为实施宏观审慎金融监管提供有效依据。

12.7 构建兰州系统重要性金融机构（G–SIFIs）风险预警体系

国际金融组织和各国政府监管部门在对新近全球金融危机反思的过程中，提出了系统重要性金融机构概念[①]，并发现其对系统性金融风险的形

---

① Beranke B. Financial reform to address systemic risk [R]. Speech at the Council on Foreign Relations, Washington DC, 2009（10）.

成与传播具有潜在诱发作用。现代金融生态规模影响、高度关联度、风险传递的复杂性都已体现出系统重要性特征。因而从理论上讲,所有金融机构均具有潜在系统重要性。鉴于此,所形成系统重要性结构在金融体系稳定中的特殊认识,各国监管当局及巴塞尔委员会明确了识别和划分系统重要性金融机构的方法及标准①,自 2011 年以来,我国中、工、农、建 4 家银行和中国平安保险集团分别被认定为全球系统重要性银行(G-SIBs)、全球系统重要性金融机构(G-SIFIs)。统计数据显示,2018 年中、工、农 3 家中资 G-SIBs 因其规模和复杂性推动系统重要性整体上升;同时交通、兴业、浦发、中信、招商等中资银行也处于系统重要性全球前 50 排名内②。结合全球系统重要性金融机构评估方法和具体指标,国内系统重要性银行评估主要考虑规模、关联性、复杂性和可替代性四方面因素(权重均为 25%)③,并将证券业、从事金融业务的机构与银行、保险等金融机构纳入国内系统重要性金融机构(D-SIFs)监管框架④。从 2021 年央行、银保监会公布的 D-SIBs 情况看(见表 12-2),19 家系统重要性银行包括 6 家国有银行、9 家股份制银行和 4 家城商银行。根据《系统重要性银行评估办法》,分别按系统重要性得分并从低至高分组,不同组别系统重要性银行虽在恢复与处置计划、信息报送与披露、公司治理等方面要

---

① 朱波. 中国金融体系系统性风险研究 [M]. 成都:西南财经大学出版社,2014:120-124.

② 全国产经平台. 全球系统重要性银行(G-SIBs)简介及 2018 年名单 [EB/OL]. (2020-03-23) [2022-04-01]. https://www.163.com/dy/article/F8D7POII0550A54Z.html.

③ 中华人民共和国中央政府网站. 银监会关于中国银行业实施新监管标准的指导意见 [EB/OL]. (2011-05-03) [2022-03-30]. http://www.gov.cn/gzdt/2011-05/03/content_1857048.htm.

④ 实际上,我国构建国内的系统重要性金融机构清单范畴更广。《关于完善系统性金融机构监管的指导意见》所称系统重要性金融机构包括系统重要性银行业机构、系统重要性证券业机构、系统重要性保险业机构,以及国务院金融稳定发展委员会认定的其他具有系统重要性、从事金融业务的机构。"银行业机构"指依法设立的商业银行、开发性银行和政策性银行;"证券业机构"指依法设立的从事证券、期货、基金业务的法人机构;"保险业机构"指依法设立的从事保险业务的法人机构。中华人民共和国中央政府网站. 三部门联合印发《关于完善系统重要性金融机构监管的指导意见》[EB/OL]. (2018-11-27) [2022-04-01]. http://www.gov.cn/xinwen/2018-11/27/content_5343833.htm.

求相同，但银行纳入 D-SIBs 实施差异化监管会面临资本补充和杠杆率压力，因一级核心资本补充源于银行自身利润留存内源性渠道，从而促动 D-SIBs 依靠业务结构调整提升盈利能力。而业务结构调整压力会对提高损失吸收能力、强化事前风险预警、应对重大风险处置等功能产生约束效应，尤其是如果为缓解附加资本达标压力"自降评分"而降低监管，更会压缩数据风险、信息披露、风险治理要求，从而引发业务发展与风险抵御能力不相适配的系统性风险。

表 12-2　2021 年国内系统重要性银行（D-SIBs）分组及附加资本要求

组别	银行名称	附加资本要求（%）	附加杠杆率＝附加资本 50%（%）
第一组	平安银行、中国光大银行、华夏银行、广发银行、宁波银行、上海银行、江苏银行、北京银行	0.25	0.13
第二组	浦发银行、中信银行、中国民生银行、中国邮政储蓄银行	0.50	0.25
第三组	交通银行、招商银行、兴业银行	0.75	0.38
第四组*	中国工商银行、中国银行、中国建设银行、中国农业银行	1.00	0.50
第五组	暂无	1.50	0.75

注：组别标注 * 者为同时入选 G-SIBs 和 D-SIBs 的国有商业银行。
资料来源：笔者根据央行、银保监会发布的我国系统重要性银行名单等信息整理。

综上所述，在兰州市金融运行量化全口径统计的 24 家银行金融机构中，有 14 家银行被认定为 D-SIBs，重要性占比为 58%。而银行体系的崩溃最终原因表现为政府信用的崩溃、经济的大幅衰退及储蓄存款的大幅下降[1]。从兰州市 14 家系统重要性银行存贷款业务（截至 2022 年 1 月）看（见表 12-3），D-SIBs 存款余额（占比 48.05%）和贷款余额（占

---

[1] 董青马. 开放条件下银行系统性风险生成机制研究 [M]. 北京：中国金融出版社，2010.

比35.88%）规模均未超过全市24家金融机构负债/资产总量的50%；D-SIBs存贷款同比增速分别低于全市24家金融机构增速的6.94个百分点、15.20个百分点，是下拉全市人民币存贷款余额增速低于目标增速9.25个百分点的主因。因此，分析兰州市D-SIBs资产负债规模和结构、资本充足率、整体流动性、盈利能力及其变动趋势，是度量兰州市金融市场运行平稳、行业风险抵补能力的重要指标。当前应集中强化兰州市D-SIBs系统性风险监管，适时开发宏观审慎监管工具并建立D-SIBs风险监测预警体系。对此建议如下。

（1）制定并落实兰州系统重要性金融机构（G-SIFIs）特别监管要求。按照"统筹监管系统重要性金融机构"战略部署，制定并实施基础监管之外的额外监管措施，通过增加附加资本和逆周期资本、定期评估系统性风险因素、完善风险监管措施等强化SIBs、SIFIs治理架构；同时设置首席风险官、合规总监、督察长等高管履责SIFIs风险管理，以增强SIFIs持续经营能力并确保合理承担风险，降低发生重大风险的可能性。

（2）完善兰州D-SIBs风险预警指标体系，并加快推进SIFIs评估全覆盖。兰州市金融系统应针对SIFIs风险危机特质，针对可能产生系统重要性金融机构风险影响因子，提取兰州市宏观经济、兰州市特定行业、SIFIs自身财务等综合指标构建风险预警体系，结合《系统重要性银行评估办法》自我评估兰州市本地银行定量定性信息，有效识别和监管系统性金融风险传导途径，构建系统重要性金融机构预警体系并作出监管判断。同时对与兰州市场关联度高、风险敞口大和易诱发系统性风险的系统重要性保险机构、证券机构以及其他从事金融业务的机构，均应通过设置本地SIFIs风险指标实现评估全覆盖，落实资本约束机制、大额风险暴露、风险数据加总和流动性风险报告等监管要求，以克服金融系统脆弱性，增强兰州市区域金融风险免疫力。

（3）建立降低兰州D-SIBs系统相关性影响的业务隔离机制。结合兰州市重要性金融机构产品创新和自营业务发展趋势，应通过"限制银行利用自身资本进行自营交易"和"在银行传统借贷业务与高杠杆、对冲、私募等高风险投资活动之间划出明确界限"的方式①限制兰州市 D-SIBs 业务规模,通过隔离风险交叉性和关联性强化监管,同时对兰州市 D-SIBs 间可能增加风险关联性的金融工具实行登记、集中交易和结算,以降低共同风险敞口和系统性风险集中传染的可能性。

(4)强化兰州 G-SIFIs 数据信息监测和治理机制。"严重的数据缺口导致监管者无法及时识别风险积累、评估风险,以及制定危机解决方案。其中尤其缺乏系统重要性金融机构的信息"②。因此,全面获取系统重要性金融机构风险数据是强化精准监管的前提。兰州在规范建成覆盖 G-SIFIs、金融基础设施和金融活动的综合统计体系基础上,要建立高效的 G-SIFIs 金融机构统计监测系统,完善 G-SIFIs 标准化数据报送机制,以备监管部门通过 LEI 体系查询交易信息,进而提高兰州市金融市场交易透明度及其审慎监管的有效性,确保全面掌握 G-SIFIs 整体风险隐患并可即时应对。

(5)完善建立兰州 G-SIFIs 恢复和特别处置机制。恢复和处置计划是银保监会明确提出完善系统重要性金融机构监管的重要途径之一。兰州市要依据 G-SIFIs 监管政策导向,发挥政府协调作用,推动系统重要性银行降低复杂性和系统性风险,引导兰州市 G-SIFIs 稳健经营;同时,结合本域实际,推动建立兰州市 D-SIBs 危机管理工作委员会,专职负责制定并建立"恢复和处置计划"规则和计划,加强兰州市 G-SIFIs 金融基础设施建设,提高风险定期可处置性评估水平,规范 G-SIFIs 市场退出机制,确保 G-SIFIs 发生重大风险时安全有效处置,进而防范"大而不能倒"风险。

---

① 柏宝春.巴塞尔协议Ⅲ框架下中国系统重要性银行识别与监管[M].北京:经济科学出版社,2020.
② [荷]乔安妮·凯勒蛮,雅各布·德汗,费姆克·德弗里斯.21世纪金融监管[M].张晓朴,译.北京:中信出版社,2016.

表12-3 2022年1月兰州市系统重要性银行（D-SIBs）本外币存贷款业务

机构	存款 余额（万元）	存款 同比增长比例（%）	存款 D-SIBs存款余额占全市24家银行比例（%）	贷款 余额（万元）	贷款 同比增长比例（%）	贷款 D-SIBs贷款余额占全市24家银行比例（%）	存贷款余额（万元）	存贷款余额增速（%）	存贷款余额增速目标（%）	与目标任务差距（%）
兰州市*	95141394	2.00	—	141998016	8.27	—	237139410	5.75	15	-9.25
全市24家金融机构	95573315	2.05	—	143366004	7.61	—	—	—	—	—
兰州14家系统重要性银行（D-SIBs）	45922601	-4.89**	48.05	51435287	-7.59**	35.88	—	—	—	—
工商银行	8410030	6.51		9948186	5.78					
中国银行	6086870	0.74		5480738	3.64					
建设银行	10100730	7.16		9116830	14.16					
农业银行	4384327	0.20		5399510	0.39					
交通银行	3985584	-3.84		3732168	13.66					
招商银行	4005493	-3.63		3743724	2.54					
兴业银行	1457134	18.23		1905390	6.12					
浦发银行	1434277	-21.87		2884155	-11.86					
中信银行	1227572	-14.72		1657715	3.85					
民生银行	698189	-17.60		1734199	14.22					
邮储银行	1802452	11.67		3004305	7.32					
平安银行	426040	53.44		313654	143.15					
光大银行	1375025	45.14		2026531	4.81					
华夏银行	528878	11.04		488182	-17.18					

注：（1）第一列机构中标注*者，是指仅统计全市人民币存贷款业务，不包括外币存贷款。
（2）因兰州市政府金融办统计口径不同，同比增长比例标注**者，计算依据的本期、上期D-SIBs存贷款余额分别以2022年1月末、2020年12月末数据为准。
资料来源：笔者根据兰州市政府金融办发布的《2022年1月兰州市金融运行情况》计算整理。

12.8 创新建立兰州金融科技监管风险防控体系

在"互联网+金融"与金融产业融合背景下，金融科技正在改变金融产业的运营模式与产业价值链形态，以显著提升金融产业的运营效率和服务半径[1]。兰州市金融机构正处于创新"数字化"金融产品与服务探索期，各大银行已逐步确立互联网金融转型战略，强化信息科技创新，提供全功能智慧银行的"差异化"金融服务，金融业务通过互联网技术元素（如人工智能、区块链、云计算、大数据、物联网、生物识别等）改变了传统金融业供给主体、商业（经营）模式、客户群体、风险构成和监管方式[2]。诸如兰州银行推出引领金融科技转型的智能机器人、自动雾化全能自助银行、柜员现金循环机、声纹或面部识别手机银行App、智能自助存取款一体机（集人脸识别、指静脉存取款、二维码取款、语音识别等功能）、智能金融支付系统（刷脸、二维码和NFC支付）以及聚合支付平台"百合易付"（电商平台支付结算、线上支付服务）等，建立起集支付、理财、信贷、电子商务、大数据金融等为一体的互联网金融生态体系[3]。从当前介入业务看，金融科技不仅涉及支付、借贷、投资等互联网金融业务，并更多聚焦金融机构中后台业务，发挥着拓宽金融服务需求、连接资金供给渠道、反馈金融信息关系的产业融合作用。"混业化""技术化"已成为金融科技推动银行业务整体代际跃迁、诱发金融监管范式转换的关键变量。由此可见，金融科技对金融业产生了"结构性影响"，即诞生了新的市场主体、新的商业模式、新的服务内容，金融交易呈现自动化和智

---

[1] 骆品亮，周依仿. 创新监管策略，构建金融科技生态治理体系［EB/OL］.（2021-01-11）［2022-04-18］. https://theory.gmw.cn/2021-01/11/content_34534419.htm.
[2] 杨松，张永亮. 金融科技监管的路径转换与中国选择［J］. 法学，2017（8）：3-14.
[3] 陆宇航. 兰州银行热情拥抱金融科技 该行科技团队规模近300人［N/OL］.（2018-02-26）［2022-04-18］. https://www.financialnews.com.cn/qy/dfjr/201802/t20180226_133579.html.

能化的态势①。其所引发的网络风险、技术风险、数据安全风险等新兴金融风险,预示着金融科技风险监管的紧迫性和复杂性,当前创新构建兰州市金融科技监管风控体系,则是维护兰州市金融生态建设和稳定发展的首要前提。笔者对此提出六点建议。

(1) 构建兰州金融科技良好生态恢复体系。兰州区域要防范金融科技产品创新背景下的交叉金融风险,协调好兰州市金融生态系统主客体与金融环境关系,逐步建立金融科技业务风险的分类监管方式,实现风险监管与生态调整的协同互补,稳步提升兰州市金融科技生态恢复力和建设力,构建新金融模式下防控兰州系统性金融风险体系,以适应兰州区域金融监管科技应用和风险防控的现实需求。

(2) 构建兰州金融技术应用标准化体系。实现金融科技监管应体现新兴技术自动化、智能化应用的"监管科技",但金融科技参与技术化无法改变催生新信息科技的风险逻辑。兰州市金融机构应协同金融管理部门规范风险监管技术标准,构建涵盖基础标准、技术标准、应用标准、管理标准的信息技术监管体系,使"技术标准"始终兼容和统一监管政策供给及监管执法过程,以奠定金融系统监管科技标准化应用基础。

(3) 构建兰州市金融数据标准法治化体系。监管数据建设是有效监管的重要起始点②。从甘肃省级和兰州市金融管理部门针对数据统计、分析发布、风险指数等业务形态看,金融业务信息和数据不对称问题限制了金融机构风控能力的提升,监管机构针对金融参与主体风险信用评估的数据建设能力,整体滞后于金融科技条件下产品业务创新及结构性金融变化,兰州市金融数据收集、集合及应用标准不尽统一,必然产生不同机构、不同需求和不同监管情势下的数据缺口,严重制约本域监管部门监测、识别和评估风险的动能,从而产生对金融风险和数据安全的监控壁垒,新智能技术服务难以避除数据收集、管理与处理中的损坏、丢失、盗

---

① 张永亮. 金融监管科技之法制化路径 [J]. 法商研究, 2019 (3): 127.
② [荷] 乔安妮·凯勒蛮, 雅各布·德汗, 费姆克·德弗里斯. 21 世纪金融监管 [M]. 张晓朴, 译. 北京: 中信出版社, 2016.

用等交互性风险,虽金融科技可适度反馈借贷供需、期限错配、流动性和杠杆率等微观风险问题,但更会滋生基于信息技术所产生的网络技术、数据流动、安全监管等一系列风险[1],还会使区域金融监管面临数据"标准化"的挑战。因而兰州市金融监管部门应规范引导金融机构强化数据治理,构建涉及业务经营、风险管理和内控流程全数据的法制监管体系,严格规范数据管理和高效运行流程,依法提升数据标准化应用质量和价值,通过法治化实现数据风险与金融安全的可控性平衡,以防范危及金融公共安全和金融消费者安全的风险事件。

(4) 构建兰州数据安全治理规则化体系。当前,兰州市金融机构正加大推进"数字化"金融业务发展战略,已有的智能化、信息化金融业务对数据安全治理提出了全新要求。从银行智能业务和产品供给看,针对金融产品开发、数据存储服务和安全管理处理的全过程应用是互为支持的,因而需构建"公共安全理念"下的数据流动安全治理规则体系,创新兰州市金融机构数据采集、管理和使用规则,制定金融机构数据安全和互通互容保护制度,尽可能在本区域实现数据共享和应用,健全金融系统周期性数据检测机制,建立数据流动频率监测的风险防控机制,形成多元开放的、服务兰州市金融数据安全建设的生态环境,以满足金融机构创新数字业务及产品的安全需求。

(5) 构建兰州技术风险变化监管法规体系。目前,兰州市金融机构已趋向技术化迭代发展,随着各银行开发的支付理财、商务信贷等金融平台的技术更新,基于互联网、云计算、区块链和大数据等技术要素的业务形态更为多元,银行机构+金融科技相结合的新兴技术应用开发战略,虽极大优化了金融服务效率却催生了异于传统金融业的换代风险,技术因素占主导地位的高效竞争优势更易滋生动态风险,金融科技"技术化"风险已对现有监管方式构成严峻挑战。监管部门亟须更新完善监管科技的风险监测功能,通过开发与云计算、应用接口等技术相匹配的监管工具,建

---

[1] 张永亮. 金融监管科技之法制化路径[J]. 法商研究, 2019 (3): 132.

立全覆盖、全同期的因应技术变化风险的法制化监管体系，规范数字化监管协议与合规性评估机制，将监管规范转换化为数字化的系统接口，通过完善技术化监管进路提高穿透式监管效能，防避新金融业态下衍生的技术化动态风险。

（6）构建兰州市信用数据动态化修正机制。金融科技风险治理不仅体现为业务层技术应用的安全监管，更有赖于强化重点风险领域动态随机监管机制。兰州市金融监管部门应在推进金融业务间数据共享应用基础上，建立高效完善的数据征信体系，通过大数据归集金融业务和交易数据，建立动态评估与信用数据调整机制，随机抽测违约风险数据并反馈至信用系统储备，以强化违规违约监控惩罚力度，从而减少或降低潜在风险发生概率。

12.9 完善兰州金融机构风险内控长效管理机制

创新构建新兴金融监管机制是防范系统性金融风险的根本问题，尤其在"互联网+金融科技"背景下，形成统一的系统性金融风险监管框架和监管标准已为共识。但兰州市各金融机构行业定位、业务面向、经营范围和重大风险领域不同，新金融发展业态及金融生态环境存在区域差异性和不平衡性，较难适应同一风险预警、防控和监管标准。但从微观金融体系审视，兰州市24家银行金融机构内控制度是否健全是判断区域经济体系安全的首要考量。银行内部控制是监管和防控金融行为、找到难题并处理症结的循环过程，也是实现稳健经营与风险抵御的最匹配机制。从本质上讲，内部控制核心规则是通过完善法人治理结构、健全管理理念、经营合规、资产安全、财务真实、责任分配等适应新发展理念的一整套治理体系，但因金融机构内控制度固有的局限性，导致内控目标达成对控制政策和程序遵循的程度有所降低，因而依据内控制度防化风险效果存在差异性。笔者对此提出四点建议。

（1）构建兰州金融机构内部控制规范体系。各银行要通过"立、改、释、废"健全内控规范体系，依据风险导向原则全面优化内控基本规范、配套指引规定、其他监管规则及内控缺陷认定标准等。制度体系规划应涉及企业经营所有环节、监控内容应涵盖主要业务和重点高风险领域[①]，体现"事前、事中、事后"的全过程监控。同时，明确法人管理及授权制规则，建立重要（或关键）岗位风险防控管理规则，强化授权责任和重大事项集体决策制，完善资产负债业务的事项信息记载、督促核查机制，以形成一套符合促进业务经营、推动融合发展，并达到监管要求的现代商业银行治理体系。

（2）落实兰州金融机构内控评价报告机制。开展金融机构内控制度有效性评价是确切判断、预防和避免银行经营风险的法律责任。因此，兰州市各金融机构应在内部控制日常与专项监督基础上，依法健全内部控制评价报告机制，对涵盖经营管理的部室（分行、营业部、公司及附属机构）、业务事项及高风险领域，确定纳入评价且不出现重大遗漏，尤其要满足纳入评价单位资产总额与并表资产总额、营收合计与并表营收总额占比，坚持内控评价依据及缺陷评价定性定量标准，对包括但不限于财务报告和非财务报告内控重大缺陷、内控审计意见与财务报告内控有效性、内控审计报告对非财务报告内控重大缺陷披露一致性等内容开展评价，继而通过整改计划、措施的制定落实，全面提升内部控制的充分性、有效性和管理水平。

---

① 以系统重要性银行（D-SIBs）招商银行为例，涉及内控经营环节的监控业务包括：公司治理、发展战略、组织架构、人力资源、企业文化、财务管理、并表管理，以及信贷业务、营运管理、资金和市场风险、批发业务、国际业务、零售业务、信用卡业务、中间业务、关联交易、外包业务、信息沟通、信息系统、内部监督等经营管理领域。重点高风险领域包括：新兴融资业务、贸易融资业务、房地产贷款、产能过剩行业、小微企业信贷业务、理财业务、表内外风险转化、民间融资及非法集资等外部风险传染、流动性风险和市场风险，以及新业务、新产品、新流程、信息科技风险、重要岗位轮换、内外部账户对账、员工行为管理、反洗钱等（上海证券交易所. 招商银行股份有限公司2021年度内部控制评价报告[R/OL]. http：//www.sse.com.cn/disclosure/listedinfo/announcement/c/new/2022-03-19/600036_20220319_6_rJeXWxaG.pdf. 2022/04/28/）。

(3) 健全兰州金融机构内控管理体系。内控机制是银行发展与稳定的内生动力和原生保障，各银行应建立组织完备、职责明晰、履职严格的"三会一层"法人治理结构，确立以授权为核心的"企业法人、统一核算、分级管理、授权经营"管理体制，创新"决策、执行、监督、激励、约束"为一体的监督治理机制。重点完善公司治理、财务会计、信贷授权、内控缺陷、绩效分配、风险控制等业务线条的流程再造，构建契合自身业务发展、调适风险合规的管理运行机制，实现对财务和非财务报告等重大方面保持有效内部控制，通过自查纠错和集中整治，持续提升内控合规水平和治理效能。

(4) 推进金融科技应用风控长效机制建设。各银行机构应重点推进内控合规与风险管理的数字化、智能化转型，强化防避金融科技应用风险管理体系建设，明确落实岗位风险管理责任和防控职责，构筑监管科技的"业务、合规、稽核"三道防线，通过优化风险预警指标体系，完善风险偏好、风险管理策略和风险限额管理机制，强化风险识别、计量、评估、监测、报告和控制，健全涵盖信用风险、操作风险、流动性风险和金融科技风险的长效防御治理体系。

12.10 健全兰州系统性金融风险防范处置协作机制

从 2017 年全国金融工作会议至党的十九大以来，中央连续出台涉及金融发展的意见、规划和方案，并作出"强化属地风险处置责任""压实地方金融监管责任"的顶层部署。兰州市金融体系稳定是保证甘肃省域经济平稳健康发展的关键，强化金融监管是防控其不发生系统性金融风险的重要保障和手段。兰州市须全面构建"防控'双重风险'（传统金融＋金融科技风险）、维护金融消费者权益、服务实体经济发展需求"的系统性金融风险处置协作机制。笔者对此提出三点建议。

(1) 完善兰州系统性金融风险预警防控机制。基于"三协调"（顶层部门协调、中央地方协调、区域分级协调）视角，分析兰州市金融监管横向配置风险及纵向配置缺位，审视区域金融监管职能错位、监管权干预、监管资源不足，以及监管协调障碍等困境，明确中央和省（市）监管权责与目标，厘清央地金融监管边界，建立纵向"中央金融监管协调、属地监管主体责任"、横向"打通协作＋信息共享＋立法衔接＋协调同步"的"纵横矩阵式"监管框架，优化兰州系统性金融风险预警防控协同机制。

（2）构建兰州系统性金融风险防范处置机制。防范、处置属地法人金融机构和地方金融风险责任是依法承担监管事权的重要职责。通过分析兰州市重大金融风险来源、内生传导及层级分布特征，强化本地风险防控的最主要因素和合理次序，加强对"7＋4"类金融机构、"两非"领域日常监管和重点监测，强化兰州市金融监管机构履行属地风险监控责任，合理划分省市系统性金融风险处置责任，规范"政府监管、金融机构、投融资平台"风险处置权责体系，构建区域金融市场避险功能及风险处置机制。

（3）共建兰州系统性金融风险监管协同机制。区域重大金融风险防控及化解工作，亟须地方立法深化金融稳定发展协调机制[①]。要摸清兰州市金融风险监管现状，梳理监管理念落后、基础设施建设统筹不力、监管分层协作机制不畅等问题，尤其面临金融科技、新兴金融及风险处置的任务挑战，要准确界定金融监管职能边界，有效整合监管权责配置，健全中央与省（市）分级监管的协同机制，通过监管问责机制充分发挥协作效能，以优化兰州市金融生态监管体制机制。

---

① 郑杨. 地方金融监管制度供给短缺 亟须地方立法高质量出台［N］. 金融时报，2019－07－06（2）.

第 13 章 研究总结及展望

自开展国家创新型城市试点建设至迈入国家创新型城市,兰州市已在创新型城市、新型城市化、新型智慧城市及乡村振兴建设的征程中,矢志不渝、勇力攀行,迄今为止已进行了十余年的探索与努力。为落实习近平总书记视察甘肃省时要求"加快建设经济发展、山川秀美、民族团结、社会和谐的幸福美好新甘肃①"的重要指示精神,当前加快创新城市建设并实施"强省会"战略,全力支持兰州市打造"金融之城"、建设"西北金融高地"已成为促推经济社会发展的重大迫切性任务。

13.1 研究认识与总结

从迈入新发展阶段的经济社会建设发展图景来看,创新型城市、新型城市化、新型智慧城市、乡村振兴与"一体四翼"建设并行不悖,其都是以供给侧结构性改革为主线打造现代化城乡经济体系,也都是推进创新型国家建设进程中重要的、不可分割的组成部分,其所蕴含的人本诉求是推动新型城市建设、城乡接合部建设与"新农村建设"的联动发展,为最终实现中华民族伟大复兴的中国梦奠定坚实基础。在此宏阔背景下,研究"一体四翼"的创新城市建设系统、创新投融资机制及金融风险防控

---

① 甘肃日报评论员. 牢记嘱托不负厚望 砥砺奋进富民兴陇——写在习近平总书记视察甘肃一周年之际 [N]. 甘肃日报,2020-08-11 (1, 5).

问题,对于创新兰州市西部金融高地建设的金融政策供给体系、构建"强省会"金融风险防控机制,以及确保不发生系统性金融风险具有重要的理论和实践价值。鉴于此,本章对写作深化理解、认识感悟及未来展望进行六个方面的总结。

第一,创新发展理念被视为创新体制机制的动力和源泉,创新城市是由多种创新主体之间因交互作用形成的文化生态、数字智慧、知识技术等城市要素集聚扩散的城市系统生态。创新城市建设离不开成熟的投融资体系支持,探索创新现代新型投融资组织管理及运行体制,应以城市优质资产和金融资本为融资载体,系统构建集"投资、融资、建设、经营、偿债"于一体的长效循环机制,既可满足不同规模金融市场和企业主体融资需求,也可为科技创新发展阶段的创新城市建设提供资金支持。同时,通过健全风险分担、财政补偿、市场激励等机制,有效降低创新的不确定性从而提高创新建设成效。因而系统研究创新城市建设投融资机制问题,对于加速促推城市创新建设发展、实现建立创新城市目标,以及保持兰州市经济社会稳定发展具有重要现实意义。

第二,"强省会"战略明确要发挥多层次金融市场作用支持创新城市建设,本书通过对兰州市创新城市建设投融资现状分析,系统提出构建"一体四翼"创新城市建设投融资机制的整体思路,即成立投融资管理决策机构、规范投融资平台运行机制、构建多元化投融资主体格局、建立项目分类融资机制、优化多层次融资保障机制、建立金融资源联动投入机制、构建稳定投入政策支持体系、完善主体偿债保障机制、完善农村金融服务体系、规范资金监督管理体系等,以解决当前及未来兰州市创新城市建设持续扩大的投融资总量困境,对于有效满足甘肃省黄河流域高质量发展在关键领域、重大项目、薄弱环节的融资需求具有现实意义。

第三,从2015年《中共中央关于制定国民经济和社会发展第十三个五年规划的建议》提出"防止发生系统性区域性金融风险"至党的十九大提出"守住不发生系统性金融风险的底线"以来,我国已将"保障金融安全，有效防范系统性风险，坚守住不发生系统性风险的底线"纳入金融战略的最顶层防御体系。当前，为加快兰州创新城市建设并实施"强省会"战略（全力支持打造兰州"金融之城"），必须准确把握兰州创新城市建设投融资风险传染机理，充分认识创新城市建设投融资所积聚的政府隐性债务及其纠纷，不应忽视因债务风险及其他风险生成而引发系统性金融风险的可能，这为推进完善投融资体系和建构兰州市系统性金融风险监管机制，奠定了良好的理论依据和科学基础。

第四，本书以兰州市创新城市建设和区域风险防控为研究对象，通过分析包括政府举债及其他系统性金融风险的生成、传导及识别，基于重要性金融机构预警体系构建、金融科技风险防控、金融风险监管等多层面构建金融科技业态下的风险治理机制，基本构建了金融科技业态下兰州市系统性金融风险监管防控治理体系，对于西部省会城市——兰州市提升区域金融监管和系统性金融风险防控能力、维持平衡稳定的金融生态系统具有重要保障作用。

第五，本书针对金融科技业态下呈现出的"技术化、数据化、混业化"金融风险，提出构建"金融技术应用标准化体系、金融数据标准法治化体系、数据安全治理规则化体系、技术风险变化监管法规体系"的多维度风险防控体系，对于兰州市区域金融监管科技应用和风险防控现实需求具有理论创新意义。

第六，在全省确立服务高质量发展的重大金融战略引领下，本书提出建构纵横向、"矩阵式"监管协调机制，对兰州市区域金融监管科技应用和风险防控现实需求具有创新意义，能够为市域极端金融事件管理决策提供理论依据，并为促推《甘肃省地方金融监督管理条例》立法出台进程、"牢牢守住不发生系统性金融风险底线"提供实践参考，以推动金融业更好地服务于兰州市经济社会高质量发展。

13.2 研究不足及展望

第一，虽然对"一体四翼"创新城市建设投融资及其风险研究具有学术创新价值，但对政府债务引发地方金融风险治理及防控机制问题，应结合区域实际展开经验借鉴、系统分析和整合创新，因而对研究主题仍可进一步深化总结创新成果。

第二，创新城市建设离不开投融资体系，因此对创新城市投融资体系研究需要对金融创新机理进行深度剖析，只有在厘定创新城市建设投融资指标评价体系基础上，才能有针对性地提出完善投融资机制的政策建议和对策。由此考量，本书未针对"深圳2030""香港2030+""纽约2030""悉尼2030"等国内外创新城市建设方案中的投融资体制机制进行具体分析，理论借鉴及其创新经验尚有不足，后续研究需要以此为鉴。

第三，通过对当前兰州市创新城市建设投融资现状进行分析，历经多方详细研究，笔者发现解决与"一体四翼"相关投融资建设问题所引发的资金供求缺口，亟须结合兰州市财政收支及投融资实际数据，但因政府严格规范财务数据外流及收集数据存在的缺陷，会对分析论证所得出的结论产生一定影响。在研究过程中，笔者通过金融运行状态和调研数据的分析对比和归类总结，并结合案例查明、归集地方投融资及金融监管实务资料，尽力缩短法理研究与实证方案的差距，最终实现了投融资政策供给及监管机制的实践检视和纠偏。

第四，当前应将系统性金融风险监管与实现兰州市金融安全目标整体纳入法治化治理体系，应将防控系统性金融风险纳入金融监管改革的核心内容，建构有效统一的、适于区域整体金融安全的监管标准，但因区域金融生态具有差异性和不平衡性，较难使用同一监管标准、体系标准或价值标准进行衡量和判断，因而需要强化对此问题深入和跟踪研究，以期建构起风险防控的监管标准。

第五，本书虽遵循"创新城市建设投融资机制、投融资金融风险传染机理、系统性金融风险监管机制"逻辑思路，对兰州市创新城市建设投融资机制与系统性金融风险防控机制进行了系统研究，但创新构建投融资机制与金融风险防控机制，不仅仅以理论研究为前提，除了通过政策建议加以促动和完善外，很大程度上仍取决于理念革新、风险内控及政策态度等综合因素。实际上，通过近年市级财政投入支出安排看，围绕建设现代化中心城市总目标，扎实推进城市建设发展、城市基础设施建设，以及加快农业农村现代化建设仍是政府支持的重点发展，因而在推进"一体四翼"创新城市建设进程中，如何构建容错机制反哺金融支持城市建设效能，应是继续着墨深入研究的问题。

参考文献

[1] 埃比尼泽·霍华德著. 明日的田园城市 [M]. 金纪元, 译. 北京: 商务印书馆, 2002.

[2] 白嘉菀, 郗芙蓉. 我国创新型城市建设研究综述 [J]. 商业时代, 2010 (7): 112-113.

[3] 白雪. 我国系统性金融风险的测度、传递及防范研究 [M]. 合肥: 合肥工业大学出版社, 2020.

[4] 柏宝春. 巴塞尔协议Ⅲ框架下中国系统重要性银行识别与监管 [M]. 北京: 经济科学出版社, 2020.

[5] 柴颖琦. 创新型城市的金融支持体系建设 [J]. 中国集体经济, 2017 (12): 20-21.

[6] 陈可石, 杨瑞. 国内外比较视角下的我国城市中长期发展战略规划探索——以深圳2030、香港2030、纽约2030、悉尼2030为例 [J]. 城市发展研究, 2013 (11): 32-40.

[7] 陈明星, 隋昱文, 郭莎莎. 中国新型城镇化在"十九大"后发展的新态势 [J]. 地理研究, 2019, 38 (1): 181-192.

[8] 陈世金. 中国新型城镇化基础设施融资模式研究 [M]. 北京: 中国社会科学出版社, 2017.

[9] 陈守东, 李卓, 林思涵. 地方政府债务风险对区域性金融风险的空间溢出效应 [J]. 西安: 西安交通大学学报(社会科学版), 2020 (6): 33-44.

［10］陈潇潇，安同良．基于地方政府视角的创新型城市建设比较及启示［J］．经济问题探索，2016（8）：76-82．

［11］陈晓红，等．创新型城市管理与决策研究前沿——第234期双清论坛学术综述［J］．中国科学基金，2021，35（4）：611-619．

［12］陈奕豪．建立中国系统性金融风险预警体系——基于logistic回归［J］．区域治理，2019（41）：205-207．

［13］丁伯康．PPP模式下的城市轨道交通项目的资产证券化探讨［C］．第四届全国智慧城市与轨道交通学术会议暨轨道交通学组年会论文集，2017（4）：82-87．

［14］丁伯康．新型城镇化政府投融资平台的发展转型［M］．北京：中国商务出版社，2014．

［15］董晓峰，杨春志，刘星光．中国新型城镇化理论探讨［J］．城市发展研究，2017，24（1）：26-34．

［16］范晓宇．知识产权担保融资风险控制研究［J］．浙江学刊，2010（3）：156-160．

［17］方创琳，马海涛，王振波，等．中国创新型城市建设的综合评估与空间格局分异［J］．地理学报，2014，69（4）：459-473．

［18］方磊，等．2009—2018年中国省级政府债务水平的动态演进［J］．经济地理，2021，41（4）：23-29，99．

［19］高跃光．地方政府债务对银行信贷风险的外溢研究——基于风险控制的视角［D］．昆明：云南财经大学，2017．

［20］葛扬．新时代如何防范化解系统性金融风险［J］．人民论坛·学术前沿，2018（8）：36-43．

［21］龚锐，谢黎，王亚飞．农业高质量发展与新型城镇化的互动机理及实证检验［J］．改革，2020（7）：145-159．

［22］谷美盈．我国融资租赁资产证券化的税收问题研究［D］．北京：中国财政科学研究院，2016．

［23］谷秀娟．经济新常态下新型城镇化投融资创新发展研究［M］．

北京：中国农业出版社，2017.

［24］郭健．交通基础设施投融资机制改革的国际经验及启示［J］．中国发展观察，2019（6）：68-74.

［25］郭田勇，廖力．后危机时期中国金融宏观审慎监管问题［J］．西部论丛，2010（5）：50-51.

［26］韩健，向森渝．地方政府隐性债务诱发系统性金融风险的路径与防范［J］．财会月刊，2018（24）：9-13.

［27］韩喜昆，马德功．存款保险制度能否防范银行系统性风险——基于 Panel-Logit 模型的实证检验［J］．贵州财经大学学报，2019（3）：37-46.

［28］何兴强，何杨平．金融创新与广州创新型城市建设研究［M］．北京：科学出版社，2017.

［29］胡丽，张卫国，叶晓甦．基于 PPP 模式的城市基础设施融资风险识别研究［J］．甘肃社会科学，2011（1）：234-237.

［30］胡钰．创新型城市建设的内涵、经验和途径［J］．中国软科学，2007（4）：32-38.

［31］黄国桥，徐永胜．地方政府性债务风险的传导机制与生成机理分析［J］．财政研究，2011（9）：2-5.

［32］黄少波．创新城市的理念及其建设［J］．桂林电子工业学院学报，2005（3）：97-100.

［33］纪玉哲．地方政府的融资困境及对策研究［J］．山西财政税务专科学校学报，2012，14（4）：3-7.

［34］姜安印，郑博文．新型城镇化投融资体制创新研究——以甘肃为例［J］．甘肃社会科学，2013（6）：213-216.

［35］金吾伦，李敬德，颜振军．北京如何率先成为创新型城市［J］．前线，2006（2）：43-45.

［36］荆扬．新时代中国特色新型城镇化问题研究［D］．长春：长春理工大学，2019.

［37］景天骄. 我国创新型城市金融支持度的实证研究［D］. 海口：海南大学，2018.

［38］Judy Wesalo Temel. 美国市政债券［M］. 蔡靖，乔嘉，译. 北京：现代出版社，2010.

［39］瞿明山. 地方政府债务扩张对系统性金融风险的影响［J］. 河南工程学院学报（社会科学版），2021（1）：15－19.

［40］李佳洺，等. 城市创新空间潜力分析框架及应用——以杭州为例［J］. 经济地理，2016，36（12）：224－232.

［41］李菁. 地方政府平台融资渠道和风险控制［J］. 现代商业，2014（18）：75－76.

［42］李梅. 系统性金融风险识别与防范研究［J］. 太原师范学院学报（社会科学版），2019，18（6）：51－57.

［43］梁环忠. 实体经济投融资下金融监管守住系统性风险研究［J］. 吉林金融研究，2021（5）：16－22.

［44］梁建伟，罗伟. 短期出口信用保险下贸易融资风险识别及防范［J］. 金融理论与实践，2007（9）：74－76.

［45］梁俊. 我国金融市场风险的防范与化解：理论、趋势与政策［M］. 北京：中国经济出版社，2019.

［46］梁益琳. 新型城镇化建设与财政支持模式［M］. 北京：经济科学出版社，2020.

［47］刘秉镰，朱俊丰. 新中国70年城镇化发展：历程、问题与展望［J］. 经济与管理研究，2019，40（11）：3－14.

［48］刘曼，王国恩. 以人为本理念下的城市总体规划实施评估框架与体系［J］. 规划师，2019，35（20）：26－31.

［49］刘孝斌，胡继妹，沈佳文. 创新型城市建设的评价指标体系及政策建议［J］. 工业经济论坛，2016（5）：263－274.

［50］马德隆. "一带一路"交通基础设施投融资机制研究［J］. 宏观经济管理，2020（10）：56－63.

[51] 马万里,张敏.地方政府隐性举债对系统性金融风险的影响机理与传导机制[J].中央财经大学学报,2020(3):10-18.

[52] 马泽江.创新城市建设理念,着力推进城市建设[J].长江论坛,2015(2):27-30.

[53] 麦丽斯.地方政府债券对财政金融系统性风险传导机制的研究[J].财政科学,2022(4):99-111.

[54] 毛捷,徐军伟.中国地方政府债务问题研究的现实基础——制度变迁、统计方法与重要事实[J].财政研究,2019(1):3-23.

[55] 毛锐,刘楠楠,刘蓉.地方政府债务扩张与系统性金融风险的触发机制[J].中国工业经济,2018(4):19-38.

[56] 梅建明,戴琳,吴昕扬.中国地方政府投融资改革70年:回顾与展望[J].财政科学,2021(6):26-37.

[57] 倪鹏飞,刘高军,宋璇涛.中国城市竞争力聚类分析[J].中国工业经济,2003(7):34-39.

[58] 帕克·伯吉斯.城市社会学[M].宋俊岭,译.北京:华夏出版社,1987.

[59] 潘峰,张娜.城投公司债务风险现状、机理及应对策略研究[J].新疆大学学报(哲学·人文社会科学版),2015,43(6):9-12.

[60] 齐成喜,陈柳钦,等.我国农业产业化与农村城镇化的互动发展研究[J].安徽农业科学,2005,33(12):2446-2449.

[61] 秦雯越.区域创新型城市建设中政府协同机制研究以河南省新乡市为例[D].郑州:河南师范大学,2018.

[62] 任碧云,武毅.基于AHP-DEA的中国金融系统性风险预警指标体系研究[J].经济问题,2015(1),45-49.

[63] 史亚荣,魏楠.甘肃省地方政府债务问题研究[J].甘肃理论学刊,2018(5):74-80.

[64] 束兰根.科技型中小企业融资风险识别及融资能力评价[J].财经问题研究,2014(12):111-115.

［65］宋晔. 和谐社会城市品质和道德文化建设［J］. 河南师范大学学报（哲学社会科学版），2007（5）：8－11.

［66］苏发金. 城乡统筹：城镇化与农业经济增长关系的实证分析［J］. 经济经纬，2011（4）：111－115.

［67］孙艳丽. 辽宁省新型城镇化进程中的投融资问题研究［M］. 北京：中国建筑工业出版社，2020.

［68］谭立力. 西南边境新型城镇化的指数型评价体系构建研究——以云南边境县（市）为例［J］. 广州大学学报（社会科学版），2022（2）：103－114.

［69］汤进. 创新型城市的建设途径——日本川崎市的经验和启示［J］. 上海经济研究，2009（7），88－96.

［70］唐磊. 我国新型城镇化融资体制改革研究［M］. 北京：中国金融出版社，2018.

［71］王家庭. 城市化快速发展与我国的城市建设［J］. 河南科技大学学报（社会科学版），2006（4）：78－81.

［72］王建康. 新型城镇化发展水平评价指标体系及其应用——基于全国31省市截面数据的实证分析［J］. 青海社会科学，2015（3）：50－54.

［73］王锦阳，刘锡良. 中国银行业系统性金融风险研究［M］. 北京：中国金融出版社，2020.

［74］王礼刚. 国家创新型城市建设综合评价与战略研究——以湖北省为例［M］. 武汉：华中科技大学出版社，2019.

［75］王素斋. 新型城镇化科学发展的内涵、目标与路径［J］. 热点关注，2013（4）：165－168.

［76］王勋. 金融监管改革与防范系统性金融风险［J］. 清华金融评论，2018（8）：46－50.

［77］王妍，王继红，刘立新. 货币政策、影子银行周期性与系统金融风险［J］. 上海经济研究，2019（9）：105－116.

［78］魏遥，王姗姗. 地方政府债务风险与金融风险联动机制研究

[J].信阳师范学院学报（哲学社会科学版），2015，35（4）：50-54，65.

［79］温博慧，柳欣．金融系统性风险产生的原因与传导机制——基于资产价格波动的研究评述［J］．中南财经政法大学学报，2009（6）：76-81.

［80］吴有红．构建可持续的城市建设投融资机制［J］．中国发展观察，2020（22）：47-49，64.

［81］吴云峰．金融风险防范化解法律问题研究［J］．河南财政税务高等专科学校学报，2019，33（3）：65-71.

［82］吴周雄．论我国地方金融的风险防范与管理机制完善［J］．中国商贸，2013（27）：11-13.

［83］武汉大学创新型城市研究课题组．新时代高质量发展下的创新型城市建设——基于西安创新型城市的思考［J］．中国科技论坛，2019（11）：132-137.

［84］谢忱．基于主体功能区视角下的武汉城市化战略研究［J］．城市地理，2016（12）：51.

［85］谢坤，夏琦，谭中明．我国省域系统性金融风险的测度分析［J］．农村金融研究，2019（5）：35-39.

［86］辛颖．北京创新型城市建设的金融支持问题研究［D］．北京：对外经贸大学，2017.

［87］熊湘辉，徐璋勇．中国新型城镇化水平及动力因素测度研究［J］．数量经济技术经济研究，2018（2）：44-63.

［88］徐光平．"十二五"时期协调推进新型城镇化与新农村建设研究［J］．东岳论丛，2011，32（8）：156-160.

［89］徐荣贞，等．金融生态视角下系统性风险研究［M］．天津：南开大学出版社，2017.

［90］徐甄宜．地方政府隐性债务风险测算及对系统性金融风险的传染效应［D］．成都：四川大学，2021.

[91] 杨灿明，鲁元平．我国地方债数据存在的问题、测算方法与政策建议［J］．财政研究，2015（3）：51-57．

[92] 杨雪锋，陈前虎．海绵城市建设项目的风险协同治理机制研究［J］．苏州大学学报（哲学社会科学版），2018（5）：120-127．

[93] 杨艳，刘慧婷．从地方政府融资平台看财政风险向金融风险的转化［J］．经济学家，2013（4）：82-87．

[94] 杨勇华，汤萱．基于演化理论的技术创新政策研究——兼论广州创新型城市建设［J］．广州大学学报（社会科学版），2013，2（7）：42-45．

[95] 杨子晖，陈里璇，陈雨恬．经济政策不确定性与系统性金融风险的跨市场传染——基于非线性网络关联的研究［J］．经济研究，2020，55（1）：65-81．

[96] 姚士谋，陈维肖，陈振光，等．新常态下中国新型城镇化的若干问题［J］．地域研究与开发，2016，35（1）：1-4．

[97] 姚士谋，张平宇，等．中国新型城镇化理论与实践问题［J］．地理科学，2014，34（6）：641-647．

[98] 叶剑平，杨乔木，宋家宁．新型城镇化时期土地融资模式转型探索［J］．贵州社会科学，2014（5）：54-57．

[99] 于野．兰州市政府融资平台的债务风险防控研究［D］．哈尔滨：黑龙江大学，2020．

[100] 余丹．中小企业知识产权担保融资的风险防控［J］．科技与法律，2010（2）：66-69．

[101] 岳欣．城乡协调发展视域下新型城镇化评价体系构建及实证研究［J］．北京邮电大学学报（社会科学版），2019（3）：80-90．

[102] 张朝元．传统和新型基础设施投融资创新实务［M］．北京：中国金融出版社，2020．

[103] 张宏远，吴价宝．区域创新体系的构建及综合评价研究：基于连云港国家创新型试点城市建设的分析［M］．大连：东北财经大学出版

社有限责任公司，2018.

[104] 张华，杨德海，等. 推动新型智慧城市建设的 PPP 模式探讨 [J]. 地理信息世界，2017（4）：42-47.

[105] 张继飞. 西安创新型城市建设与创新能力评价研究 [D]. 西安：西北大学，2008.

[106] 张黎. 金融如何支持创新型城市建设落地——以宁波市为例 [J]. 当代金融家，2018（5）：133-135.

[107] 张萍. 制度约束对融资结构的影响因素分析——来自浙江新型城镇化的经验 [J]. 武汉金融，2018（2）：83-87.

[108] 张兴，刘新卫. 经济新常态下的土地融资模式与风险管控研究 [J]. 中国国土资源经济，2017，30（9）：14，15-18.

[109] 张旭东. 地方政府债务与区域性金融风险 [D]. 兰州：兰州大学，2021.

[110] 张占斌. 新型城镇化的战略意义和改革难题 [J]. 国家行政学院学报，2013（1）：49-54.

[111] 张志东. 城市既有住区生态品质提升路径与评价研究 [D]. 长沙：中南林业科技大学，2018.

[112] 张子荣. 地方政府债务规模与影子银行实证研究 [J]. 财经理论与实践，2018（3）：38-42.

[113] 赵福军. 应充分发挥政府和社会资本合作（PPP）的改革作用 [N]. 中国经济时报，2016-10-13.

[114] 郑磊. 新型城镇化综合评价实证研究——以陕西省为例 [D]. 西安：西安建筑科技大学，2015.

[115] 中共中央文献室. 习近平关于科技创新论述摘编 [M]. 北京：中央文献出版社，2016.

[116] 中国科学技术信息研究所. 国家创新型城市创新能力评价报告 2021 [M]. 北京：科学技术文献出版社，2022.

[117] 中国科学技术信息研究所. 国家创新型城市创新能力评价报告

2019［M］．北京：科学技术文献出版社，2020．

［118］中华人民共和国科学技术部．国家创新型城市创新能力监测报告2021［M］．北京：科学技术文献出版社，2022．

［119］中华人民共和国科学技术部．国家创新型城市创新能力监测报告2019［M］．北京：科学技术文献出版社，2020．

［120］中建科信管理咨询集团．两新一重建设投融资政策解读［M］．北京：中国金融出版社，2021．

［121］钟春平，曾耀，刘诚．系统重要性金融机构国际监管经验及启示［J］．征信，2020（6）：8－13．

［122］钟辉勇，陆铭．财政转移支付如何影响了地方政府债务？［J］．金融研究，2015（9）：1－16．

［123］周才云，张毓卿．中国新型城镇化建设的动因、困境与对策［J］．经济问题探索，2013（3）：49－53．

［124］周峰，黄中齐．新型城镇化背景下农村社区化治理问题研究［J］．黑龙江粮食，2021（2）：64－65．

［125］周纳．创新型城市建设评价体系与评价方法探讨［J］．统计与决策，2010（9）：21－23．

［126］朱波．中国金融周期与系统性金融风险研究［M］．北京：中国经济出版社，2019．

［127］朱世亮，赵菁．地方政府债券发行之法律分析及进路［J］．证券法，2016，17（1）：209－223．

［128］朱志刚．深化城建投融资体制改革的对策研究［J］．浙江金融，2017（5）：31－36．

［129］邹燕．创新型城市评价研究述评［J］．广西民族高校学报（哲学社会科学版），2012，34（4）：94－98．

［130］Bonaccolto G，Caporin M，Paterlini S. Decomposing and Backtesting A Flexible Specification for CoVaR［J］. Journal of Banking & Finance，2019（108）：1－16．

[131] Charles Landry. The Creative City: A Toolkit for Urban Innovators (1st edition) [M]. London: Earth Scan Publications Ltd., 2000.

[132] Florida R. The Rise of the Ceative Class [J]. Washington Monthly, 2002, 35 (5): 593 – 596.

[133] James Simmie. Innovative Cities [M]. London & New York: Spon Press, 2001.

[134] James Simmie. Innovative City [M]. London Spon Press, 2001.

[135] Jian – Hua Guo. Study on the Influencing Factors and Default Risk of Government Debt [J]. Journal of Interdisciplinary Mathematics, 2017, 20 (6 – 7): 1477 – 1481.

[136] Joseph A Schumpeter. The Theory of Economic Development [M]. Translated by Redvers Opie, Cambridge, Mass: Harvard University Press, 1934.

[137] Kumaraswamy M M. Governmental Role in BOT – Led Infrastructure Development [J]. International Journal of Project Management, 2001, 19 (4): 95 – 205.

[138] Mary Dawood, Nicholas Horsewood, Frank Strobel. Predicting Sovereign Debt Crises: An Early Warning System Approach [J]. Journal of Financial Stability, 2016 (28): 16 – 28.

[139] Mats Anderson. State and Local Public Finance [M]. Thomson South – Western, 2001.

[140] M Dolls, A Peichl, K F Zimmermann. A Challenge for the G20: Global Debt Brakes and Transnational Fiscal Supervisory Councils [M]. Intereconomics, 2012.

[141] Nicolas Debarsy, Cyrille Dossougoin, Cem Ertur, Jean – Yves Gnabo. Measuring Sovereign Risk Spillovers and Assessing the Role of Transmission Channels: A Spatial Econometrics Approach [J]. Journal of Economic Dynamics and Control, 2018, 87 (2): 21 – 45.

[142] Oliver Hart, Luigi Zingales. A New Capital Regulation for Large Financial Institutions [J]. American Law and Economics Review, 2011, 13 (2): 453 – 490.

[143] Peter Hall. Cities in Civilization (New Ed. edition) [M]. Orion Publishing, 2006.

[144] Peter K Nevitt, Frank Fabozz. Project Financing [M]. Euromoney Publications, 1995.

[145] Richard Florida. Cities and the Creative Class [J]. Journal of Economic Geography, 2002 (4): 23 – 27.

[146] Rondinelli D A. Applied Methods of Regional Analysis: The Spatial Dimensions of Development Policy [J]. Boulder: Westview, 1985: 134 – 135.

[147] Seeborg M C. The New Rural – Urban Mobility in China [J]. Journal of Social – Economics, 2000 (29): 39 – 56.

[148] Xiaomin Zhang, Chunyan Wei, Stefano Zedda. Analysis of China Commercial Banks' Systemic Risk Sustainability through the Leave – One – Out Approach [J]. Sustainability, 2019, 12 (1): 1 – 15.

附录1 创新型城市建设监测评价指标(试行)

一级指标	二级指标
创新投入	每万人劳动力从事R&D人员数量(人/万人)
	万名就业人口中受过高等教育人数所占比重(%)
	全社会R&D投入占GDP比重(%)
	地方财政科技拨款占地方财政支出的比重(%)
企业创新	企业R&D投入占企业销售收入的比重(%)
	消化吸收费用占技术引进经费的比重(%)
	规模以上企业中拥有研发机构的企业所占比重(%)
	高新技术企业占企业总数的比例(%)
成果转化	百万人口发明专利授权数(件/百万人)
	百万人口技术市场成交合同额(万元/百万人)
	百万人口拥有的有效商标注册量(个/百万人)
	本市拥有自主创新产品和国家级新产品数量(个)
高新产业	高技术产业增加值占工业增加值的比重(%)
	生产性服务业产值占服务业产值的比重(%)
	主要污染物排放量减少幅度(%)
	万元GDP综合能耗(吨标煤)
	全员劳动生产率(万元/人)

续表

一级指标	二级指标
科技惠民	百人口国际互联网用户数（户/百人）
	城市空气质量指数（%）
	城市污水处理率（%）
	公众基本科学素养
创新环境	科技进步法落实情况
	激励自主创新政策落实情况
	对外开放和国际科技合作情况
	其他本地有特色、有创造性的创新政策措施情况

附录2　国家智慧城市（区、镇）试点指标体系（试行）

一级指标	二级指标	三级指标	指标说明
保障体系与基础设施	保障体系	智慧城市发展规划纲要及实施方案	指智慧城市发展规划纲要及实施方案的完整性和可行性
		组织机构	指成立专门的领导组织体系和执行机构，负责智慧城市创建工作
		政策法规	指保障智慧城市建设和运行的政策法规
		经费规划和持续保障	指智慧城市建设的经费规划和保障措施
		运行管理	指明确智慧城市的运营主体并建立运行监督体系
	网络基础设施	无线网络	指无线网络的覆盖面、速度等方面的基础条件
		宽带网络	指包括光纤在内的固定宽带接入覆盖面、接入速度等方面的基础条件
		下一代广播电视网	指下一代广播电视网络建设和使用情况
	公共平台与数据库	城市公共基础数据库	指建设城市基础空间数据库、人口基础数据库、法人基础数据库、宏观经济数据库、建筑物基础数据库等公共基础数据库
		城市公共信息平台	指建设能对城市的各类公共信息进行统一管理、交换的信息平台，满足城市各类业务和行业发展对公共信息交换和服务的需求
		信息安全	指智慧城市信息安全的保障措施和有效性

续表

一级指标	二级指标	三级指标	指标说明
智慧建设与宜居	城市建设管理	城乡规划	指编制完整合理的城乡规划，并根据城市发展的需要，制定道路交通规划、历史文化保护规划、城市景观风貌规划等具体的专项规划，以综合指导城市建设
		数字化城市管理	指建有城市地理空间框架，并建成基于国家相关标准的数字化城市管理系统，建立完善的考核和激励机制，实现区域网格化管理
		建筑市场管理	通过制定建筑市场管理的法律法规，并利用信息化手段促进政府在建筑勘察、设计、施工、监理等环节的监督和管理能力提升
		房产管理	指通过制定和落实房产管理的有效政策，并利用信息技术手段进行房产管理，促进政府提升在住房规划、房产销售、中介服务、房产测绘等多个领域的综合管理服务能力
		园林绿化	指通过遥感等先进技术手段的应用，提升园林绿化的监测和管理水平，提升城市园林绿化水平
		历史文化保护	指通过信息技术手段的应用，促进城市历史文化的保护水平
		建筑节能	指通过信息技术手段的应用，提升城市在建筑节能监督、评价、控制和管理等方面的工作水平
		绿色建筑	指通过制定有效的政策，并结合信息技术手段的应用，提升城市在绿色建筑的建设、管理和评价等方面的水平
	城市功能提升	供水系统	指利用信息技术手段对从水源地监测到龙头水管理的整个供水过程实现实时监测管理，制定合理的信息公示制度，保障居民用水安全
		排水系统	指生活、工业污水排放，城市雨水收集、疏导等方面的排水系统设施建设情况，以及利用现代信息技术手段提升其整体功能的发展状况
		节水应用	指城市节水器具的使用和水资源的循环利用情况，以及利用现代信息技术手段提升其整体水平的发展状况
		燃气系统	指城市清洁燃气使用的普及状况，以及利用现代信息技术手段提升其安全运行水平的发展状况

附录2 国家智慧城市（区、镇）试点指标体系（试行）

续表

一级指标	二级指标	三级指标	指标说明
智慧建设与宜居	城市功能提升	垃圾分类与处理	指社区垃圾分类的普及情况及垃圾无害化处理能力，以及利用现代信息技术手段提升其整体水平的发展状况
		供热系统	指北方城市冬季供暖设施的建设情况，以及利用现代信息技术手段提升其整体水平的发展状况
		照明系统	指城市各类照明设施的覆盖面和节能自动化应用程度
		地下管线与空间综合管理	指实现城市地下管网数字化综合管理、监控，并利用三维可视化等技术手段提升管理水平
智慧管理与服务	政务服务	决策支持	指建立支撑政府决策的信息化手段和制度
		信息公开	指通过政府网站等途径，主动、及时、准确公开财政预算决算、重大建设项目批准和实施、社会公益事业建设等领域的政府信息
		网上办事	指完善政务门户网站的功能，扩大网上办事的范围，提升网上办事的效率
		政务服务体系	指各级各类政务服务平台的连接与融合，建立上下联动、层级清晰、覆盖城乡的政务服务体系
	基本公共服务	基本公共教育	指通过制定合理的教育发展规划，并利用信息技术手段提升目标人群获得基本公共教育服务的便捷度，并促进教育资源的覆盖和共享
		劳动就业服务	指通过法规和制度的不断完善，结合现代信息技术手段的应用，提升城市就业服务的管理水平，通过建立就业信息服务平台等措施提升就业信息的发布能力，加大免费就业培训的保障力度，保护劳动者合法权益
		社会保险	指通过信息技术手段的应用，在提升覆盖率的基础上，通过信息服务终端建设，提高目标人群受基本养老保险，基本医疗保险，失业、工伤和生育保险服务的便捷程度，提升社会保险服务的质量监督水平，提高居民生活保障水平

续表

一级指标	二级指标	三级指标	指标说明
智慧管理与服务	基本公共服务	社会服务	指通过信息技术手段的应用，在提升覆盖率的基础上，通过信息服务终端建设，提高目标人群享受社会救助、社会福利、基本养老服务和优抚安置等服务的便捷程度，提升服务的质量监督水平，提高服务的透明度，保障社会公平
		医疗卫生	指通过信息技术手段应用，提升基本公共卫生服务的水平。通过信息化管理系统建设和终端服务，保障儿童、妇女、老人等各类人群获得满意的服务；通过建立食品药品的溯源系统等措施，保障食品药品安全供应，并促进社会舆论监督，提高服务质量监督的透明度
		公共文化体育	指通过信息技术手段应用，促进公益性文化服务的服务面，提高广播影视接入的普及率，通过信息应用终端的普及，提升各类人群获得文化内容的便捷度；提升体育设施服务的覆盖度和使用率
		残疾人服务	指在提高服务覆盖率的基础上，通过信息化、个性化应用开发，提升残疾人社会保障、基本服务的水平，提供健全的文、体、卫服务设施和丰富的服务内容
		基本住房保障	指通过信息技术手段应用，提升廉租房、公租房、棚户区改造等方面的服务水平，增强服务的便利性、提升服务的透明度
	专项应用	智能交通	指城市整体交通智慧化的建设及运行情况，包含公共交通建设、交通事故处理、电子地图应用、城市道路传感器建设和交通诱导信息应用等方面情况
		智慧能源	指城市能源智慧化管理及利用的建设情况，包含智能表具安装、能源管理与利用、路灯智能化管理等方面的建设
		智慧环保	指城市环境、生态智慧化管理与服务的建设情况，包含空气质量监测与服务、地表水环境质量监测与服务、环境噪声监测与服务、污染源监控、城市饮用水环境等方面的建设
		智慧国土	指城市国土资源管理和服务的智慧化建设情况，包含土地利用规划实施、土地资源监测、土地利用变化监测、地籍管理等方面的建设

附录 2 国家智慧城市（区、镇）试点指标体系（试行）

续表

一级指标	二级指标	三级指标	指标说明
智慧管理与服务	专项应用	智慧应急	指城市智慧应急的建设情况，包含应急救援物资建设、应急反应机制、应急响应体系、灾害预警能力、防灾减灾能力、应急指挥系统等方面的建设
		智慧安全	指城市公共安全体系智慧化建设，包含城市食品安全、药品安全、平安城市建设等建设情况
		智慧物流	指物流智慧化管理和服务的建设水平，包含物流公共服务平台、智能仓储服务、物流呼叫中心、物流溯源体系等方面的建设
		智慧社区	指社区管理和服务的数字化、便捷化、智慧化水平，包含社区服务信息推送、信息服务系统覆盖、社区传感器安装、社区运行保障等方面的建设
		智能家居	指家居安全性、便利性、舒适性、艺术性和环保节能的建设状况，包含家居智能控制，如智能家电控制、灯光控制、防盗控制和门禁控制等，家居数字化服务内容，家居设施安装等方面的建设
		智慧支付	指包含一卡通、手机支付、市民卡等智慧化支付新方式，支付终端卡设备，顾客支付服务便捷性、安全性和商家支付便捷性、安全性等方面的建设
		智能金融	指城市金融体系智慧化建设与服务，包含诚信监管体系、投融资体系、金融安全体系等方面的建设
智慧产业与经济	产业规划	产业规划	指城市产业规划制定及完成情况，围绕城市产业发展、产业转型与升级、新兴产业发展的战略性产业规划编制、规划公示及实施的情况
		创新投入	指城市创新产业投入情况，包括产业转型与升级的创新费用投入，新兴产业发展的创新投入等方面
	产业升级	产业要素聚集	指城市为产业发展，产业转型与升级而实现的产业要素聚集情况，增长情况
		传统产业改造	指在实现城市产业升级过程中，实现对传统产业的改造情况

续表

一级指标	二级指标	三级指标	指标说明
智慧产业与经济	新兴产业发展	高新技术产业	指城市高新技术产业的服务与发展，包含支撑高新技术产业的人才环境、科研环境、金融环境及管理服务状况，高新技术产业的发展状况及在城市整体产业中的水平状况
		现代服务业	指城市现代服务业发展状况，包含现代服务业发展的政策环境、发展环境，发展水平及投入等方面
		其他新兴产业	反映城市其他新兴产业的发展及提升状况

附录3 国家新型智慧城市评价指标（2021年版）

一级指标及权重	二级指标及权重	二级指标释义及评价方法	二级指标分项及计算方法
惠民效劳 L1（37%）	政务效劳 L1P1（8%）	1. 本指标用于评价城市政府创新效劳模式，推进政务效劳事项"一号申请，一窗受理，一网通办"的情况。 2. 本指标由以公民身份证号码或信用代码法人和其他组织统一标识的电子证照使用率、网上统一人口率三个分项进行评价。 3. 本指标评价得分＝8%×三个分项分数之和	1. 以公民身份证号码或信用代码法人和其他组织统一社会信用代码分数（L1P1-A1）： 计算方法：L1P1-A1分项分数＝30%×（已实现使用以公民身份证号码或标识的电子证照办理的政务效劳事项数量／政务效劳事项总数）×100 资料来源：地方政府政务办或相关部门 2. 一站式办理率（L1P1-A2）： 计算方法：L1P1-A2分项分数＝30%×（实现线下一站式办理的政务效劳事项数量／政务效劳事项总数）×100 资料来源：地方政府政务办或相关部门 3. 网上统一人口率（L1P1-A3）： 计算方法：L1P1-A3分项分数＝40%×（支持统一身份认证的网上政务效劳事项数量／政务效劳事项总数）×100 资料来源：地方政府政务办或相关部门

续表

一级指标及权重	二级指标及权重	二级指标释义及评价方法	二级指标分项及计算方法
惠民服务 L1（37%）	交通服务 L1P2（3%）	1. 本指标用于评价城市开展"互联网+"便捷交通、提供公交出行指数的情况 2. 本指标由城市公共交通运行指数发布情况、公共汽电车来车信息实时预报率、公共交通乘车电子支付使用率三个分项进行评价 3. 本指标评价得分 = 3% × 三个分项分数之和	1. 城市公共交通运行指数发布情况（L1P2－A1）： 计算方法：L1P2－A1 分项分数 = 40% × (b1 + b2 + b3) b1：城市公共交通管理部门掌握公共交通运行指数计算能力和分析能力，能够实时识别洞悉城市道路交通运行状况。如满足得60分，不满足得0分，即本项整体不得分 b2：具有公共发布能力（通过可变情报板、电视、播送、App等公共媒介的至少一种发布）。如满足得20分，不满足得0分 b3：城市公共交通运行指数分析到达次干路及以上（城市道路网包括快速路、主干路、次干路、支路）。如满足得20分，不满足得0分 资料来源：城市交通运输主管部门 2. 公共汽电车来车信息实时预报率（L1P2－A2）： 计算方法：L1P2－A2 分项分数 = 45% × (可提供来车信息实时预报服务的公共电车线路数/公共汽电车线路总数) × 100 资料来源：城市交通运输主管部门 3. 公共交通乘车电子支付使用率（L1P2－A3）： 计算方法：L1P2－A3 分项分数 = 15% × (使用电子支付的人次/公共交通出行总人次) × 100 资料来源：城市交通运输主管部门

附录3 国家新型智慧城市评价指标（2021年版）

续表

一级指标及权重	二级指标及权重	二级指标释义及评价方法	二级指标分项及计算方法
惠民服务 L1（37%）	社保服务 L1P3（3%）	1. 本指标用于评价城市社会保障领域拓展线上线下服务渠道，推动跨地区、跨层级业务协同联办的情况。 2. 本指标由社保服务在线办理情况、社保自助服务开通率、社保异地业务联网办理情况三个分项进行评价。 3. 本指标评价得分=3%×三个分项分数之和	1. 社保服务在线办理情况（L1P3-A1）： 计算方法：L1P3-A1分项分数=30%×b b：通过网站实现业务经办、自助服务一体机、App、12333及短信等4种创新服务模式，每实现1种得25分，总分值100分 资料来源：城市人力资源社会保障部门 2. 街道（乡镇）社区（行政村）社保自助服务开通率（L1P3-A2）： 计算方法：L1P3-A2分项分数=30%×[开通社保自助服务的街道（乡镇）社区（行政村）数/街道（乡镇）社区（行政村）总数]×100 资料来源：城市人力资源社会保障部门 3. 社保异地业务联网办理情况（L1P3-A3）： 计算方法：L1P3-A3分项分数=40%×b b：通过与部、省级异地业务联通，实现社保关系结算、国家异地就医认证、异地居住人员领取社会保险待遇资格认证、养老保险待遇状态比对查询等4项异地业务的联网办理情况，实现1项业务办理得25分，总分值100分 资料来源：城市人力资源社会保障部门
	医疗服务 L1P4（3%）	1. 本指标用于评价城市开展智慧健康医疗，便民、惠民服务，提升医疗服务效率和质量的情况。 2. 本指标由二级以上医疗机构的电子病历普及率、预约诊疗率和门诊健康档案调阅率三个分项进行评价。 3. 本指标评价得分=3%×三个分项分数之和	1. 二级以上医疗机构电子病历普及率（L1P4-A1）： 计算方法：L1P4-A1分项分数=40%×（已建立电子病历的二级以上医疗机构数/辖区二级以上医疗机构总数）×100 资料来源：城市卫生主管部门 2. 二级以上医疗机构预约诊疗率（L1P4-A2）： 计算方法：L1P4-A2分项分数=30%×（年度二级以上医疗机构预约诊疗人次/年度二级以上医疗机构总诊疗人次）×100 资料来源：城市卫生主管部门 3. 二级以上医疗机构门诊健康档案调阅率（L1P4-A3）： 计算方法：L1P4-A3分项分数=30%×（年度二级以上医疗机构门诊健康档案调阅次数/年度二级以上医疗机构门诊总数）×100 资料来源：城市卫生主管部门

续表

一级指标及权重	二级指标及权重	二级指标释义及评价方法	二级指标分项及计算方法
惠民效劳 L1 (37%)	教育效劳 L1P5 (3%)	1. 本指标用于评价城市在教育领域为师生构建智慧学习环境,利用网络开展学习的情况 2. 本指标由学校多媒体教室普及率、师生网络学习空间覆盖率和学校无线网络覆盖率三个分项进行评价 3. 本指标评价得分 = 3% × 三个分项分数之和	1. 学校多媒体教室普及率 (L1P5-A1): 计算方法: L1P5-A1 分项分数 = 30% × (全部教室配备多媒体教学设备的学校数/学校总数) ×100 资料来源: 城市教育行政部门 (全国教育信息化工作进展信息系统) 2. 师生网络学习空间覆盖率 (L1P5-A2): 计算方法: L1P5-A2 分项分数 = 40% × [(教师开通网络学习空间数 + 学生开通网络学习空间数)/(教师总数 + 学生总数)] ×100。比率如超过1 那么按1 取值 资料来源: 城市教育行政部门 (全国教育信息化工作进展信息系统) 3. 学校无线网络覆盖率 (L1P5-A3): 计算方法: L1P5-A3 分项分数 = 30% × (统一提供并覆盖主要教学区域的无线网络的学校数/学校总数) ×100 资料来源: 城市教育行政部门 (全国教育信息化工作进展信息系统)
	就业效劳 L1P6 (3%)	1. 本指标用于评价城市推进多元化就业信息效劳创新模式,以信息化提升就业效劳水平的情况 2. 本指标由就业信息效劳覆盖人群情况和就业效劳在线办理情况两个分项进行评价 3. 本指标评价得分 = 3% × 两个分项分数之和	1. 就业信息效劳覆盖人群情况 (L1P6-A1): 计算方法: L1P6-A1 分项分数 = 50% × $\sum$ (每类人群系统数据量/该人群统计数据量) ×100/3。假设系统数据量超过统计数据量,即比率超过1,那么按其倒数取值 资料来源: 城市人力资源社会保障部门 2. 就业效劳在线办理情况 (L1P6-A2): 计算方法: L1P6-A2 分项分数 = 50% × b b: 通过网站实现业务经办、自助效劳一体机、App、12333 及短信等 4 种创新效劳模式,每实现1 种得 25 分,总分值 100 分 资料来源: 城市人力资源社会保障部门

附录3 国家新型智慧城市评价指标（2021年版）

续表

一级指标及权重	二级指标及权重	二级指标释义及评价方法	二级指标分项及计算方法
惠民效劳 L1（37%）	城市效劳 L1P7（7%）	1. 本指标用于评价城市推进"互联网+"城市效劳、开展城市效劳新业态、实现城市便民效劳与信息通信技术深度融合的情况 2. 本指标由移动互联网城市效劳提供情况、移动互联网城市效劳公众使用情况、一卡通应用情况三个分项进行评价 3. 本指标评价得分=7%×三个分项分数之和	1. 移动互联网城市效劳提供情况（L1P7-A1）： 计算方法：L1P7-A1分项分数=30%×b b：得分由根底局部和加分局部组成。根据局部：生活缴费（至少包含水、电、燃气缴纳），客运票务，主要景区购票（覆盖90%以上二级A级及以上景区），医院预约挂号（覆盖90%以上二级A级及以上医院），机动车违法查询，出入境业务，旅游问题投诉等生活类效劳，以及社保查询，公积金查询，税务效劳，机动车及驾驶人证件业务，环保问题举报等政务效劳，婚姻业务预约，生育证件业务，机动车通过移动互联网开通1项得2分。加分局部：根底局部以外，通过移动互联网开通的其他城市效劳每实现1项得2分，总分值为70分。超出35项按总分值70分记 资料来源：地方政府 2. 移动互联网城市效劳公众使用情况（L1P7-A2）： 计算方法：L1P7-A2分项分数=40%×（通过移动互联网使用过城市效劳的用户数量/城市常住人口数量）×100 资料来源：通过移动互联网使用过城市效劳的用户数量由腾讯公司微信平台和阿里巴巴支付宝平台提供。用户数量由两个平台统计出的用户数量（A和B）按比例取加权平均取值，即用户数量=[A×A/(A+B)+B×B/(A+B)]。该数据由部际协调工作组办公室统一计算并将结果反应给各级单位 3. 一卡通应用情况（L1P7-A3）： 计算方法：L1P7-A3分项分数=30%×b b：在城市综合交通（公共汽车、地铁、轻轨、轮渡、出租车、公共自行车）、公用事业缴费、社区效劳、风景名胜区、社区、园区、停车场管理、商超支付、流动人口管理、社会养老即残等十个领域，在唯一的一张卡上每支持上每一个领域应用得10分，总分值100分 资料来源：城市的一卡通运营机构

续表

一级指标及权重	二级指标及权重	二级指标释义及评价方法	二级指标分项及计算方法
惠民效劳 L1 (37%)	帮扶效劳 L1P8 (5%)	1. 本指标用于评价城市利用信息化手段对贫困人群、残疾人群等困难群体的帮扶情况 2. 本指标由困难户电子信息档案建档率和互联网残疾人无障碍访问情况两个分项进行评价 3. 本指标评价得分 = 5% × 两个分项分数之和	1. 困难户电子信息档案建档率 (L1P8−A1): 计算方法: L1P8−A1 分项分数 = 60% × (b1 × 0.5 + b2 × 0.5): b1: 农村贫困户电子信息档案建档立卡率得分 = (农村已实现电子信息档案建档立卡的贫困户数量/农村贫困户总数) × 100 b2: 低保户电子信息档案建档率得分 = (已实现电子信息档案建档的低保户数量/低保户总数) × 100 资料来源: 城市扶贫主管部门、城市民政主管部门 2. 互联网残疾人无障碍访问情况 (L1P8−A2): 计算方法: L1P8−A2 分项分数 = 40% × (b1 + b2 + b3) b1: 城市政府门户网站支持无障碍访问情况, 支持得 50 分, 不支持得 0 分 b2: 城市政府部门网站支持无障碍访问情况, 90% 以上部门支持得 30 分, 60% 以上部门支持得 20 分, 30% 以下部门支持得 10 分, 均不支持得 0 分 b3: 城市主流新闻媒体网站支持无障碍访问情况, 浏览量前三位的城市本地新闻媒体网站均支持得 20 分, 2 家支持得 10 分, 1 家支持得 5 分, 均不支持得 0 分 资料来源: 地方政府
	电商效劳 L1P9 (2%)	1. 本指标用于评价电子商务中网络消费、跨境贸易等开展情况 2. 本指标由网上商品零售占比、跨境电商交易占比两个分项进行评价 3. 本指标评价得分 = 2% × 两个分项分数之和	1. 网上商品零售占比 (L1P9−A1): 计算方法: L1P9−A1 分项分数 = 50% × (地区网上商品零售额/地区社会消费品零售总额) × 100 资料来源: 城市统计部门和第三方机构 2. 跨境电商交易占比 (L1P9−A2): 计算方法: L1P9−A2 分项分数 = 50% × (跨境电商交易额/进出口总额) × 100 资料来源: 城市海关部门和第三方机构

续表

一级指标及权重	二级指标及权重	二级指标释义及评价方法	二级指标分项及计算方法
精准治理 L2（9%）	城市管理 L2P1（4%）	1. 本指标用于评价运用数字化手段对城市进行智慧管理，开展智能化市政设施底数的情况 2. 本指标由数字化城管情况、市政管网线智能化监测覆盖率、综合管廊覆盖率三个分项进行评价 3. 本指标评价得分=4%×三个分项分数之和	1. 数字化城管情况（L2P1-A1）： 计算方法：L2P1-A1 分项分数=25%×(b1+b2+b3+b4) b1：城市管理事部件的立案率得分=立案率不低于95%时25分，介于[90%，95%）时20分，介于[85%，90%）时15分，介于[80%，85%）时10分，低于80%时0分 b2：城市管理事部件办理的派遣正确率得分=派遣正确率不低于90%时25分，介于[85%，90%）时20分，介于[80%，85%）时15分，介于[75%，80%）时10分，低于75%时0分 b3：执行部门按时处置率得分=执行部门按时处置率不低于90%时25分，介于[85%，90%）时20分，介于[80%，85%）时15分，介于[75%，80%）时10分，低于75%时0分 b4：城市管理事部件的结案率得分=结案率不低于90%时25分，介于[85%，90%）时20分，介于[80%，85%）时15分，介于[75%，80%）时10分，低于75%时0分 资料来源：数字化城市管理信息系统 2. 市政管网线智能化监测管理率（L2P1-A2）： 计算方法：L2P1-A2 分项分数=50%×（可以由物联网等技术进行智能化监测管理的城市市政管网线长度/城市市政管网线总长度）×100 资料来源：城市住建主管部门 3. 综合管廊覆盖率（L2P1-A3） 计算方法：L2P1-A3 分项分数=25%×（城市新区、各类园区、成片开发区域的新建道路同步建设地下综合管廊长度/城市新区、各类园区、成片开发区域的新建道路长度）×100 资料来源：城市住建主管部门

续表

一级指标及权重	二级指标及权重	二级指标释义及评价方法	二级指标分项及计算方法
精准治理 L2（9%）	公共平安 L2P2（5%）	1. 本指标用于评价城市构建立体化社会治安防控体系，开展公共平安视频监控建设联网应用的情况。 2. 本指标由公共平安视频资源采集和覆盖情况、公共平安视频监控资源联网和共享程度，以及公共平安视频图像提升社会管理能力情况三个分项进行评价。 3. 本指标评价得分=5%×三个分项分数之和	1. 公共平安视频资源采集和覆盖情况（L2P2－A1）： 计算方法：L2P2－A1 分项分数=40%×（b1×0.25+b2×0.2+b3×0.15+b4×0.25+b5×0.15） b1：城市重点公共区域视频监控覆盖率得分=（视频监控已经覆盖的城市重点公共区域数量/视频监控应当覆盖的城市重点公共区域数量）×100 b2：城市重点公共区域高清摄像机比率得分=（城市重点公共区域已经覆盖的城市高清摄像机数量/城市重点公共区域视频监控数量）×100 b3：城市重点行业、领域涉及公共平安视频监控覆盖率得分=（视频监控已经覆盖的城市重点行业、领域涉及公共平安的摄像机数量/视频监控应当覆盖的城市重点行业、领域涉及公共平安的摄像机数量）×100 b4：城市重点公共区域视频监控摄像机完好率得分=（城市重点公共区域完好的摄像机数量/城市重点公共区域安装的摄像机数量）×100 b5：城市重点行业、领域安装的涉及公共平安的摄像机完好率得分=（城市重点行业、领域安装的涉及公共平安的完好的摄像机数量/城市重点行业、领域安装的涉及公共平安的摄像机总数量）×100 资料来源：城市公安主管部门 2. 公共平安视频监控资源联网和共享程度（L2P2－A2）： 计算方法：L2P2－A2 分项分数=30%×（b1×0.3+b2×0.2+b3×0.5） b1：城市区域内视频监控摄像机数量联网率得分=（已经接入视频监控联网平台的城市重点公共区域的视频图像资源摄像机总数量/城市重点公共区域的视频图像摄像机总数量）×100 b2：城市重点行业、领域涉及公共平安的视频监控摄像机联网率得分=（已经接入视频图像共享平台的城市重点公共区域的视频监控摄像机总数量/城市重点公共区域的视频监控摄像机总数量）×100 b3：城市政府部门同公安主管部门公共平安视频图像共享协议有无情况得分，如有得100分，没有得0分 资料来源：城市公安主管部门

264

续表

一级指标及权重	二级指标及权重	二级指标释义及评价方法	二级指标分项及计算方法
精准治理 L2（9%）	公共平安 L2P2（5%）	1. 本指标用于评价城市构建立体化社会治安防控体系，开展公共平安视频监控建设联网应用的情况 2. 本指标由公共平安视频资源采集和覆盖情况、公共平安视频监控资源联网和共享程度，以及公共平安视频图像提升社会管理能力情况三个分项进行评价 3. 本指标评价得分＝5%×三个分项分数之和	3. 公共平安视频图像提升社会管理能力情况（L2P2－A3）： 计算方法：L2P2－A3 分项分数＝30%×（b1×0.5＋b2×0.5）： b1：平安视频图像支撑公安实战的贡献率得分＝（年度公安机关利用视频监控协查破的刑事案件数量/年度公安机关查破的刑事案件总数）×100 b2：公共平安视频图像发挥公安除公安以外政府部门情况得分，如个数多于4个得100分，否则得0分 资料来源：城市公安主管部门
生态宜居 L3（8%）	智慧环保 L3P1（4%）	1. 本指标用于评价城市在环保护方面开展智慧化监测，环境信息公开率和城市环境问题处置等工作的情况 2. 本指标由重点污染源在线监测情况、企业事业单位环境信息公开率和城市环境问题处置率三个分项进行评价 3. 本指标评价得分＝4%×三个分项分数之和	1. 重点污染源在线监测情况（L3P1－A1）： 计算方法：L3P1－A1 分项分数＝40%×（实现自动在线监测的重点污染源数量/所有重点污染源数量）×100 资料来源：城市环境保护主管部门 2. 企业事业单位环境信息公开率（L3P1－A2）： 计算方法：L3P1－A2 分项分数＝30%×（公开环境信息的企业事业单位数/辖区内重点排污企业事业单位数）×100 资料来源：城市环境保护主管部门 3. 城市环境问题处置率（L3P1－A3）： 计算方法：L3P1－A3 分项分数＝30%×（环境事件处置数量/环境事件举报数量）×100 资料来源：城市环境保护主管部门

续表

一级指标及权重	二级指标及权重	二级指标释义及评价方法	二级指标分项及计算方法
生态宜居 L3（8%）	绿色节能 L3P2（4%）	1. 本指标用于评价城市绿色开展、推动节能耗降的工作情况。 2. 本指标由万元 GDP 能耗降低率、绿色建筑覆盖率和重点用能单位在线监测率三个分项进行评价。 3. 本指标评价得分 = 4% × 三个分项分数之和	1. 万元 GDP 能耗降低率（L3P2 - A1）： 计算方法：L3P2 - A1 分项分数 = 30% × b。 b：万元 GDP 能耗降低率得分 = [（年度能源消耗总量/年度地区生产总值）/（上一年度能源消耗总量/上一年度地区生产总值）- 1] × 100。能耗降低取正数值计算分数，能耗升高按 0 分计算分数 资料来源：城市统计局、能源局、发改委 2. 绿色建筑覆盖率（L3P2 - A2）： 计算方法：L3P2 - A2 分项分数 = 30% ×（新建绿色建筑总面积/城市新建建筑总面积）× 100 资料来源：城市住建主管部门 3. 重点用能单位在线监测率（L3P2 - A3）： 计算方法：L3P2 - A3 分项分数 = 40% ×（纳入在线监测的重点用能单位数量/所有重点用能单位数量）× 100 资料来源：城市能源局、发改委
智能设施 L4（7%）	宽带网络设施 L4P1（4%）	1. 本指标用于评价城市固定宽带网络和移动宽带网络开展的情况。 2. 本指标由固定宽带用户普及率、光纤到户用户渗透率、移动宽带用户普及率三个分项进行评价。 3. 本指标评价得分 = 4% × 三个分项分数之和	1. 固定宽带家庭普及率（L4P1 - A1）： 计算方法：L4P1 - A1 分项分数 = 40% ×（家庭固定宽带接入用户数/城市总户数）× 100。比率如超过 1 那么按 1 取值 资料来源：地方通信管理局 2. 光纤到户用户渗透率（L4P1 - A2）： 计算方法：L4P1 - A2 分项分数 = 30% ×（光纤到户实际用户数/固定宽带接入用户总数）× 100 资料来源：地方通信管理局

附录3 国家新型智慧城市评价指标（2021年版）

续表

一级指标及权重	二级指标及权重	二级指标释义及评价方法	二级指标分项及计算方法
智能设施 L4（7%）	宽带网络设施 L4P1（4%）	1. 本指标用于评价城市固定宽带网络和移动网络开展的情况。 2. 本指标由固定宽带家庭普及率、光纤到户用户渗透率、移动宽带用户普及率三个分项进行评价。 3. 本指标评价得分 = 4% × 三个分项分数之和	3. 移动宽带用户普及率（L4P1-A3）： 计算方法：L4P1-A3 分项分数 = 30% × (3G制式及以上移动用户数／城市常住人口数) × 100。比率如超过1那么按1取值 资料来源：地方通信管理局
	时空信息平台 L4P2（3%）	1. 本指标用于评价城市建立时空信息服务体系，开展时空信息服务的情况。 2. 本指标由多尺度地理信息覆盖和更新情况、平台在线为部门应用情况，以及为用户提供高精度位置效劳三个分项进行评价。 3. 本指标评价得分 = 3% × 三个分项分数之和	1. 多尺度地理信息覆盖度和更新情况（L4P2-A1）： 计算方法：L4P2-A1 分项分数 = 40% × (b1 × 0.5 + b2 × 0.5) b1：（城市大比例尺地形图覆盖面积／建成区面积）×100 b2：（0.5／更新周期）×100 资料来源：城市测绘地理信息主管部门 2. 平台在线为部门及公众提供空间信息应用情况（L4P2-A2）： 计算方法：L4P2-A2 分项分数 = 40% × (b1 × 0.5 + b2 × 0.5) × 100 b1：（实际应用部门数量／部门总数量）×100 b2：（平台活跃用户数量／城市常住人口数量）×100 资料来源：城市测绘地理信息主管部门 3. 为用户提供高精度位置效劳情况（L4P2-A3）： 计算方法：L4P2-A3 分项分数 = 20% × (b1 × 0.5 + b2 × 0.5) × 100 b1：（厘米级企事业单位用户数量／城市测绘资质单位数量）×100 b2：（实际应用部门数量／部门总数量）×100 资料来源：城市测绘地理信息主管部门

续表

一级指标及权重	二级指标及权重	二级指标释义及评价方法	二级指标分项及计算方法
信息资源 L5 (7%)	开放共享 L5P1 (4%)	1. 本指标用于评价城市政府部门数据共享和公共信息资源向社会开放的情况 2. 本指标由公共信息资源社会开放率和公共信息资源部门间共享率两个分项进行评价 3. 本指标评价得分 = 4% × 两个分项分数之和	1. 公共信息资源社会开放率（L5P1 - A1）： 计算方法：L5P1 - A1 分项分数 = 50% × (可 API 访问的已开放的公共信息资源类别数量/需要开放的公共信息资源类别总数) × 100 资料来源：地方政府 2. 信息资源部门间共享率（L5P1 - A2）： 计算方法：L5P1 - A2 分项分数 = 50% × (制定信息资源目录并提供共享的部门数量/政府部门总数量) × 100 资料来源：地方政府
	开发利用 L5P2 (3%)	1. 本指标用于评价政企合作对根底信息资源开发利用，开展创新效劳，推动城市精准化治理的情况 2. 本指标由政企合作对根底信息资源的开发情况进行评价 3. 本指标评价得分 = 3% × 分项分数	政企合作对根底信息资源的开发情况（L5P2 - A1）： 计算方法：L5P2 - A1 分项分数 = 宏观调控政策支持、企业监管、质量平安、节能降耗、环境保护、食品平安生产、平安生产、信用体系建设、旅游效劳、应急处突等 10 类城市治理领域，每 1 类领域实现 2 个及以上开发应用案例得 10 分，总分值 100 分 资料来源：地方政府

附录3　国家新型智慧城市评价指标（2021年版）

续表

一级指标及权重	二级指标及权重	二级指标释义及评价方法	二级指标分项及计算方法
网络安全 L6（8%）	网络安全管理 L6P1（4%）	1. 本指标用于评价智慧城市在建设和管理过程中落实智慧城市网络安全责任，加强智慧城市网络安全工作的统筹协调和顶层设计，全面落实信息安全等级保护制度的情况。在智慧城市运营过程中加强网络安全监测、通报预警和信息共享，全力提升网络安全风险抵御能力和应急能力的情况。 2. 本指标由智慧城市网络安全组织协调机制的建立情况，对信息进行共享和通报预警、建立提高防范管控能力情况，建立提高完善网络安全应急能力，并对重大网络安全事件进行有效的响应和处置三个方面进行评价。 3. 本指标评价得分=4%×三个分项分数之和	1. 智慧城市网络安全组织协调机制的建立情况（L6P1-A1）： 计算方法：L6P1-A1分项分数：以文件形式发布，并落实2项要求，得30分；以正式文件形式发布，落实1项要求，得10分；否则得0分 说明：应以正式文件形式，按照党委网信领导小组领导，依托智慧城市建设组织协调机制：（1）建立智慧城市网络安全工作机制；（2）落实各级网络安全责任 资料来源：地方党委、政府 2. 建立通报机构及机制，对信息进行共享和通报预警，提高防范管控能力情况（L6P1-A2）： 计算方法：L6P1-A2分项分数：建立起有效的通报预警机制，通报预警覆盖所有关键信息根底设施，并对通报覆盖范围关键信息事件或隐患进行及时整改，通报成员单位根底设施90%以上，建立通报预警机制，通报成员单位范围设施80%以上，并对通报覆盖范围隐患进行及时整改，得20分；建立通报预警机制，通报成员单位范围设施根底80%以上，并对通报覆盖范围隐患进行及时整改，得10分；否则得0分 资料来源：安全检查结果 3. 建立完善网络安全应急机制，提高风险应对能力，并对重大网络安全事件进行及时有效的响应和处置（L6P1-A3）： 计算方法：L6P1-A3分项分数：满足4项要求，得40分；满足3项要求，得30分；满足2项要求，得20分；（4）出现重大网络安全事件后，及时响应、有效处置、责任追究时，当不满足（4）时，得0分。（1）制定有效的应急预案并定期演练；（2）应急资源包括专业技术支撑劳单位；（3）建立起与网信、公安、通信等部门的应急协作机制；（4）出现重大网络安全事件后，及时响应、有效处置到位 资料来源：安全检查结果

续表

一级指标及权重	二级指标及权重	二级指标释义及评价方法	二级指标分项及计算方法
网络平安 L6（8%）	系统与数据平安 L6P2（4%）	1. 本指标用于评价确保智慧城市关键信息根底设施的平安保障的情况 2. 本指标由梳理并形成关键信息根底设施备案名录，并完成相关备案工作情况，根据风险评估结果和等级保护要求，对关键信息根底设施实施有效的平安防护，关键信息根底设施监管情况等三个分项进行评价 3. 本指标评价得分 = 4% × 三个分项分数之和	1. 梳理并形成关键信息根底设施名录，并完成相关备案工作情况（L6P2-A1）： 计算方法：L6P2-A1分项分数 = 具有关键信息根底设施名录，并完成全部备案工作，得30分；备案率大于80%，得10分；备案率小于80%，得10分；备案率小于80%或等于90%，得20分；备案率小于80%则为0分 资料来源：平安检查结果 2. 根据风险评估结果和等级保护要求，对关键信息根底设施实施有效的平安防护（L6P2-A2）： 计算方法：L6P2-A2分项分数 = 完成风险评估，并进行了整改，得30分；完成率大于90%或等于80%，得20分；完成率小于80%或等于90%，且大于80%，得10分；完成率小于80%则为0分 资料来源：风险评估评测报告、等保测评数据、平安检查结果 3. 关键信息根底设施监管情况（L6P1-A3）： 计算方法：L6P1-A3分项分数 = 每年定期对关键信息根底设施开展平安检查，得40分；否则得0分 资料来源：平安检查结果
改革创新 L7（4%）	体制机制 L7P1（4%）	1. 本指标用于评价智慧城市统筹机制和管理机制改革创新的情况 2. 本指标由智慧城市统筹机制、管理机制、运营机制三个分项进行评价 3. 本指标评价得分 = 4% × 三个分项分数之和	1. 智慧城市统筹机制（L7P1-A1）： 计算方法：L7P1-A1分项分数 = 30% × (b1+b2) b1：是否设立领导组织机构及领导体制：设立得50分，未设立得0分 b2：领导组织机构是否有实际工作内容：有得50分，无得0分 资料来源：地方政府

附录3　国家新型智慧城市评价指标（2021年版）

续表

一级指标及权重	二级指标及权重	二级指标释义及评价方法	二级指标分项及计算方法
改革创新 L7（4%）	体制机制 L7P1（4%）	1. 本指标用于评价智慧城市统筹机制和管理机制改革创新开展的情况 2. 本指标由智慧城市统筹机制、管理机制、运营机制三个分项进行评价 3. 本指标评价得分 = 4% × 三个分项分数之和	2. 智慧城市管理机制（L7P1-A2）： 计算方法：L7P1-A2 分项分数=30% ×（b1+b2） b1：是否纳入政府绩效考核体系：纳入得50分，未纳入得0分 b2：是否建立智慧城市工程管理制度：建立得50分，未建立得0分 资料来源：地方政府 3. 智慧城市运营机制（L7P1-A3）： 计算方法：L7P1-A3 分项分数=40% ×（b1+b2） b1：政府和社会资本合作比率得分=（社会资本数量/总投资数）×50 b2：是否有第三方运营：有得50分，无得0分 资料来源：地方政府
市民体验 L8（20%）	市民体验调查 L8P1（20%）	1. 本指标用于评价公众对智慧城市开展效果切身感受的情况 2. 本指标评价通过调查问卷完成，评价得分及调查问卷权重由调查问卷确定	

注：（1）限于篇幅，统一删除了"二级指标分项及计算方法"各栏的"数据要求"。
（2）指标构成。本指标共包含8项一级指标，21项二级指标，54项二级指标分项。
（3）评价方法。评价采取百分制，总得分总分值为100分。总得分为各一级指标得分之和，各级指标得分为其下层指标分之和。计算时各分值保存2位小数。
（4）指标权重。各级指标设置相应的权重。一级指标权重为其各二级指标权重之和，二级指标下的各分项权重之和为100%。

附录4 2021年乡村建设评价指标体系

核心目标	分解目标	序号	指标名称	解释	数据来源
一、发展水平	（一）农民收入水平	1	城乡居民人均可支配收入比	县所在地级市城镇居民人均可支配收入与县农村居民人均可支配收入的比值	上报数据
		2	农村居民人均可支配收入（元）	县农村居民人均可支配收入	上报数据
		3	人均城乡居民储蓄存款余额（万元/人）	县城乡居民储蓄存款余额与县域常住人口数的比值	上报数据
		4	人均金融机构各项贷款余额（万元/人）	县金融机构各项贷款余额与县域常住人口数的比值	上报数据
	（二）政府财力水平	5	人均财政收入（万元/人）	县地方财政收入与县域常住人口数的比值。地方财政收入计算地方一般公共预算收入与土地出让金收入之和，不包括转移支付收入	上报数据
		6	人均财政支出（万元/人）	县地方财政支出（全口径）与县域常住人口数的比值	上报数据
		7	财政自给率（%）	县地方一般公共预算收入占县地方一般公共预算支出的比例	上报数据

续表

核心目标	分解目标	序号	指标名称	解释	数据来源
一、发展水平	（三）就业发展水平	8	县域常住人口与户籍人口比	县域常住人口数与县域户籍人口数的比值	上报数据
		9	县域返乡人口占比（%）	上一年度返乡人口数占上一年度外出务工人口数的比例。通过手机信令数据分析获得	第三方数据
		10	城镇调查失业率（%）	县域城镇调查失业率	上报数据
	（四）产业发展水平	11	一二三产比重	第一产业增加值，第二产业增加值，第三产业增加值	上报数据
		12	人均GDP（万元/人）	县域GDP与县域常住人口数的比值	上报数据
		13	耕地流转面积占比（%）	已流转的耕地总面积占县域耕地总面积的比例	上报数据
		14	县域农机合作社数量（个）	县域农机合作社的数量	上报数据
		15	亩均第一产业增加值（万元/公顷）	县域第一产业增加值与县域农用地总面积的比值	上报数据
	（五）治理水平	16	村民参与村集体活动的积极性	通过调查经常参加村集体活动的村民比例，反映村民参与村集体活动的积极性	村民问卷调查
		17	上一年度行政村村民投工投劳平均人次（人次/村）	抽样行政村上一年度村民投工投劳总人次与抽样行政村总数量的比值	村干部问卷调查
	（六）生态环境	18	地表水水质优良（Ⅰ~Ⅲ类水质）占比（%）	县域地表水监测断面中达到Ⅰ~Ⅲ类水质的断面个数占县域监测断面总个数的比例	上报数据
		19	环境空气质量达标率（%）	县域年度环境空气质量达标天数占年度总天数的比例	上报数据

续表

核心目标	分解目标	序号	指标名称	解释	数据来源
二、农房建设	（七）住房现代	20	农村人均住宅建筑面积（平方米/人）	县域农村住宅建筑总面积与县域农村常住人口数的比值	上报数据
		21	使用预制板建造的农房占比（%）	使用预制板建造的农房栋数占县域农房总栋数的比例	上报数据
		22	鉴定为危房的农房占比（%）	安全鉴定或评定等级为C级或D级的农房栋数占县域农房总栋数的比例	上报数据
		23	有水冲式厕所的农房占比（%）	使用水冲式厕所的农房占农村住宅房屋的比例	村民问卷调查
		24	有独立厨房的农房占比（%）	有独立厨房的农房占农村住宅房屋的比例	村民问卷调查
		25	日常可热水淋浴的农房占比（%）	可实现日常热水淋浴的农房占农村住宅房屋的比例	村民问卷调查
		26	农村集中供水入房率（%）	有集中供水并接入房屋内的农房占农村住宅房屋的比例。供水接入房屋内指水龙头安装在厨房、卫生间等并通水	村民问卷调查
		27	使用燃气的农户占比（%）	使用燃气的农户占农村农户的比例。燃气包括管道燃气和瓶（罐）装液化气等	村民问卷调查
		28	县域年度培训乡村建设工匠人次（人次）	县域年度培训乡村建设工匠人次数	上报数据
	（八）风貌特色	29	风貌协调度	村庄整体风貌、建筑风貌的保护塑造情况。利用村景照片通过大数据分析获得	第三方数据
		30	履行审批手续的农房占比（%）	县域内履行了审批手续的农房占全部农房的比例	上报数据
		31	历史建筑空置率（%）	县域内空置的历史建筑数量占县域内历史建筑总数的比例	上报数据

附录4 2021年乡村建设评价指标体系

续表

核心目标	分解目标	序号	指标名称	解释	数据来源
三、村庄建设	（九）村级公共服务质量	32	行政村幼儿园覆盖率（%）	县域有普惠性幼儿园的行政村数量占行政村总数量的比例	上报数据
		33	行政村卫生室覆盖率（%）	县域有卫生室的行政村数量占行政村总数量的比例	上报数据
		34	村级养老服务设施覆盖率（%）	县域有村级养老服务设施的行政村数量占行政村总数量的比例。村级养老服务设施包括幸福院、日间照料中心等	上报数据
	（十）环境宜居	35	村庄整洁度	村庄整洁卫生情况。利用村景照片通过大数据分析获得	第三方数据
		36	农村生活垃圾收运至县、镇处理的自然村占比（%）	县域农村生活垃圾收运至县城或乡镇处理的自然村数量占自然村总数量的比例	上报数据
		37	实施垃圾分类的自然村占比（%）	县域实施垃圾分类的自然村数量占自然村总数量的比例	上报数据
		38	对污水进行处理的自然村占比（%）	县域对污水进行处理的自然村数量占自然村总数量的比例	上报数据
		39	污水处理设施在运行的自然村占比（%）	调查的污水处理设施在运行的自然村数量占调查的有污水处理设施的自然村数量的比例	村干部问卷调查
		40	公厕有专人管护的行政村占比（%）	调查的公厕有专人管护的行政村数量占调查的有公厕的行政村数量的比例	村干部问卷调查
		41	村内通户道路硬化占比（%）	调查的家门口道路硬化的农户数占调查农户总数的比例	村民问卷调查
		42	百人智能手机数（台/百人）	县域城乡居民拥有智能手机总数与县域常住人口数的比值	上报数据

续表

核心目标	分解目标	序号	指标名称	解释	数据来源
四、县城建设	（十一）密度强度	43	县城人口密度（人/平方千米）	县城建成区内常住人口数与县城建成区面积的比值	上报数据
		44	县城建地比	县城建成区建筑总面积与县城建成区现状建设用地面积的比值	上报数据
		45	上一年度县城新建6层及以下住宅占比（%）	上一年度县城建成区新建6层及以下的住宅建筑总面积占上一年度县城建成区新建住宅建筑总面积的比例。新建按新开工计算	上报数据
		46	上一年度县城新建的集中硬地面积小于2公顷的广场面积（公顷）	上一年度县城新建的集中硬地面积小于2公顷的广场总面积（公顷）。新建按新开工计算	上报数据
		47	县城建设与自然环境协调度	县城建设与自然环境协调情况。通过县城全景图开展分析评价获得	第三方数据
		48	县城水域面积变化率（%）	县城建成区范围内水域面积上年与前年的变化值占前年县城建成区范围内水域面积的比例。通过遥感影像数据分析获得	第三方数据
	（十二）教育服务	49	县城市重点及以上高中数（个）	县城拥有市重点及以上高中数量	上报数据
		50	县域开展远程教育的学校占比（%）	县域内与县域外学校开展远程教育的学校（包括小学、初中和高中）数量占县域学校总数量的比例	上报数据
		51	县城高中高级教师及以上的教师占比（%）	县城高中教师中拥有副高级职称及以上的教师数量占县城高中教师总数量的比例	上报数据

续表

核心目标	分解目标	序号	指标名称	解释	数据来源
四、县城建设	（十二）教育服务	52	县城义务教育学校中农村学生占比（%）	县城小学和初中中农村学生数量占县城小学和初中学生总数量的比例	上报数据
		53	在校寄宿的中学生占比（%）	县域在校寄宿的中学生数量占县域中学生总数量的比例。中学生包括初中生和高中生	上报数据
		54	上一年度县域考取985、211高校的考生占比（%）	上一年度县域考取985、211高校的考生数占县域高考考生总数的比例	上报数据
	（十三）医疗服务	55	县城二甲及以上医院数（个）	县城拥有二甲及以上医院数量	上报数据
		56	开展远程医疗的医院和乡镇卫生院占比（%）	县域内与县域外医院开展远程医疗医院和乡镇卫生院数量占县域医院和乡镇卫生院总数量的比例	上报数据
		57	县域千人医疗卫生机构床位数（张/千人）	县域医疗卫生机构床位数与县域常住人口数的比值	上报数据
		58	县域千人执业（助理）医师数（人/千人）	县域执业（助理）医师人员数与县域常住人口数的比值	上报数据
	（十四）养老服务	59	县域养老机构护理型床位占比（%）	县域养老机构护理型床位数量占养老机构床位总数量的比例	上报数据
	（十五）生产服务	60	农产品批发市场数量（个）	年经营量10万吨以上的农产品批发市场数量，分别统计分布在县域和县城的数量	上报数据
		61	物流货仓数量（个）	建筑面积1万平方米及以上的物流货仓数量，分别统计分布在县域和县城的数量	上报数据

续表

核心目标	分解目标	序号	指标名称	解释	数据来源
四、县城建设	（十六）交通服务	62	县城路网密度（千米/平方千米）	县城建成区道路长度与县城建成区面积的比值	上报数据
		63	县城步行道总长度（千米）	县城建成区步行道总长度。步行道要与相邻的机动车或自行车道有物理隔离，或者以地面颜色进行区分	上报数据
		64	上一年度县城新建红线小于40米的道路占比（%）	上一年度县城建成区新建红线小于40米的道路长度占县城建成区新建道路总长度的比例。新建按新开工计算	上报数据
	（十七）住房服务	65	房价收入比	县城每平方米住宅平均销售价格与县农村居民人均可支配收入的比值	上报数据
		66	县城购房者中农村居民占比（%）	上一年度购买者为农村居民的县城商品房销售数量占县城商品房销售总数量的比例	上报数据
		67	上一年度县城新建建筑中基本级及以上的绿色建筑占比（%）	上一年度县城建成区新建基本级及以上绿色建筑的建筑面积占县城建成区新建建筑总面积的比例。新建按新开工计算	上报数据
	（十八）市政设施服务	68	县城污水集中收集率（%）	县城建成区向污水处理厂排水的人口占县城建成区用水总人口的比例，通过集中式和分布式处理设施收集的生活污染物总量与生活污染物排放量之比计算	上报数据
		69	县城、建制镇污水处理率（%）	县城建成区、建制镇全年污水处理总量占全年污水排放总量的比例	上报数据
		70	县城、建制镇生活垃圾无害化处理率（%）	县城建成区、建制镇全年生活垃圾无害化处理量占全年生活垃圾清运量的比例	上报数据
		71	县城人均市政公用设施固定资产投资（万元/人）	县城建成区上年度市政公用设施固定资产投资总量与县城建成区常住人口数的比值	上报数据

附录5 金融稳健性指标评价体系（FSI核心指标集）

考察内容	统计指标
资本充足性	调整的资本对风险加权资产的比率
	调整的Ⅰ级资本对风险加权资产的比率
资产质量	呆账占全部贷款的比率
	呆账占全部资本的比率
	贷款在各经济部门的分布比率
盈利能力	资产利润率
	资本利润率
	利息收入占总收入的比率
	非利息支出占总收入的比率
流动性	流动资产占总资产的比率
	流动资产对短期负债的比率
市场风险的敏感程度	资产平均期限
	负债平均期限
	外汇净头寸对资本的比率

附录6　金融稳健性指标评价体系（PSI鼓励指标集）

考察对象	统计指标
银行部门	资本与资产比率
	各地区贷款分布状况及其占全部贷款的比率
	金融衍生资产余额占资本的比率
	金融衍生负债余额占资本的比率
	交易收入占总收入的比率
	人员开支占非利息开支的比率
	基准存贷款利差
	同业拆借最大利差
	私人储蓄存款占总贷款（不合银行间贷款）的比率
	外汇贷款占总贷款的比率
	外汇负债占总负债的比率
	证券净持仓量占资本的比率
证券市场流动性	证券市场平均买卖差价
	证券市场日平均换手率
非银行金融机构	非银行金融机构资产占金融系统资产的比率
	非银行金融机构资产占GDP的比率
企业	总债务对权益的比率
	资本回报率
	收入占利息和本金支出的比率
	企业外汇净头寸占资产的比率
	债权人申请破产保护的数量

续表

考察对象	统计指标
家庭	家庭债务占GDP的比率
	家庭还本付息额占收入的比率
房地产市场	房地产价格指数
	居民房地产贷款占总贷款的比率
	商业性房地产贷款占总贷款的比率
保险机构	资本与资产的比率
	资本回报率
	证券资产占总资产的比率
	流动资产占现金的比率
	外汇净头寸占资本的比率

后　　记

本书作者长期关注地方金融政策供给问题，自 2017 年全国金融工作会议后即专注地方金融生态建设和系统性金融风险研究。前期已组建"地方金融监管校内外学者＋金融机构专家"为主体的"兰州文理学院财税与金融科研创新团队"开展具体研究。本书主要内容源自寇娅雯副教授主持的兰州市社科规划项目"兰州创新城市建设投融资机制研究（16 - 002E）""'十四五'时期兰州系统性金融风险预警防控体系建设研究（21 - 011A）"和石光乾教授主持的兰州市社科规划项目"新常态下兰州防控系统性金融风险监管机制研究（20 - 012D）"的阶段性研究成果。

本书出版是对新发展阶段具体研究问题的再思考和再加工，旨在提升"强省会"战略促推金融支持兰州市创新城市建设的新认识和新讨论，恳请学仁们提出批评意见。同时对本书著作中相关问题说明如下：（1）本书著作过程主要参考国内外研究和学界同仁的相关成果以及相关网络资料，且均已作对应注释并列示参考文献，如未注释引用或罗列学术文献出处的，我们充分尊重作者成果贡献并在此致歉。（2）因相关问题研究时间跨度长、数据收集难等原因，因而对某一时段或某一年数据，可忽略时间概念。（3）因相关数据可得性差和公开披露渠道不全，有些数据经由不同网络平台组合整理而得，因数据动态特征可能存在同表数据参照时间不同的可能。（4）本书中所有列表栏目中标"—"表示不统计此数据。

（5）本书凡经作者统计整理的数据，仅作为研究假设而非正式参考数据，如存在疏漏不实或与官方数据有出入的地方，谨此致歉。

寇娅雯　石光乾
壬寅年五月三十日　于雁苑文理